共通テスト

新課程 攻略問題集

公共、
政治・経済

教学社

はじめに

『共通テスト新課程攻略問題集』刊行に寄せて

　本書は，2025年1月以降に「大学入学共通テスト」（以下，共通テスト）を受験する人のための，基礎からわかる，対策問題集です。

　2025年度の入試から新課程入試が始まります。共通テストにおいても，教科・科目が再編成されますが，2022年に高校に進学した人は，1年生のうちから既に新課程で学んでいますので，まずは普段の学習を基本にしましょう。

　新課程の共通テストで特に重視されるのは，「思考力」です。単に知識があるかどうかではなく，知識を使って考えることができるかどうかが問われます。また，学習の過程を意識した身近な場面設定が多く見られ，複数の資料を読み取るなどの特徴もあります。とは言え，これらの特徴は，2021年度からの共通テストや，その前身の大学入試センター試験（以下，センター試験）の出題の傾向を引き継ぐ形です。

　そこで本書では，必要以上にテストの変化にたじろぐことなく，落ち着いて新課程の対策が始められるよう，大学入試センターから公表された資料等を詳細に分析し，対策に最適な問題を精選しています。そして，初歩から実戦レベルまで，効率よく演習できるよう，分類・配列にも工夫を施しています。早速，本書を開いて，今日から対策を始めましょう！

　受験生の皆さんにとって本書が，共通テストへ向けた攻略の着実な一歩となることを願っています。

教学社 編集部

問題選定・執筆協力
今智也（神戸海星女子学院中学校・高等学校　公民科教諭）
花谷舞子（高校非常勤講師・予備校講師を経て，模試作成・入試問題解説などを執筆）

もくじ

※大学入試センターからの公開資料等について，本書では下記のように示しています。
　・**サンプル問題**：［新課程］でのテストに向けて，2021年3月に変更の多い4科目のみで作問の方
　　向性を示すものとして公表されたテストの一部。
　・**試作問題**：［新課程］でのテストに向けて，2022年11月に一部の科目で作問の方向性を示すもの
　　として公表されたテストの全体または一部。
　・**プレテスト**：「センター試験」から「共通テスト」へ変更する際，2017・2018年度に実施された
　　試行調査。→なお，共通テストは2021年度から。それ以前はセンター試験（1990〜2020年度）。

※本書に収載している，センター試験，共通テストやその試作問題・サンプル問題・プレテストに関
　する〔正解・配点〕は，大学入試センターから公表されたものです。

※共通テストに即した対策ができるよう，一部の演習問題は，大学入試センターの許可を得て，過去
　問をもとにアレンジしています。

※本書には，2023年6月時点の情報を掲載しています。ただし，統計年次が示されているものについ
　ては，その年のデータを使用しています。

※最新情報については，大学入試センターのウェブサイト（https://www.dnc.ac.jp/）等で，必
　ず確認してください。

本書の特長と使い方

　本書は，2025年1月以降に大学入学共通テストを受験する人のための対策問題集です。これまでに出題された共通テストやサンプル問題，試作問題を分析するとともに，本番に向けて取り組んでおきたい問題を精選して解説しています。また，「公共」と「政治・経済」とで内容的に重なる分野については，まとめて示しています（第4章～第11章）。

›››　共通テスト「公共，政治・経済」を知る！

　新課程における共通テスト「公共，政治・経済」はどんな試験なのでしょうか。本書では，これまでに行われた共通テストや試作問題等を分析することで，共通テスト「公共，政治・経済」の対策の重要な点を詳しく説明しています（→**分析と対策**）。

›››　分野別の演習で実力アップ！

　本書では，章の冒頭に各分野の重要事項を抜粋して整理した **「まとめ」** を設けています。ここで各分野の要点をつかんでおくと効果的です。

　その後は早速，**演習問題**に挑戦です。演習問題は，知識の定着を確認し，思考力を養うことができる良問を収載しています。共通テストで求められる読解力や思考力の基礎を着実に養うことができるので，問題の演習と復習，「まとめ」での確認を繰り返し，共通テストに対応できる力を身につけていきましょう。

›››　実戦問題で総仕上げ！

　分野別の問題演習を終えたら，巻末の**実戦問題**に取り組みましょう。「公共，政治・経済」試作問題をそのまま収載しているので，本番形式でのチャレンジに最適です。ぜひ時間を計って取り組んでみてください。

　実戦問題を解き終えたら必ず解説に目を通し，必要な知識や解き方を本書の **「まとめ」** や教科書・用語集などで再確認してください。あわせて，官公庁のウェブサイトやニュースにも目を通し，時事問題の対策もしておくとよいでしょう。

　さらに演習を重ねたい人は，共通テストの過去問集に取り組むことをおすすめします。過去問演習を積むことで，迷わずに正答にたどり着ける実力が養成されていることが実感できるでしょう。

分析と対策

■ 新科目「公共，政治・経済」とは

　2025年度の共通テストから，新科目「公共，政治・経済」が出題されます。この試験では，「公共」と「政治・経済」の2つの科目の内容が1つの試験で問われます。

　ここでは，試作問題とサンプル問題の分析を通して，対策を紹介します（なお，「公共」はこれまで共通テストで出題されていた「現代社会」と共通する点もあるので，こちらも参考にしていきます）。

◆ 試験時間・配点・問題の構成

●試作問題（2022年11月公表）

大問 (配点)	科目・テーマ	解答番号
第1問 (13)	【公共】 人間の多様性と 共通性	1 2 資料 3 資料 4
第2問 (12)	【公共】 人口減少と 社会の変化	5 資料 6 データ 7 データ 8
第3問 (18)	【政治・経済】 日本の政治制度・ 国際社会の諸問題	9 10 11 データ 12 データ 13 資料 14 資料
第4問 (18)	【政治・経済】 雇用をめぐる問題 と国際比較	15 データ 16 資料 17 データ 18 19 20

大問 (配点)	科目・テーマ	解答番号
第5問 (19)	【政治・経済】 インターネット時 代の社会変化とそ の影響	21 22 データ 23 データ 24 25 26 資料
第6問 (20)	【政治・経済】 ヨーロッパにおける 人の移動と日本	27 データ 28 データ 29 資料 30 資料 31 データ 32 データ 33 34 資料

　　□ ：会話文での設問

　資　料：文字資料，〈メモ〉など

　データ：グラフ，統計表など

　試験時間は 60 分，100 点満点で，全問マークシート方式による選択式。試作問題では，配点のうち 25 点分は「公共」からの出題となっており，**出題の約 4 分の 1 は「公共」が占める**と予想されます。

　表のように，試作問題では，**文字資料や，グラフ・統計表などのデータを用いた設問**が数多く出題されています。また，**年代順に並べる問題**も出題されました。

　出題形式としては，**組合せ問題**や**「すべて選べ」という問題**が多くみられます。いずれも，設問は 1 つ（解答も 1 つ）ですが，考えるべきことは空所や語句の数だけたくさんあり，それだけ**正確な知識や理解が問われている**と言えます。解答にも時間がかかるので注意が必要です。

　なお，これまでの共通テストでは，**計算問題**（機会費用，信用創造，比較生産費説，為替レートの計算など）が出題されることもあったので，注意が必要です。

■ 問題の特徴と攻略法

◆ 会話文・資料の読解

　会話文や資料文の問題では，空所に当てはまるものや，文章の流れや趣旨を踏まえてそれに合うものを選ぶことが求められています。長い会話の中に複数の空所がある場合や，資料文が複数の場合もあるので，**限られた時間内で，素早く・正確に読み，内容を理解すること**が求められます。

> ✔　**文脈をたどりながら正確に読む。**
> ✔　資料の内容や発言者の立場を**丁寧におさえていく。**
> ✔　複数の空所がある問題は，空所の**前後の文脈を把握すること**が大事。

◆ グラフ・統計データの読み取り

　グラフの数値の変化や項目間の差異を比較して読み取る問題や，数値を読み取る際にその背景にある出来事（社会的な事象，経済的な変化など）の知識が求められる問題です。特に「経済」分野では，**データの読み取りと，その背後にある歴史的な流れに関する知識が，あわせて問われること**があります。

> ✔　**項目や数値の変化**を正確に読み取る。
> ✔　設問や選択肢に沿って**正確に比較**する。
> ✔　教科書の知識も使う（**数値が大きく変化している年代の出来事に注目**）。

◆ その場で考える問題

　教科書や授業で学んだことをもとに，**設問で示された内容に沿って，その場で考えることが求められる問題**です。具体的に，以下の 2 つの問題を見てみましょう。

📖 出題例1
理論や用語を具体的にイメージする

サンプル問題　第 2 問　問 2

　　生徒 A のクラスでは，18 歳未満の者がスマートフォン等を使ってオンラインゲームをすることを法で規制すべきかどうかを議論することとなった。生徒 A と B は，それぞれ次の主張を述べた。2 人の主張の対立の基礎には，ある考え方が個人の自由を規制する理由として認められるかどうかがある。生徒 A の主張の基礎にある考え方と同じ考え方に基づく自由の規制として最も適当なものを，後の①～④のうちから一つ選べ。

　生徒 A：子どもが長時間にわたってオンラインゲームをすると本人の学力に
　　　　　悪影響が出るから，オンラインゲームを法で規制すべきである。
　生徒 B：どれほどの時間オンラインゲームをするかは，本人の自由に任せれ
　　　　　ばよいから，オンラインゲームを法で規制すべきではない。

①　交通事故により運転者が受ける被害を小さくするという理由から，バイクの運転者にヘルメットの着用を義務づける。

②　歴史的な建造物が多くある地域の景観を守るという理由から，道路に看板を立てることを禁止する。

③　ナイフを使って他の生徒を傷つけるおそれがあるという理由から，生徒が学校にナイフを持ち込むことを禁止する。

④　長い歴史のある学校の校風を守るという理由から，昔から使われてきた制服の着用を生徒に義務づける。

　「生徒 A の主張の基礎にある考え方」とは，「パターナリズム（父権主義）」のこと。この考え方と同じ考え方に基づいて自由を規制する①が正解。
　こうした問題では，**具体的に考えることを通して，理論や用語の概念，その内容を正確に理解できているか**が問われています。つまり，**具体的な状況に対して，理論や概念を当てはめて考察する力**が求められています。

> ✔ 教科書や授業で学んだ理論や用語概念を，日常的な場面に当てはめて**具体的にイメージしてみよう**。

出題例2
論理の整合性が求められる（主張連動型）

サンプル問題　第2問　問3

　　生徒Aのクラスでは，次の事例をもとに，合意形成のあり方について考えることにした。後の問い（(1)〜(3)）に答えよ。

事例

　　町の中心部の渋滞を解消するために，新しい道路を建設する。ルートの候補として，ルート1〜ルート3の三つがある。このうちのどのルートを採用するかをV〜Zの5人で決定する。次の表は，ルート1〜ルート3のそれぞれを採用した場合における5人の幸福度を数値で表したものである。数値が大きいほど幸福度が高く，数値がマイナスのものは，耐えられないほどの苦痛を受けることを示している。また，多数決で決定をする際には，その者にとって数値が一番大きなルートに賛成することとする。

	V	W	X	Y	Z
ルート1	5	8	1	4	1
ルート2	1	3	7	3	6
ルート3	4	7	6	−1	5

(1)　　まず，次の**決定方法①〜③**の中から，あなたが取るべきだと考える決定方法を一つ選びマークせよ。なお，①〜③のいずれを選んでも，後の(2)，(3)の問いについては，それぞれに対応する適当な選択肢がある。

決定方法

①　5人の幸福度の総和ができるだけ大きくなる決定を行う。

②　5人の多数決により決定を行う。

③　「耐えられないほどの苦痛を受ける」者が生じない範囲で，5人の幸福度の総和ができるだけ大きくなる決定を行う。

(2)　　(1)で選んだ**決定方法**を取るべき根拠として最も適当なものを，次の①〜③のうちから一つ選べ。

①　社会で決定を行う際であっても，少数者の人権を尊重するべきである。

② 社会で決定を行う際には，最大多数の最大幸福をもたらす選択をとるべきである。

③ 社会で決定を行う際には，多くの人の意見に従うのが望ましいので，単純に賛成の数で決定するべきである。

(3) (1)で選んだ**決定方法**を用いた場合に選ばれるルートとして正しいものを，次の①〜③のうちから一つ選べ。

① ルート1

② ルート2

③ ルート3

設問で示された思考実験の枠組み（ここでは「合意形成のあり方」）を理解し，自分の選んだ「決定方法」に即した根拠とその結果を選ぶ問題。(1)決定方法・(2)根拠・(3)結果（ここでは「ルート」）について，**論理的に整合性がとれることが求められています**（正解は(1)-(2)-(3)の順に，①-②-③，もしくは②-③-①，もしくは③-①-②のいずれかの組合せ）。

こうした問題では，まずは設問で示された考え方を理解することが重要です。そのうえで，その考え方に即して，選択肢等の内容を考察し，**因果関係や整合性がとれるように検討していく**必要があります。

✔ 設問の**設定をよく読んで理解**する。
✔ **論理関係や整合性に注意しながら考えていく。**

■ おすすめの勉強法

◆ 第一のカギ：「読む力」をつける！

まずは，**問題文や設問の内容を正確に理解できるようになることが大切**です。日頃から教科書や長めの文章を丁寧に読み，文意を的確に把握できるように練習しておきましょう。

▶▶▶ 読解が苦手な人は……

→落ち着いて，自分が読み取れる内容を，少しずつ確認していきましょう。徐々にその量が増えていくことで，問題を解く際に「何が問われているか」「どんな立場での発言か」などが明らかになり，重要な内容が浮かび上がってくることもあります。

❖ 第二のカギ：知識のインプット！

共通テストで求められる**知識は，教科書レベルで十分**です。教科書に記載のある内容については，早い段階で自分のものにしておきましょう。

また，共通テストでは，知識そのものが問われるだけでなく，「知識を適切に活用できるか」「応用できるか」も問われています。つまり，**知識を具体的な状況に即してシミュレーションして考える力**や，**資料などから読み取った情報を知識を用いて考察する力**が求められます。単純に用語を暗記するだけでなく，**制度のしくみやその背後にある歴史的な流れも意識して，確認する**ようにしましょう。

▶▶▶ 知らない言葉に遭遇した！ 理解があやふやだと感じたら……

→資料集や用語集で確認して，知識の幅を広げよう。資料集などを参考に，図や絵を描きながら整理するのもおすすめです。

▶▶▶ グラフや統計データのどこを見ればよいかわからない……

→例えば，性別や年齢，複数の国のデータ等を比較しているなら，どういう項目で**どれくらい差があるか，どういう点が同じか，**などに着目してみましょう。年代で比較されている場合は，まずはそれぞれの項目がどれくらい増えたか・減ったかに注目し，**その変化（年代）の背景にどんな社会的・経済的な出来事があったかを考えて**みましょう。

❖ 第三のカギ：知識のアウトプット！

学習したことを確認するには，**アウトプット＝確認のためのテスト**が欠かせません。本書の演習問題などに取り組んでみることで，自分が解ける問題・解けない問題が明確になります。わからないところが明確になれば，その分だけ復習がしやすくなるので，早めに演習問題にチャレンジしてみましょう。

▶▶▶ 新科目「公共，政治・経済」には過去問がないけれど……

→「公共，政治・経済」には，試作問題・サンプル問題を除くと，共通テストの過去問がありません。そこで，共通テストの「現代社会」「政治・経済」の過去問やプレテストを解くことをおすすめします。共通テスト赤本シリーズ（教学社）などで多くの問題に挑戦し，様々な出題形式にふれてみてください。

▶▶▶ 解けなかった（間違えた）経験を生かすには……

→問題を解いたあとは，解説を活用して，間違えたポイントや解けなかった原因を確かめることが大切です。資料を十分に読めていなかったのか，知識が足りなかったのか，できなかった点を一つずつ確認して，実力アップにつなげましょう。本書の巻末にある「チェックリスト」もぜひ活用してください。

受験生の皆さんへ
― 先生からの応援メッセージ ―

花谷 舞子 先生 （第1章〜第3章 担当）

　「公共」では，「主体的・対話的で深い学び」をめざして，学習で得た知識を実際の問題解決に生かす力が，テストで問われることになりました。

　それでは，「主体的・対話的で深い学び」って何でしょう？

　もやもやして形にならなかった自分の気持ちを代弁してくれる，今まで考えもしなかった新しい価値観に気づかせてくれる，そんな思想家の言葉に出会ったとき，時代を超えて，思想家とあなたとの間で「対話」が行われているのです。

　そうやって新しい思考の枠組みや論理展開を学ぶことは，自分の思考の幅を広げるだけでなく，実際の生活で家族や友人など，対話の相手を理解する手助けにもなることでしょう。「対話」とは，お互いの思想の形や骨組み，背後にある歴史などを理解することから始まります。そしてお互いが心地よいと思える関係を築いていく。それが主体的に社会に関わっていくことにつながっていくはずです。

　みなさんにとって，「公共」の学習が，新しい世界へ踏み出す一助となるよう願っています。

今 智也 先生 （第4章〜第11章・実戦問題 担当）

　皆さんに伝えたいことは「『公共，政治・経済』は暗記科目ではありません」この一言です。

　かつて私が予備校講師だった頃から現在まで，公民を暗記科目ととらえて対策をおろそかにし，悔しい思いをした受験生をたくさん見てきました。確かに「覚える」ことは多くあるのですが，それだけで正解にはたどり着けません。覚えたことを「使う」ことが重要なのです。

　例えば，最高裁判所が下した主な違憲判決（▶90ページ）をただ暗記するのではなく，覚えたことで「自衛隊関連の裁判で最高裁の違憲判決はない」ことを導き出せるようになれば，解答はかなり楽になってきます。「覚える」ことと「使う」ことを常に意識して，この問題集と向き合ってください。

分野別の
演　　習

第1章　青年期・多様性　　まとめ

■ 青年期の特徴と課題

≫≫ 青年期の特徴と心理

　青年期とは12〜13歳くらいから22〜23歳くらいまでの時期（現代社会では延長傾向）。身体的変化（**第二次性徴**）や自我のめざめによって，社会や他者との関わりに敏感になったり，孤独感や**コンプレックス**（心の中にある強いわだかまり）を感じやすくなる。

> 「第二の誕生」
>
> 　われわれはいわば二度生まれる。一度目は生存するために。二度目は生きるために。…男性として，女性として…。　　　　　　　　　　　　（ルソー『エミール』より）

疾風怒濤の時代：感情の起伏が激しくなる（ホール）

マージナル・マン（境界人，周辺人）：子どもと大人の2つの集団の狭間にあり，どちらにも属さないため，情緒が不安定になりやすい（レヴィン）

心理的離乳：親から精神的に自立するようになる（**ホリングワース**）

モラトリアム：社会人としての責任を果たすことを猶予されている期間（エリクソン）

第二反抗期：自己主張が強くなり，既存の権威や制度に対し反抗的になる

　➡ 若者文化（ユース・カルチャー）は既成の文化に対する対抗文化（カウンター・カルチャー）としての性質をもつことがある

　なお，文化人類学者ミードは，サモア諸島では西洋社会の青年期に特徴的な心理的葛藤が見られないことから，青年期の特徴は普遍的なものではないことを指摘した。

≫≫ 欲求と適応

　欲求とは心身のバランスをとり，アンバランス（不均衡）を回復しようとする働き。欲求不満（フラストレーション）が続くと心身の障害が起こることもある。欲求や感情をコントロールしたり，耐性をつけることが大切。

適応：自分を取り巻く環境と調和し，欲求を満足させている状態

> 葛藤（コンフリクト）
>
> 　2つ以上の相反する欲求が対立し，板ばさみになること。
>
> 接近 ⟺ 接近型：好ましい2つの状態がある時
>
> 回避 ⟺ 回避型：好ましくない2つの状態がある時
>
> 接近 ⟺ 回避型：同一の対象に好ましい状態と好ましくない状態が同時にある時
>
> 【ヤマアラシのジレンマ】
>
> 　2匹のヤマアラシが互いに体をくっつけて温まろうとするが，近づくと針がささって傷つけ合ってしまい，離れると寒くなる，というような板ばさみの状態になること。

●防衛機制 —— フロイトが考察

　欲求が満たされず（**合理的解決**ができず），**欲求不満（フラストレーション）**を抱いた際に，無意識に自己の精神的安定を図ること。

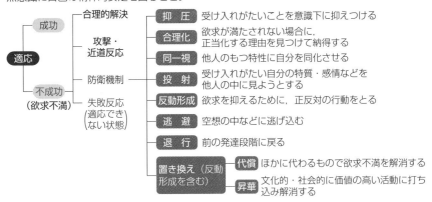

		抑 圧	受け入れがたいことを意識下に抑えつける
		合理化	欲求が満たされない場合に，正当化する理由を見つけて納得する
		同一視	他人のもつ特性に自分を同化させる
		投 射	受け入れがたい自分の特質・感情などを他人の中に見ようとする
		反動形成	欲求を抑えるために，正反対の行動をとる
		逃 避	空想の中などに逃げ込む
		退 行	前の発達階段に戻る

成功 — 合理的解決 / 攻撃・近道反応

適応 — 不成功（欲求不満） — 防衛機制 / 失敗反応（適応できない状態）

置き換え（反動形成を含む）
　代償　ほかに代わるもので欲求不満を解消する
　昇華　文化的・社会的に価値の高い活動に打ち込み解消する

●欲求階層説 —— マズローが提唱

　低次の欲求がある程度満たされた後に，より高次の欲求があらわれる。また，自己実現の欲求を満たしたときに，幸福な人生を送ることができる。

　（低次）生理的欲求 ➡ 安全欲求 ➡ 所属と愛情 ➡ 承認・自尊 ➡ 自己実現（高次）

›››　青年期の課題 —— 大人になるためにすべきことは何か

ライフサイクル（人生周期）：自我の発達の過程に従って，人生を区切り，発達段階に分けること

発達課題：それぞれの発達段階で達成しておくべき課題

●アイデンティティの確立 —— エリクソンが提唱

　心理学者エリクソンは人間の生涯を8つの発達段階に分け，モラトリアムの時期である青年期にアイデンティティを確立することが重要であるとした。

発達段階	達成すべき課題
乳児期	基本的信頼
幼児期	自律性
児童期	自主性
学童期	生産・勤勉性
青年期	自我同一性
成人期	親密さ
壮年期	世代性
老年期	自我の完全性

> アイデンティティの確立を達成するためには2つの側面が必要
> ①**社会化**：社会のルールを学び，社会の一員としての行動様式を身につけること
> ②**個性化**：他者と異なる自分らしさを身につけること

アイデンティティ（自我同一性，自己の存在）とは，自分が何者であるかを確信すること

　➡ 達成できない場合は自分が何者かわからなくなる混乱状態（**アイデンティティの危機・拡散**）に陥ることもある

ハヴィガーストの発達課題：青年期に達成すべき課題。人間関係・経済的独立のための準備など

オルポートの「成熟した人格」：自己意識の社会への拡大，他人との温かい人間関係，自己の客観視とユーモアなど

>>> パーソナリティと性格類型——自己探求の目標は個性の形成

　パーソナリティ（人格・性格）とは，その人の全体的・統一的な
特徴のことで，遺伝的要素・環境要因が形成に影響する。パーソナ
リティには3つの要素がある（①知識・技能としての**能力**，②感情
的側面としての**気質**，③意志的側面としての**性格**）。精神的に自立し
ていくことで3要素が調整され，個性が形成される。

パーソナリティの3つの要素

ユング：リビドー（心理的エネルギー）が向かう方向で性格を分類

　　　　➡ 内向型，外向型

シュプランガー：何に価値を求めるかによって性格を分類

　　　　　　　　➡ 理論型，経済型，審美型，宗教型，権力型，社会型

>>> 職業選択と社会参加——職業の意義を理解し，生きがいを見つける

職業の意義：経済的自立・社会貢献・自己実現

　1990年代以降，学校教育から正規雇用への 移 行 が困難になる若者が増加。

●現代の若者像

ピーターパン・シンドローム：大人へと成長することを拒む状態

スチューデント・アパシー：学生が学業への意欲を失った状態

フリーター：15〜34歳で，進学や正規の就職はせず，パートやアルバイトとして働いたり，
　　　　　　働くことを希望する者

ニート：学校に行かず，働いておらず，職業訓練も受けていない，就職する意志がない15〜
　　　　34歳の無業者のこと

●社会参加の方法

インターンシップ：学生が就業前に企業などで就業体験をすること

ボランティア：報酬や見返りを求めない自発的な活動（阪神・淡路大震災をきっかけに災害
　　　　　　　ボランティアが一般化した1995年をボランティア元年という）

> **キャリアデザイン**
>
> 　他者や社会との関わりの中で自らの生きがいを見つけながら，人生設計を行うこと。
> **キャリア**：職業上の経歴の他，家庭生活や地域社会での活動も含む個人の生き方の履歴
> **ライフロール**：他者や社会との関わりの中で引き受けていくさまざまな役割
> ➡ **ライフキャリアレインボー**：心理学者スーパーが「人生の時間軸」と「役割」の2
> 　つの側面からキャリアをとらえた概念図

■ 多様化する社会

⟫⟫ 少数者の尊重

憲法は法の下の平等（第14条）を保障しているが，現実には**少数者（マイノリティ）**への差別や偏見は解消されていない（障害者やアイヌ民族，在日韓国・朝鮮人，LGBTQ＋の人たちへの差別など）。

⟫⟫ 異文化理解──多文化共生のために

自民族中心主義（エスノセントリズム）：自分の文化を基準として，他の文化を否定したり，低く評価したりする考え方 ← 異文化理解の妨げに

文化相対主義：それぞれがもつ文化の間には，優劣や上下といった序列関係は存在しないという考え方

多文化主義（マルチカルチュラリズム）：社会の中で複数の文化がそれぞれ対等に共存することをめざす考え方

⟫⟫ 世界三大宗教──人種や民族を超えた信仰

	キリスト教	イスラーム	仏教
信者数	24.5億人	17.5億人	5.2億人
開祖	イエス	ムハンマド	ブッダ
成立	ユダヤ教を母胎として，イエスをキリスト（救い主）とする信仰から成立	ムハンマドが神アッラーから受けた啓示に基づく	ゴータマ=ブッダが開いた悟りに基づく
聖典	『旧約聖書』『新約聖書』	『コーラン（クルアーン）』，ムハンマドの言行を記したハディース，『旧約聖書』と『新約聖書』の一部	『スッタニパータ』『ダンマパダ』『般若経』『法華経』など多数
おもな宗派	東方正教会　ローマ・カトリック教会　プロテスタント諸教派	スンナ派（多数派）　シーア派（少数派）	上座部仏教（スリランカ・タイなど）　大乗仏教（中国・朝鮮・日本に伝わる）

●**キリスト教**

神の愛（アガペー）は無差別無償の愛。人間にとって大切な教えは全身全霊で神を愛することと，周囲の人々に隣人愛を実践すること。

●**イスラーム**

神アッラーのことばを守って生活する（宗教と政治・文化が一体）。偶像崇拝は禁止。

六信五行	六信	**アッラー・天使・聖典・預言者・来世・天命**を信じること
	五行	**信仰告白・礼拝・断食・喜捨・巡礼**を実践すること

> **聖地エルサレム**
>
> 　エルサレムは，ユダヤ教・キリスト教・イスラームの3つの宗教の聖地となっている。
>
> 　ユダヤ教は，キリスト教の母胎となった宗教。唯一神ヤーウェへの信仰に基づき，神との契約を守ることで救われるという**選民思想**をもつ。カナン（現在のパレスチナ）を神から与えられた約束の地ととらえる。
>
> **嘆きの壁**：古代ユダヤ王国の神殿跡（とされる）
> **聖墳墓教会**：イエスが処刑されたゴルゴダの丘の跡（とされる）
> **岩のドーム**：ムハンマドが昇天した場所（とされる）

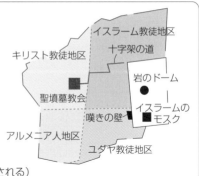

●仏教

　ブッダは苦の原因は世界の真理である法（ダルマ）に無知であることにあると考えた。また，あらゆるものは相互に依存して存在していると考え（**縁起の法**），慈悲の心をもつことの大切さを説いた。

四諦説

　苦諦：人生は苦しみである

　集諦：苦しみの原因は煩悩である

　滅諦：煩悩を消せば涅槃の境地に至ることができる

　道諦：そのための修行方法が**八正道**（正語・正業など）である

●仏教の伝播

大乗仏教

- 慈悲と利他の精神を強調
- 一切衆生の救済をめざす
- インドから中国・朝鮮・日本に伝わる（北伝仏教）

上座部仏教

- 戒律の遵守を重視
- 出家して修行し，個人の悟りをめざす
- インドからスリランカや東南アジアに伝わる（南伝仏教）

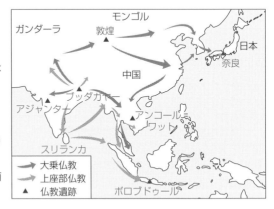

第1章　青年期・多様性　　演習問題

☐
☐
1　人間形成をめぐって，レヴィン，マズロー，ユングの考えとして最も適当なものを，次の①〜⑤のうちからそれぞれ一つずつ選べ。

① 人間形成が十全になされるには，欲求の健全な充足を目指さなければならないが，欲求には，睡眠や飲食などの単に生理的なものだけではなく，その上位に位置づけられる，愛情や集団への帰属意識などの精神的欲求もある。

② 人間の心には無意識の領域があり，個人的なものと集合的なものがある。集合的無意識は個人的無意識よりも深い層にあり，そこには，元型という神話的な性格を帯びた普遍的イメージが生まれながらに備わっている。

③ 人生には，誕生から死に至るまで8段階の周期（ライフサイクル）があり，時間とともに自我は発達していくと考えられる。それぞれの段階には達成すべき課題があるが，その達成度が人の発達状況の目安となっている。

④ 人は青年期において自我に目覚め，精神としての自己という内面的世界を発見する。これは，いわば第二の誕生であり，第一の誕生が存在するための誕生であるとすれば，第二の誕生は生きるための誕生である。

⑤ 人が自分の行動を選択する場合，その人の所属する集団の価値観から強い影響を受けるが，生活空間が大きく変化する青年期においては，子どもの集団にも大人の集団にも属することができず，中途半端な状態に陥る。

〔2004年度追試験 倫理 改〕

☐
☐
2　次の図はマズローの欲求階層説を示したものである。欲求の内容についての記述ア〜オのうち図中のＡ〜Ｅに入れるものとして最も適当なものを，それぞれ一つ選べ。

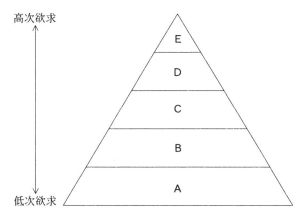

高次欲求

低次欲求

ア　仲間や知り合いの集団の中に属していたいという欲求

イ　空気や水等を求める生命を維持するための欲求

ウ　自らの可能性を最大限に発揮したいという欲求

エ　けがや事故などの危険から身を守りたいという欲求

オ　集団の中で自分がなくてはならない存在でありたいという欲求

〔2003 年度本試験 現代社会 改〕

3　レヴィンらによる葛藤の4類型A〜Dについて，それぞれ対応する日常生活での葛藤場面をア〜エより一つずつ選べ。

A　接近―接近の葛藤：叶（かな）えたいと思う複数の対象が同時に存在し，すべてを叶えることはできない場合に起こる葛藤

B　回避―回避の葛藤：避けたいと思う複数の対象が同時に存在し，すべてを避けることはできない場合に起こる葛藤

C　接近―回避の葛藤：一つの対象に叶えたい要素と避けたい要素とが併存している場合に起こる葛藤

D　二重接近―回避の葛藤：二つの対象が同時に存在し，そのおのおのに叶えたい要素と避けたい要素とが併存する場合の葛藤

ア　密（ひそ）かに思いを寄せていた人と友人が結婚することになり，スピーチを頼まれて断りたいが，友人に不審がられそうで，断るに断れず悩んでいる。

イ　第一志望の学部はあるが遠隔地のため親が反対するA大学と，地元にあるが第一志望の学部のないB大学と，どちらを受験しようか悩んでいる。

ウ　雇用条件が良くて安定した会社の入社試験と，もともと入りたかった劇団のオーディションと，どちらを受けるべきか悩んでいる。

エ　憧（あこが）れの先輩がいるクラブに入部しようと思っていたが，練習がとても厳しく時間も長いと聞き，入部すべきかどうか悩んでいる。

〔2011 年度本試験 倫理 改〕

4　理想が実現できないときに葛藤（かっとう）や不満が生じる。それらから心を守ろうとする無意識的な働きとして防衛機制というものがある。そのうち，合理化と昇華の例として最も適当なものを，次の①〜⑥のうちからそれぞれ一つずつ選べ。

①　留学することをあきらめたAさんは，「グローバル化が進んでいるので，留学なんてどんどん意味がなくなってくるよ」と言っている。

②　自分に対する先輩からの扱いを不満に感じているBさんは，厳しく後輩を指導する同級生を見て強い怒りを感じる。

③　人から批判されるのではないかとびくびくしているCさんは，いつも大きな声

で攻撃的なしゃべり方をしている。

④　就職活動がうまくいっていない大学生のDさんは，3〜4歳のころに大好きだった絵本を繰り返して眺めている。

⑤　小さいころに深刻ないじめにあっていたEさんは，しかし現在そのことをまったく覚えていない。

⑥　失恋した高校生のFさんは，広く社会に関心を向けて，ボランティア活動に打ち込んだ。

〔2005年度本試験 倫理〕

5　青年期におけるアイデンティティの達成に関して，ある生徒は心理学者のマーシャがエリクソンの考えを発展させたことを知った。マーシャは，アイデンティティの状態に関して，次のア〜エのように4分類していた。この分類に対応する例を，A〜Dのうちからそれぞれ一つ選べ。

> マーシャは，青年の職業選択などに対する関わりを，「危機」と「関与」の二つの次元の組合せによって定義した。ここで，「危機」とは自分のアイデンティティを求めていくつかの選択肢について悩むことであり，「関与」とはアイデンティティを求めて積極的に行動することである。
> 　ア　自分自身でいくつかの職業や生き方についていろいろと悩み，答えを積極的に追い求め最終的に決定した状態（アイデンティティ達成）
> 　イ　職業や生き方について自分自身でいろいろと悩んでいるが，積極的に解決しようとしていない状態（モラトリアム）
> 　ウ　職業や生き方について自分自身で悩むこともなく，他者の基準に従って職業や生き方を決めてしまった状態（フォークロージャー）
> 　エ　自分自身の職業や生き方について悩んでもおらず，積極的に決めようともしていない状態（アイデンティティ拡散）

A　高校生の春美さんは，親から，教師になってほしいと言われてきた。しかし，高校に入ってから自分の進路について悩むようになった。自分で本を読んだり，友達の話を聞いたりした結果，やはり教師になろうと考えた。

B　高校生の夏男さんは，中学時代にグラフィックデザイナーになりたいと思った。しかし，親からは薬剤師になってほしいと言われた。どちらにするか迷っているが，大学受験にはまだ時間があるので，それまでに考えることにした。

C　高校生の秋子さんは，親から，医者になってほしいと言われてきた。しかし，それに対して今まで疑問を感じたことはなかった。今も，将来医者になることを目指して，医学部の受験に向けて一生懸命がんばっている。

D　高校生の冬夫さんは，中学時代にテレビ番組を見て，警察官にあこがれた。し

かし，世の中にはいろいろな職業があるので，自分に合った職業がいずれ見つかるのではないかと思い，今は趣味の音楽活動に熱心に取り組んでいる。

〔第1回プレテスト 現代社会 改〕

6 社会参加に関連して，社会的活動について説明した次の文中の ａ ・ ｂ に入る語句として正しいものを，それぞれ一つ選べ。

1995年に起きた阪神・淡路大震災では，全国から多くの人々が被災地での救助・救援に駆けつけ，ａ が注目されるようになった。こうした新しい結び付きは，市民の参加による公益的な活動を目的とする ｂ の取り組みを促進し，後の大規模災害において市民による自発的な救助活動が迅速かつ効果的に行われる素地となった。

ａ ① エンパワーメント   ② 民際化   ③ ボランティア活動
ｂ ① UNHCR   ② NPO   ③ ODA

〔2012年度追試験 倫理 改〕

7 異文化理解に関する記述として最も適当なものを，次の①〜④のうちから一つ選べ。

① 自分が慣れ親しんだ文化とは異なった文化に出会ったときに心に生じる違和感や衝撃は，カウンター・カルチャーと呼ばれる。

② 少数派の文化を，多数派の文化のなかに同化・吸収させる，ノーマライゼーションの考え方が，文化統合においては尊重される。

③ 自民族と他の民族の文化や価値観の違いを積極的に認め，互いに尊重し合おうとする考え方は，パターナリズムと呼ばれる。

④ 文化の異なる人々に接するとき，決まり切った考え方やイメージの枠組みであるステレオタイプに当てはめて相手を判断しがちである。

〔2014年度本試験 倫理〕

8 性に関する差別をめぐる運動や思想についての記述として最も適当なものを，次の①〜④のうちから一つ選べ。

① フェミニズムは，伝統的な女性差別に反対し，様々な運動を展開してきたが，その根底にあるのは，女性を男性よりも上位に位置付けて，社会生活の様々な場面で女性を優遇するという思想である。

② フェミニズムは，「男性らしさ」や「女性らしさ」のイメージを人為的な構築物とみなし，文化や慣習，社会通念が暗に前提としている性差別的な構造を指摘している。

③ ボーヴォワールは，「人は女に生まれるのではない，女になるのだ」と述べて，

慣習的で伝統的な「女性らしさ」を身に付けていくことこそが，理想の女性の生き方であると主張した。

④　ボーヴォワールは，「人は女に生まれるのではない，女になるのだ」と述べて，男女が異なる社会的な役割を引き受けることで，女性の地位が向上し，自由が獲得されると主張した。

〔2022 年度追試験 倫理〕

9　イエスの教えについての説明として最も適当なものを，次の①〜④のうちから一つ選べ。

①　愛を実践する生き方の基本として，「人にしてもらいたいと思うことは何でも，あなたがたも人にしなさい」と説いた。

②　ユダヤ教の教典に書かれた律法を重視し，たとえ形式的であっても律法を厳格に順守しなければならないと説いた。

③　旧約聖書の根幹をなす「敵を愛し，迫害する者のために祈りなさい」という教えを受け継ぎ，敵をも赦す普遍的な愛を説いた。

④　神が与えてくれた悔い改めの機会として，安息日を忠実に守り，すべての労働を避けなければならないと説いた。

〔2016 年度本試験 倫理〕

10　次のア〜ウはイスラーム教の基本的な義務である五行に関する記述である。それぞれについて，その正誤を答えなさい。

ア　健康な成人男女は，イスラーム暦９月のラマダーン月の日中，一切の飲食を絶たなくてはならない。

イ　経済的，肉体的に可能であれば，イエスが十字架上の死を遂げたエルサレムに巡礼しなくてはならない。

ウ　毎日５回メッカの方角を向いて跪き，カーバ神殿にあるアッラーの肖像画を称えなくてはならない。

〔2013 年度本試験 倫理 改〕

11　イスラーム教の説明として適当でないものを，次の①〜④のうちから一つ選べ。

①　来世は六信の一つとされ，終末の日に死者はよみがえり，神による最後の審判を経て，天国または地獄にいくとされる。

②　「アッラーのほかに神はない，ムハンマドは神の使徒（使者）である」と唱える信仰告白は，五行の一つとされる。

③　クルアーン（コーラン）は，歴代の預言者たちに下された神の啓示を，ムハン

マドが集録し, 編纂^{へんさん}したものとされる。

④　ムハンマドはエルサレムで昇天したと伝えられており, エルサレムは, メッカ, メディナに次ぐイスラーム教の聖地とされる。

〔2016 年度追試験 倫理〕

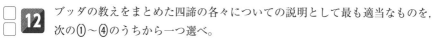　ブッダの教えをまとめた四諦の各々についての説明として最も適当なものを, 次の①〜④のうちから一つ選べ。

① 苦諦：自分の欲するままにならない苦は, 努力で克服するのではなく, 人生は苦であると諦^{あきら}めることで, 心の平安を得られるということ

② 集諦：あらゆる存在は, 因と縁が集まって生ずるから, 実体のない我に固執せず, 他者に功徳を施すことで救いが得られるということ

③ 滅諦：滅は, もともと制するという意味であるが, 欲望を無理に抑えようとせず, 煩悩がおのずから滅することに任せよということ

④ 道諦：快楽にふけることや苦行に専念するという両極端に近づくことなく, 正しい修行の道を実践することが肝要であるということ

〔2010 年度本試験 倫理〕

13　ブッダの示した修行方法である八正道についての説明として最も適当なものを, 次の①〜④のうちから一つ選べ。

① 「正語」とは, ブッダの語った言葉を正しく記憶することである。

② 「正見」とは, 清らかで正しい生活を送ることである。

③ 「正精進」とは, 肉食を避け正しく食事を取ることである。

④ 「正定」とは, 正しい瞑想^{めいそう}を行い精神を統一することである。

〔2014 年度本試験 倫理〕

14　仏教の実践としての慈悲の説明として最も適当なものを, 次の①〜④のうちから一つ選べ。

① 慈悲とは, 四苦八苦の苦しみを免れ得ない人間のみを対象として, 憐^{あわ}れみの心をもつことである。

② 慈悲の実践は, 理想的な社会を形成するために, 親子や兄弟などの間に生まれる愛情を様々な人間関係に広げることである。

③ 慈悲の実践は, 他者の救済を第一に考える大乗仏教で教えられるものであり, 上座部仏教では教えられない。

④ 慈悲の「慈」とは他者に楽を与えることであり, 「悲」とは他者の苦を取り除くことを意味する。

〔2019 年度本試験 倫理〕

第1章　青年期・多様性　　解答解説

1　《青年期の人間形成》　正解は，レヴィン. ⑤　マズロー. ①　ユング. ②

①アメリカの心理学者マズロー（1908～1970年）は，人間の欲求階層説を唱え，自己実現の欲求を最上位に位置づけた。

②ユングは，フロイトの協力者であったが，やがて独自の集合的無意識などの見解を主張するようになり，フロイトと訣別した。

③人生を8つの発達段階をもつライフサイクル（人生周期）に分け，それぞれの段階で達成すべき**発達課題**について説いたのは**エリクソン**である。

④「第二の誕生」は，ルソーの『エミール』にみられる表現。

⑤ドイツの心理学者レヴィン（1890～1947年）の**マージナル・マン**（境界人，周辺人）という用語を説明している。

2　《欲求階層説》　正解は，A―イ　B―エ　C―ア　D―オ　E―ウ

マズローの欲求階層説では人間の欲求は5段階のピラミッドのようになっており，底辺から始まって，1段階目の欲求が満たされると1段階上の欲求を志すというもの。A．生理的欲求，B．安全欲求，C．所属と愛情，D．承認・自尊，E．自己実現の順になる。

A．**生理的欲求**とB．**安全欲求**は，人間が生きていく上で必要な衣食住などの根源的な欲求。C．**所属と愛情**は，他人と関わりたい・他者と同じようにしたいなどの集団帰属の欲求。D．**承認・自尊**は，自分が集団から価値ある存在と認められることを求める欲求。E．**自己実現**は，自分の能力や可能性を発揮し，創造的活動や自己の成長を図りたいと思う欲求。

3　《葛藤（コンフリクト）》　正解は，A―ウ　B―ア　C―エ　D―イ

接近（叶えたいと思う要素・気持ち）を＋，回避（避けたいと思う要素・気持ち）を－とすると，次のようになる。

ア．「スピーチを…断りたい」（－）し，「友人に不審がられ」ることも避けたい（－）ので，B「回避―回避の葛藤」となる。

イ．A大学は「第一志望の学部はある」（＋）が「遠隔地のため親が反対する」（－），B大学は「地元にある（親が反対しない）」（＋）が「第一志望の学部」がない（－），というように，どちらの大学にも＋と－の要素が併存している。よって，D「二重

接近―回避の葛藤」となる。

ウ．「雇用条件が良くて安定した会社」にも入りたい（＋）し，「もともと入りたかっ
　　た劇団」にも入りたい（＋）ので，A「接近―接近の葛藤」となる。

エ．「憧れの先輩がいる」から入部したい（＋）が，「とても厳しく時間も長い」練習
　　は避けたい（－）ので，入部すべきかどうか悩んでいることから，C「接近―回避
　　の葛藤」となる。

4　《防衛機制》　正解は，合理化．①　昇華．⑥

合理化や昇華のような防衛機制は，欲求不満の原因に正攻法で対処できないとき，自
尊心を傷つけずに緊張を緩和するために一時的にとる適応様式である。

①合理化の例。**合理化**とは，自分の行動にもっともらしい理由をつけて自分の行為を
　　正当化することなので，留学できなかったことを正当化する発言はこれに当たる。

⑥昇華の例。**昇華**とは，性衝動や攻撃性などの本能的欲求を，社会的に承認された価
　　値ある目標に向けて満足すること。ボランティア活動は社会的に評価される価値あ
　　る行動の例といえよう。

②投射の例，③反動形成の例，④退行の例，⑤抑圧の例。

5　《アイデンティティ》　正解は，ア―A　イ―B　ウ―C　エ―D

ア．**アイデンティティ達成**と呼ばれる状況は，「**危機**」と「**関与**」がともにあった状
　　態を示している。悩み，自分で考えて判断したAがこれに該当する。

イ．モラトリアムは「**危機**」について認められるものの，「**関与**」があいまいな状態
　　を示している。悩みながらも，積極的な行動を起こしていないBが該当する。

ウ．フォークロージャーは「**危機**」がなく，「**関与**」があった状態を示している。自
　　分で悩むことなく親の意見によって将来について決定し，それを実現すべく行動し
　　ているCが該当する。

エ．アイデンティティ拡散は，「**危機**」も「**関与**」も認められない状態を示している。
　　悩むこともなく，積極的な行動もしていないDが該当する。

【近代・現代社会の特質】

ウェーバー：近代社会は規則によって効率的に運営される**官僚制（ビューロクラシー）**
　　　　　であることを指摘した。

フロム：ファシズム下の大衆の心理を分析。近代人は，自由の孤独と不安に耐え切れず，
　　　　自由から逃走していると指摘した。『**自由からの逃走**』

リースマン：性格類型を分析。中世以前は伝統志向型，近代は内部志向型，現代の人々
　　　　　は他人やメディアに同調しようとする**他人志向型**が多いと指摘した。『**孤
　　　　　独な群衆**』

6　《社会参加の方法》　正解は，a—③　b—②

a．阪神・淡路大震災をきっかけに③ボランティア活動が注目されるようになったことから，1995 年は「ボランティア元年」と呼ばれる。①エンパワーメントとは，女性など社会的弱者が，力を取り戻せるように援助すること。②民際化とは，国家単位ではなく，市民レベルで世界の人々が交流を深めていくこと。

b．営利を求めないで活動を行う民間組織を②NPO（非営利組織）という。市民運動を支援するため，市民団体に法人格を与える NPO 法が 1998 年に成立した。① UNHCR は国連難民高等弁務官事務所，③ODA は政府開発援助。

7　《異文化理解》　正解は④

①不適。選択肢はカルチャー・ショックの説明。カウンター・カルチャーとは，既成の文化や価値観に対抗する若者文化を表したもの。

②不適。「少数派の文化を…同化・吸収させる」ことを同化政策というが，多文化社会においては少数派や少数民族への配慮が必要であり，「尊重される」考え方ではない。ノーマライゼーションは，高齢者や障害者などすべての人が不自由なく（ノーマルに）暮らせる共生社会をめざす理念のこと。

③不適。選択肢は文化相対主義についての説明。パターナリズムは，子どもの利益だからと，本人の意思を無視して保護・干渉する父親のような行動様式を指す。

④適当。ステレオタイプは，固定観念に囚われたイメージや態度のこと。偏見や差別を生み出す原因となるので，異文化に接する際「ステレオタイプに当てはめて相手を判断」しないように心がける必要がある。

8　《性差別をめぐる運動・思想》　正解は②

①不適。フェミニズムは男性優位の近代社会において著しく低かった女性の地位を向上させ男女平等の実現をめざすものであり，男性・女性のどちらかを優位に位置づけたり優遇したりすることをめざすわけではない。

②適当。フェミニズムは社会的につくられた性別役割分担を見直すことで，性別の概念にとらわれない生き方をめざす。

③不適。ボーヴォワールは主著『第二の性』で「人は女に生まれるのではない，女になるのだ」と述べ，女性らしさは人為的につくられたものにすぎないことを指摘し，「慣習的で伝統的な『女性らしさ』」にとらわれることを否定した。

④不適。ボーヴォワールは，「男女が異なる社会的な役割を引き受ける」のではなく，個々人がそれぞれの特性に合った役割を果たすことで自由が獲得できると考えた。

9 《キリスト教》　正解は①

①適当。「人にしてもらいたいと思うことは何でも，あなたがたも人にしなさい」は山上の垂訓で説かれた教え。イエスの黄金律と呼ばれる。

②不適。イエスは，サドカイ派やパリサイ派たちの形式的な律法主義を批判した。

③不適。「敵を愛し，迫害する者のために祈りなさい」は『新約聖書』「マタイによる福音書」の中のイエスの言葉。

④不適。安息日とは一切労働をしてはならないと定められた日。これを守ることがユダヤ教で重視されたが，イエスは安息日に病人を癒し，形式化した律法を守ることよりも，神の愛を実践することが神の御心にかなうと説いた。

10 《イスラーム①》　正解は，ア．正　イ．誤　ウ．誤

ア．正。断食に際し，日の出から日没までは食物はもちろん水を飲んでもいけない。

イ．誤。巡礼は聖地メッカのカーバ神殿に礼拝に行くこと。

ウ．誤。礼拝は五行の一つだが，イスラーム教では偶像崇拝は厳しく禁止されており，「アッラーの肖像画を称え」ることは決してない。

なお，五行にはほかに，信仰告白，貧しい人への救貧税である喜捨がある。

11 《イスラーム②》　正解は③

①適当。六信は，アッラー・天使・聖典・預言者・来世・天命を信じること。

②適当。五行は，信仰告白・礼拝・断食・喜捨・巡礼を行うこと。

③不適。イスラーム教では，ムハンマドに伝えられた神の啓示こそが完全なものであるとされる。神の啓示は最初は暗誦によって広められ，ムハンマドの死後，『クルアーン』として一冊にまとめられた。

④適当。イスラーム教の三大聖地は，メッカ・メディナ・エルサレム。エルサレムはユダヤ教・キリスト教にとっても聖地。

12 《仏教①》　正解は④

四諦とは，悟りにいたるために知るべき4つの真理。ブッダは，これらを体得して生きることによって，人は悟りの境地（涅槃）にいたることができると説いた。

①不適。苦諦とは，人生は苦にほかならないという真理。「諦」は明らかにされた真理という意味で，「諦める」という意味ではない。

②不適。集諦とは，苦は煩悩の集積によりおこるという真理。

③不適。滅諦とは，煩悩を滅することによって苦しみをなくすことができるという真理。ブッダは，苦の究極の原因である自己へのこだわり（我執）を捨てることを説いたので，「欲望を無理に抑えようとせず」は不適。

④適当。道諦とは，苦をなくすための正しい修行法が八正道であるという真理。八正道は，快楽と苦行のいずれにも偏らない中道の具体的実践方法である。

13 《仏教②》　正解は④

ブッダは快楽と苦行の両極端を避けた中道を目指し，そのための具体的実践方法として八正道をあげた。正定について述べた④が適当。

①不適。正語とは，正しい言葉を使い，嘘や悪口を言わないことである。

②不適。正見とは，正しく現実を認識することである。

③不適。正精進とは，正しく努力をすることである。

●八正道

| 正見：正しい見解 | 正語：正しい言葉 | 正命：正しい生活 | 正念：正しい自覚 |
| 正思：正しい思惟 | 正業：正しい行い | 正精進：正しい努力 | 正定：正しい瞑想 |

14 《仏教③》　正解は④

慈悲とは，仏教で説かれる普遍的な愛のこと。

①不適。慈悲の精神は「人間のみ」ではなく，すべての生き物（衆生）に注がれる。

②不適。「親子や兄弟などの間に生まれる愛情を様々な人間関係に広げる」という愛は，儒教の開祖の孔子が説いたもの。

③不適。「慈悲の実践」は大乗仏教で重んじられたが，これは仏教の基本的精神であり，上座部仏教でも軽んじられることはない。

④適当。「慈」（マイトリー）とは，他者に楽しみを与えること（与楽），「悲」（カルナー）とは，他者の苦しみを取り除くこと（抜苦）を意味する。

第2章　日本の思想

まとめ

■ 日本思想に影響を与えた思想

》》》 儒家思想

孔子：儒家の祖。仁に基づく徳治主義を説き，人間の生きる道を探究した

> 「朝に道を聞かば，夕に死すとも可なり」
> 「克己復礼」（己に克ちて礼に復るを仁となす）◀ 仁・礼の関係
> 仁のあらわれ方…孝（親への親愛の情）・悌（年長者への恭順の心）など

孟子：性善説を唱えた。**四端**（惻隠・羞悪・辞譲・是非）の心を養い育てて，**四徳**（仁・義・礼・智）が完成する

荀子：性悪説を唱えた ◀ 「人の性は悪にして，その善なるものは偽なり」

朱子：**理気二元論**を唱えた。窮理：事物の本質を究めること

王陽明：朱子学を批判し，**心即理**（心がそのまま理である）・**致良知**（善悪を分別する良知を実践すること）を説いた

》》》 道家思想──儒家と道家の「道」の理解に注意

老子：道家の祖。作為を排除して自然に従う生き方（**無為自然**）・柔和でへりくだった生き方（**柔弱謙下**）を説いた

> 「大道廃れて仁義有り」
> （本来あるべき道が見失われたために，儒家は仁義を説くようになった）

■ 日本文化の特徴

》》》 日本文化の特徴・日本人の特質

●日本文化の重層性

　外来文化を受容する際，日本的につくりかえて定着させ，一方では旧来の文化も残しつつ，新しい文化と古い文化を共存させてきたところに日本文化の特徴が見られる。

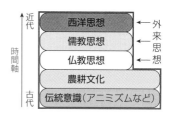

●恥の文化

　アメリカの文化人類学者**ベネディクト**の分析。日本文化は集団の和を重んじ，人から非難を受ける行為を避けようとする。

⟺ 罪の文化（西洋では神の教えに背くことを罪と考える）

>>> 日本人の宗教観

アニミズム：動物・植物など自然界のあらゆるものに霊魂が宿っているという信仰

八百万神：日本の神々を総称した呼び方

祟り神：神の力が目に見える形をとってあらわれたもの。古代日本では自然災害や疾病の流行などを祟りと考えた

来訪神：決まった時期に人間の世界に来訪し，幸福をもたらすとされる神

祖先崇拝：死んだ祖先の霊が神（祖霊）になると信じて，祖先を祀る信仰

『古事記』の神々：イザナギ，イザナミ，アマテラス，スサノオ，オオクニヌシなど

> **イザナギ・イザナミ**：日本の国生みを行い，多くの神々を生んだ。イザナミを追って黄泉国から帰ってきたイザナギが，川で体を洗ったときにアマテラス・スサノオを生んだ
>
> **アマテラス**：神々の世界である**高天原**で祭祀を司る
>
> **スサノオ**：乱暴を働いたため高天原を追放されるが，八俣の大蛇を退治して英雄となる

日本人の精神・倫理観

おのずから：自然と成ること。天地万物や人間関係も，絶対的な存在によってつくられたものではなく，自然にそのように成るものと考えられた

清明心：偽りのない純粋な心，清き明き心。私心を捨てた清らかな心のあり方が尊ばれた ➡「正直」「誠」の原型

罪・穢れ：人格的良心にかかわるものではなく外部から付着するもので，禊や祓によって取り除くことができる。自然災害や病気・死も共同体の幸福をおびやかすことから，罪と考えられた

禊：神聖な水で穢れを洗い清めること

祓：品物を献上することで罪や穢れを取り除くこと

>>> 日本人の生活・年中行事

　ハレとは，共同体の平穏を願って神の災厄を鎮めるために祭りを行う日（**非日常**），ケは農耕などを行う**日常**の日のこと。

年中行事：毎年決まった時期に行われる伝統行事。元旦・初詣・七夕・盆など

通過儀礼：人生の重要な節目や区切りに行われる儀礼。お宮参り・成人式・結婚など

※端午の節句や七五三などは，年中行事でもあり，通過儀礼でもある

　日本の思想家

≫≫ 仏教の受容と発展

聖徳太子：**憲法十七条**を制定。**和の精神**の強調（「和を以て貴しとなす」）
鎮護国家：仏教の力によって国家の安泰をはかる
最澄：日本**天台宗**の開祖。すべての人は悟りに至る仏性をもつ（一乗思想）
空海：**真言宗**の開祖。真言密教。宇宙の真理である大日如来と一体化することをめざす
●**鎌倉仏教**──誰にでもできる易行を説いたことで民衆に広まった

宗派	浄土宗	浄土真宗	臨済宗	曹洞宗	日蓮宗
開祖	法然	親鸞	栄西	道元	日蓮
修行方法・教え	専修念仏「南無阿弥陀仏」と唱える	絶対他力 悪人正機説	公案・坐禅	只管打坐 心身脱落 修証一等	題目を唱える「南無妙法蓮華経」（唱題）

≫≫ 儒教──幕藩体制にとって封建社会の身分秩序を正当化する理論

林羅山：**朱子学**。自然に上下があるのと同様に，人の身分にも上下がある（**上下定分の理**）
　　　　という理論を倫理の中心にした
中江藤樹：日本**陽明学**の祖。**孝**を人間関係の根本とする。良知を発揮し，知行合一をめざす
伊藤仁斎：**古義学**を提唱。『論語』『孟子』に立ち返り，孔子・孟子の精神を求めた

> 「**誠**」：自分にも他人にも偽りのない純粋な心情 ➡「忠信」の実践

荻生徂徠：**古文辞学**を創始。「道」を中国古代の聖人が天下を安んじるために人為的に制作
　　　　　したもの（安天下の道）ととらえた。具体的には**礼楽刑政**（儀礼・音楽・刑罰・
　　　　　政治）など ➡ **儒学を道徳から政治思想へと転換**した

≫≫ 国学

　外来思想（仏教や儒教）を排除し，日本古来の伝統的な精神（古道）を探究する。

賀茂真淵		本居宣長
『万葉集』	研究した古典	『古事記』『源氏物語』
ますらをぶり（おおらかな歌風）	理想とした歌風	たをやめぶり（繊細な歌風）
高く直き心（素朴で雄渾な精神）	理想とした心情	真心（偽りのない素直でおおなかな心情）もののあはれ（しみじみとした感情の動き）

▶▶▶ 明治以降——西洋思想の受容

福沢諭吉：独立自尊（個人としての独立した生き方）の精神が基盤となって，国家としての
　　　　　独立も達成されると説いた（「一身独立して一国独立す」）

内村鑑三：教会をよりどころとしない**無教会主義**の立場をとった

> ・「**武士道に接ぎ木されたるキリスト教**」
> 　…武士道の精神がキリスト教の真理を実現する土台となる
> ・**２つのＪ**（イエス・日本）のために自らの生涯を捧げることを決意

夏目漱石：自己本位（自我の内面的要求に基づいた生き方）に根ざした個人主義を確立する
　　　　　ことを説いた。日本の文明開化を外国からの圧力によってやむを得ず始まった**外
　　　　　発的開化**として批判

西田幾多郎：参禅体験をもとに独自の思想を深めた。『**善の研究**』
　　　　　　　➡ 西洋哲学の特徴である**主観と客観を対立させる**見方を批判。主客未分の純粋
　　　　　　　経験において真の実在が現れる

和辻哲郎：人間を独立した個人としてとらえる西洋の見方を批判し，独自の人間観を説いた

> **間柄的存在**：人間は孤立した存在でも単なる社会的存在でもない，個人と社会の２つの
> 　　　　　　　側面の相互作用によって成立する存在
> **風土**：風土や歴史との関連から人間存在のあり方をとらえようとした

柳田国男：日本の民俗学の創始者。民間伝承を保持する**常民**の生活や文化を調査し，日本人
　　　　　の精神を探究した

南方熊楠：粘菌や民俗学の研究を行う。明治政府の神社合祀令による森林破壊に対して反対
　　　　　した

●戦後の思想

丸山真男：戦争を起こした超国家主義を「**無責任の体系**」に起因すると分析した

第 2 章　日本の思想

演習問題

15 孔子と孟子の思想を表す文章中の　a　・　b　に入れる語句として正しいものを，それぞれ一つ選べ。

　他人を思いやることを孔子は　a　と呼び，生涯，これを実践していかなければならないと説いた。また，孟子は他者の苦しみや悲しみを見過ごすことのできない心を　b　の心と呼び，これを養い育てることによって仁徳は完成されると説いた。

a　① 恕　　　　　　② 義
b　① 惻 隠　　　　② 辞 譲

〔2013 年度本試験 倫理 改〕

16 老子の説く「道」の説明として**適当でないもの**を，次の①〜④のうちから一つ選べ。

① 万物を育みながら，その働きを意識したり，その功績を誇ったりすることのない，万物の母としての根本原理である。

② 人間の感覚や知性によっては把握できない，神秘的な宇宙の根本原理であり，名付けようがないため「無」とも呼ばれる。

③ 何もしていないように見えながら天地万物を生み出し，成長させ，秩序づける，無限の力をもつ根本原理である。

④ 宇宙や人間など万物を貫く様々な働きの根本原理であり，道徳規範としての「礼」を必然的に規定するものである。

〔2017 年度追試験 倫理〕

17 『古事記』に描かれる神と世界の関係についての説明として最も適当なものを，次の①〜④のうちから一つ選べ。

① 世界は，唯一絶対の神が混沌から作り出したものであり，この神が世界に存在するすべてのもののあり方を定めている。

② 世界には多数の神々が存在し，その背後には唯一絶対の神が控えている。この神を祀ることで，世界は安定を保っている。

③ 世界の中心には高天原があり，そこに暮らす神々が世界に存在するすべてのもののあり方を定めている。

④ 世界は，唯一絶対の神を根拠とするのではなく，おのずから成った世界であり，そこに多数の神々が存在している。

〔2013 年度本試験 倫理〕

18 「十七条憲法」第一条の全文は次のとおりである。この条文の趣旨に合致する記述として最も適当なものを，下の①〜④のうちから一つ選べ。

「和をもって貴しとし，忤う*(1)ことなきを宗とせよ。人みな党*(2)あり。また達れる者少なし。ここをもって，あるいは君父に順わず。また隣里に違う。しかれども，上和らぎ，下睦びて，事を，論う*(3)に諧う*(4)ときは，事理おのずから通ず。何事か成らざらん。」

*(1)忤う：反対する，対立する　　　*(2)党：集団，派閥
*(3)論う：議論する，話し合う　　　*(4)諧う：調和する

① 利害にこだわって他者と衝突するのではなく，親和的関係を結んだうえで話し合いを続けることの大切さを強調している。

② みんなの意見が一致することを目指して，慎重に妥協点を探りながら話し合いができる達観者になることを勧めている。

③ 他者との対立を回避するために，大局的な立場から自然に道理が通じるような状況を作り出すことの大切さを訴えている。

④ むやみに反対意見を出すのではなく，相手の意見を尊重し集団の意向に同調できるような人格者になることを諭している。

〔2007 年度本試験　倫理〕

19 次のア〜ウは，法然と同様，当時の仏教に新たな展開をもたらした人物たちの思想の説明である。それぞれについて，その正誤を答えなさい。

ア　親鸞は，阿弥陀仏の誓願を深く信じて念仏を称えよと説いた。彼の弟子の伝えによれば，これを実践できず，自力で悟ろうとする悪人こそ，救われるべき対象である。この教えは，悪人正機と呼ばれる。

イ　道元は，ただひたすら坐禅するべきことを説いた。彼によれば，身心を尽くして静かに坐りぬく修行こそが，悟りという目的に達するための，最善の手段である。この教えは，修証一等と呼ばれる。

ウ　日蓮は，「南無妙法蓮華経」という七字の題目を唱えよと説いた。彼によれば，『法華経』こそが釈迦による究極の教えであり，唱題は，その功徳のすべてにあずかることを可能にする行である。

〔2015 年度本試験　倫理　改〕

20 伊藤仁斎が朱子学者を批判した内容として最も適当なものを，次の①〜④のうちから一つ選べ。

① 彼らは，社会で定まっている上下の身分も徳の有無によって入れ替わるという易姓革命の理を説いたため，他者に対してむごく薄情になりがちである。

② 彼らは，形式的な理によって善悪のあり方を厳しく判断してしまうため，少しの過ちも許さない傾向に陥り，他者に対してむごく薄情になりがちである。

③ 彼らは，天人合一のための修養として私欲を抑える愛敬を重んじたが，私欲を抑えることの強制は，他者に対してむごく薄情になりがちである。

④ 彼らは，心に内在する良知と理としての行為とを一致させるべきであるという知行合一を説いたため，他者に対してむごく薄情になりがちである。

〔2011 年度本試験 倫理〕

21 荻生徂徠についての説明として最も適当なものを，次の①〜④のうちから一つ選べ。

① 道とは，古代中国の聖人が天下を安んずるために制作した制度や文物であり，一人一人の民がその道に則（のっと）って生きることによってはじめて安天下が実現されると説いた。

② 道とは，古代中国の聖人が天下を安んずるために制作した制度や文物であり，一人一人の民がその道を改善していくことによってはじめて安天下が実現されると説いた。

③ 天地自然にそなわる道に基づいて社会秩序を形成することが必要であるとし，一人一人の民が天理に則って制度や文物を整えることによってはじめて安天下が実現されると主張した。

④ 天地自然にそなわる道に基づいて社会秩序を形成することが必要であるとし，一人一人の民が天理に則って修身に励むことによってはじめて安天下が実現されると主張した。

〔2019 年度追試験 倫理〕

22 人間を万物のうちで最も貴い存在と考える儒学を批判した人物に賀茂真淵がいる。次の文章は，彼の思想とその影響についての説明である。　a　〜　c　に入れる語句として正しいものを，それぞれ一つ選べ。

賀茂真淵は，　a　をはじめとした日本の古典のうちに，人間の理想的な姿があるとした。真淵によれば，古（いにしえ）には人々に理屈めいたところがなかったので，天地に即した道が自然と存在し，国は治まっていた。真淵は，特に　a　に見いだされた　b　の歌風に，古の精神が表れているとした。鳥獣は，古のままで今も変わることなく生きている。一方，人間は自らの知恵で争ううち，理屈めいた中国

の流儀に馴染んでいったため，国は乱れ，　b　の歌風も失われた。ゆえに，真淵は知恵をもつ人間こそ万物のなかで最も悪い存在だと考えた。真淵の研究は，本居宣長に影響を与えた。宣長は古典に記された神々の事跡のなかに，人間の理想的なあり方を読み取った。宣長はそれを人間の生まれつきの心である　c　に基づく道と考え，当時盛んに行われていた儒学を作り事の道として批判した。

a	① 『万葉集』	② 『古今和歌集』
b	① たをやめぶり	② ますらをぶり
c	① 真 心	② 良 知

〔2017 年度追試験 倫理 改〕

23 本居宣長の真心についての考え方に即してなされた発言として最も適当なものを，次の①～④のうちから一つ選べ。

① 図書室で借りた本を返さない人がいるんだよ。借りた物を期限までに返すのは，人として当たり前のことなのに。誰もが物事の善悪を考えて，道理に従って正しく行動すれば，世の中のことは万事うまくいくと思うんだ。

② 知り合いに，いつも腹を立てている人がいるんだ。何かにつけて怒りをあらわにするなんて，大人げないよね。心の状態にかかわらず，自分の立場や役割をよく考えて，全ての人に親切に接することが大切だと思うんだ。

③ あえて感情を抑えて，理知的に振る舞うことを心掛けている人もいるみたい。でも，悲しいときには泣けばいいし，嬉しいときには喜べばいいんだよ。そうすることが，人の本来の生き方であると思うんだ。

④ 学級委員の二人，文化祭のことで感情的になっちゃって，かなり険悪な雰囲気だったよね。感情に任せて他人と争うなんて，愚かなことだよ。一時の感情に身を任せずに，丁寧に説明すれば分かり合えるはずなのに。

〔2022 年度本試験 倫理 改〕

24 福沢諭吉についての説明として最も適当なものを，次の①～④のうちから一つ選べ。

① 欧米諸国が勢力を拡大する情勢において，国家の独立を守ることが急務であると考えた。そのためには，国民を政府に従属させることで，国全体の統一を図る必要があると論じた。

② 人間は生まれながらに平等であるとしながらも，現実の人間には貴賤上下の差があることを認めた。このような差は生まれついてのものではなく，学問するか否かによって生じると考えた。

③ アジア全体を興隆させて，ともに西洋に対抗すべきだと一貫して主張した。そ

のためには，先進的な西洋文明を取り入れようとしない隣国を，文明的に進歩させる必要があると論じた。

④ 国家を発展させるためには，国民一人一人が学問を行う必要があると考えた。その学問とは，実際の生活に役立つ西洋の実学と，社会の秩序を教える儒学であるとした。

〔2017 年度追試験 倫理〕

25 次の文章は，内村鑑三におけるキリスト教の理解と彼の社会的実践についての説明である。　a 　〜　c 　に入れる語句として正しいものを，それぞれ一つ選べ。

内村は，一人ひとりが独立した個人として神の前に立ち，聖書そのものに拠ることで，信仰がその心のうちに与えられるという　a 　を唱えた。また，社会改良運動などの様々な「事業」に参加する一方，日露開戦に際しては非戦論を提唱するなど，信仰に基づき積極的に社会と関わり続けた彼は，自らの生涯をイエス（Jesus）と　b 　という「二つの J 」に捧げたのである。さらに彼は，「　c 　の上に接木されたるキリスト教」という言葉を残したように，キリスト教を受容する基礎が，自らの文化的伝統に存していると考えていた。

a	① 内部生命論	② 無教会主義
b	① 正義（Justice）	② 日本（Japan）
c	① 武士道	② 儒　学

〔2015 年度追試験 倫理 改〕

26 次の文章は，『善の研究』から始まる西田幾多郎の哲学的思索の展開について述べたものである。　a 　〜　c 　に入れる語句として正しいものを，それぞれ一つ選べ。

純粋経験とは，　a 　の状態で成立するものであるが，純粋経験からすべてを説明するためには，　a 　だけではなく，主観と客観の分化を論理的に基礎づける必要がある。そのために彼は，主客の根底を問うて，主観と客観を成立させると同時にそれを包む「　b 　」の論理を求めた。西田によれば，「　b 　」の論理は，有と無の対立を超えて，事物事象そのものを可能にする「　c 　」に基づくものであった。

a	① 主客未分	② 主客対立	
b	① 空	② 場　所	③ 存　在
c	① 絶対無	② 絶対他力	③ 無　我

〔2013 年度本試験 倫理 改〕

27 和辻哲郎がその著書『倫理学』に示した人間理解の説明として最も適当なものを，次の①〜④のうちから一つ選べ。

① 人間は個人的存在であるとともに社会的存在である。ゆえに，倫理とは，社会を否定して個としての自己を自覚することと，その自己を再び否定して，社会のために生きようとすることとの相互運動である。この運動が停滞すると，利己主義や全体主義に陥る。

② 人間は単なる孤立した個人的存在ではなく社会的存在である。ゆえに，倫理とは，社会に背く個としての自己をひたすら否定して，社会に没入し，社会のあり方に従っていく運動である。この運動が失われると，社会的なあり方を軽視した利己主義に陥る。

③ 人間は単なる孤立した個人的存在ではなく社会的存在である。ゆえに，倫理とは，個人と社会とを同時に肯定し，個としての自己を保ちつつ社会とのよりよい関係を築いていく運動である。この運動が停滞すると，利己主義や全体主義に陥る。

④ 人間は個人的存在であるとともに社会的存在である。ゆえに，倫理とは，社会全体に埋没してしまわない個としての自己を確立し，個人主義を徹底して，同じ個としての他者とのよりよい関係を築いていく運動である。この運動が失われると，個人を抑圧する全体主義に陥る。

〔2012 年度追試験 倫理〕

28 柳田国男によると，死者の霊魂に関して「常民」はどのように考えていたか。最も適当なものを，次の①〜④のうちから一つ選べ。

① 死者の霊魂は，生前の善悪にかかわらず，みな等しく暗黒の黄泉(よみ)の国に行く。

② 死者の霊魂は，大国主神(おおくにぬしのかみ)が支配するという冥府(めいふ)に属しつつ，この世を見守る。

③ 死者の霊魂は，空に昇り雨として降り，食べ物となって再び人の体内に宿る。

④ 死者の霊魂は，村落周辺の小高い丘や森に留まり，一定期間を経て神になる。

〔2003 年度本試験 倫理〕

第2章

第2章　日本の思想

15　《儒家思想》　正解は，a −① 　b −①

a．①適当。孔子の仁は，親に尽くす「**孝**」，年長者に従う「**悌**」，自分の心に忠実である「**忠**」，他人を思いやる「**恕**」，他者を欺かない「**信**」として表現される。

b．①適当。孟子の四端の心のうち，「他者の苦しみや悲しみを見過ごすことのできない心」は惻隠の心。**辞譲の心**とは，互いに譲り合い他人を尊重する心。

16　《道家思想》　正解は④

①・②・③適当。老子は「道」を万物を生み育てる母のような存在としてとらえた。また，形がなく名付けることもできないという意味で「**無**」とも呼んだ。

④不適。老子は儒家が重視した道徳規範を作為的であるとして否定している。

17　《日本人の宗教観》　正解は④

①・②不適。世界の根本に「唯一絶対の神」を想定するのは，ユダヤ教・キリスト教・イスラームに見られる考え方。

③不適。『古事記』では神々が住む世界を「**高天原**」というが，「世界の中心」というわけではなく，神々が「すべてのもののあり方を定め」るということもない。

④適当。『古事記』では，世界は自然の力によって「おのずから」成ったものとされている。伊邪那岐命・伊邪那美命による国生みの神話があるが，「唯一絶対の神」にはあたらず，古代日本には「**八百万神**」と呼ばれる多くの神々が存在する。

18　《仏教の受容と発展①》　正解は①

「対立せず，上とも下とも仲良く，話し合い」をすれば道理が通り，すべての物事がうまくいくだろうといったことを述べている。党派の利害にとらわれて卓見をもてないまま言い争う状態を否定し，和やかに親しみあって議論するよう勧めるのが聖徳太子の「和」の精神である（①適当）。

②不適。意見の一致は，親和的な関係に支えられた話し合いによっておのずから導かれる（「事理おのずから通ず」）のであって，意見の一致を目指すことを求めているのではない。

③不適。「他者との対立を回避する」ことは道理に基づく解決の条件であって，目的

ではない。

④不適。「集団の意向に同調」することを重視しているのではない。和を貴ぶ姿勢が道理が通るような状況を作り出すが，その「和」とは集団への同調を意味しているわけではない。

19 《仏教と受容と発展②》　正解は，ア．誤　イ．誤　ウ．正

ア．誤。悪人の説明が誤り。悪人とは「自力で悟ろうとする」人ではなく，自らの罪深さを自覚して救いにすがる人のこと。悪人こそ阿弥陀仏の救いの対象であるという悪人正機説は，親鸞の弟子の唯円の著作『歎異抄』にまとめられている。

イ．誤。悟りを目的，修行を手段とする点が誤り。**道元**は，修行の結果として悟りが得られるのではなく**坐禅の修行がそのまま悟り**であると説いた。

ウ．正。『法華経』を重視した日蓮は，「南無 妙 法蓮華経」と唱えること（唱題）によって成仏が可能になると説いた。「南無」は「帰依する」の意味。『法華経』は正式には『妙法蓮華経』という。

20 《儒教①》　正解は②

①不適。朱子学者の林羅山は上下定分の理を説いたが，これは天地に上下があるように，人間社会にも君臣上下の差別があるという考え。「上下の身分も徳の有無によって入れ替わるという易姓革命の理」は朱子学の説明として誤り。

②適当。伊藤仁斎は，人間のもつ欲望や感情を肯定し，人は過ちを犯すこともあるという人間観に立っている。しかし，朱子学は過ちを許さず，朱子学の説く理は死物の条理になっているとして批判した。

③不適。天人合一のための修養法として，林羅山は私欲を抑える**存心持敬**を説いた。**愛敬**は日本陽明学の祖**中江藤樹**の思想で，真心をもって人と親しむこと。

④不適。**知行合一**は陽明学で道徳の基本とされたもの。

21 《儒教②》　正解は①

①適当。荻生徂徠は，道とは「古代中国の聖人が天下を安んずるために制作した」礼楽刑政などの具体的な制度や文物であるととらえた。そして，人々がこの道に従って生きることで世の中が治まると説いた。

②不適。民は聖人が制作した道に従わなければならないので，「一人一人の民がその道を改善していくこと」は求められていない。

③不適。荻生徂徠は，朱子学が道を「天地自然にそなわる」ものとして説いたことを

批判した。また，制度を整えるのは為政者の役割であって，「一人一人の民」が行うわけではない。

④不適。「天理に則って修身に励む」ことを説くのは朱子学の思想。荻生徂徠は，人々が聖人の制作した道に従うことで，各人の多様な素質を発揮させ，社会が調和すると考えた。

22 《国学①》　正解は，a―①　b―②　c―①

賀茂真淵は，『万葉集』（a―①）を研究し，おおらかな精神であるますらをぶり（b―②）を見いだした。**本居宣長**は，『古今和歌集』に見られる繊細な精神である「**たをやめぶり**」を重視し，生まれつきの偽りのない真心（c―①）に立ち返ることを主張した。

良知は，儒教の用語で，人間が生まれながらにもつ善悪の判断能力のこと。

23 《国学②》　正解は③

本居宣長は，儒教や仏教に感化された理屈によって考える漢意を捨て，ありのままの真心に従って生きることが人間本来のあり方であると考えた。

①不適。「物事の善悪を考えて，道理に従って正しく行動」することは，本居宣長が批判した漢意に感化されている。

②不適。「自分の立場や役割をよく考えて」行動することは，ありのままの感情ではなく理屈に従っているので，漢意によるものである。

③適当。「理知的に振る舞うこと」よりも，「感情を抑え」ることなく自然な感情に従うことを述べているので，真心についての考え方に即した発言といえる。

④不適。「感情に身を任せずに」と，真心に従うことを批判している。

24 《西洋思想の受容①》　正解は②

①不適。福沢の唱えた**官民調和**は，政府と国民の穏健な調和をめざしたものである。また福沢は，国家の独立のためにはまず**国民一人一人の独立が必要**と考えた。「国民を政府に従属させる」のではない。

②適当。福沢は，人間は生まれながらに平等であると考え，「天は人の上に人を造らず人の下に人を造らずと云へり」という言葉で示される**天賦人権論**を説いた。一方で，「ただ学問を勤めて物事をよく知る者は貴人となり富人となり，無学なる者は貧人となり下人となるなり」と述べて，現実に存在する格差の原因を学問するか否かに帰している。

③**不適**。福沢は**脱亜論**を説いて，日本は，近代化が遅れているアジア諸国から抜け出し，西洋諸国の仲間入りをするべきであると主張した。

④**不適**。福沢は，東洋の学問（漢学）は実用性に乏しいと批判し，西洋の**実学**を重視した。

25 《西洋思想の受容②》 正解は，a －② b －② c －①

日本の代表的キリスト者である内村鑑三についての基本的な理解を問う問題。

a．「聖書そのものに拠る」という記述から，教会の教義や組織・儀式にとらわれない②**無教会主義**があてはまる。①『内部生命論』はロマン主義の詩人・評論家である北村透谷の文芸評論。

b・c．「二つの J 」は**イエス**と②**日本**（Japan）を指す。内村は，①**武士道**の精神がキリスト教受容の土台になると考えた。

26 《西洋思想の受容③》 正解は，a －① b －② c －①

西田幾多郎は，主観と客観が分かれる以前の①**主客未分**の状態における根本的な経験を純粋経験と呼び，この純粋経験こそが真の実在であるとした。のちに，この考えを論理的に深化させ，主観と客観が成り立つ場としての意識を「場所」と呼ぶ②**場所の論理**を説き，その根底にすべてのものを成り立たせる①**絶対無**を想定した。

a．②「**主客対立**」はデカルトの物心二元論に代表される西洋哲学の基本となる考え方。c．②「**絶対他力**」は親鸞，b．①「**空**」や，c．③「**無我**」は仏教の用語。

27 《西洋思想の受容④》 正解は①

和辻哲郎は，著書『倫理学』で，人間は個人と社会という二つの側面を「弁証法的」に「統一」したもの（間柄的存在）だとした。個人の自由のみを尊重した利己主義にも，個人を否定する全体主義にも陥ることのないように，個人と社会という二つの要素を高次へと止揚・統合している内容の選択肢を選ぶ。

①**適当**。「社会を否定」する自己を自覚し，その「自己を再び否定」して社会に生きるという相互運動の中に，人間の本質があるという趣旨になっている。

②・④**不適**。「自己をひたすら否定して，社会に没入」したり，逆に「個人主義を徹底」することは，人間を片方の側面でしかとらえていないことになる。

③**不適**。①とまぎらわしいが，「個人と社会とを同時に肯定」するという表現は，対立する二つの要素が互いに否定されることで高められる「弁証法的」統一体としての間柄的存在の説明として不十分である。

28 《日本の思想》　正解は④

日本民俗学の創始者柳田国男によれば，日本人は古来，死後はその霊が家の裏山のような小高い山や森に昇ることを信じてきたという。山に昇った荒魂は時の経過とともに清められた祖霊となり，やがて神の地位にまで上昇していくのだとした（④適当）。

①不適。日本神話（「記紀神話」）にみられる古代日本人の霊魂観。『古事記』『日本書紀』では，宇宙は「高天原」（神々が住む天上の光明の世界），「葦原中国」（人間が住む地上の国土），「黄泉国」（悪霊の住む地下の暗黒の世界）という三層構造をもった世界として描かれている。近世末期になって本居宣長が黄泉の国を「死後他界」（死者の世界）と規定した（『古事記伝』）。

②不適。日本神話にみられる古代日本人の霊魂観。大国主神は出雲神話の主神で，「葦原中国の主」を意味する。アマテラスの命を帯びて天降ったタカミカヅチに葦原中国の国譲りを迫られ，冥府（幽界＝死者の世界）に隠れたとされる。

③不適。古代インドの輪廻転生の考え方。

第3章　西洋思想と人類の福祉　まとめ

■ 西洋思想・現代思想

>>> 古代ギリシア思想——人間としての生き方を探究

哲学（**フィロソフィア**）＝知を愛し求めること

●ソクラテスは問答法によって人々に無知の自覚（**無知の知**）を促した

> 「**善く生きる**」：徳（アレテー）が何かを知り，徳を発揮して生きること
> 「**魂への配慮**」：人間の徳とは，魂に配慮して生きること

●**プラトン**——イデア論を唱えた。哲人が国家を統治する**哲人政治**が理想

イデア説

イデアとは真の実在のこと。感覚ではなく理性によってのみ認識できる。人間の魂は，不完全な現実の個々の事物を見ることで，善や美のイデアを**想起**（アナムネーシス）する。

最高のイデア＝**善のイデア**

エロース：善美のイデアを求める向上的な欲求

【洞窟の比喩】現象界を洞窟に，イデア界を太陽が輝く外の世界にたとえたもの。人間は洞窟にとじこめられた囚人で，壁に映しだされた影を実在と思い込んでいる。哲学を学ぶことで，太陽が輝く実在の世界へと魂を転換させることができる。

魂の三分説

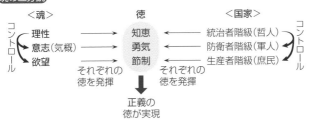

●**アリストテレス**——「人間はポリス的動物である」

ポリス成立の原理として友愛と正義の徳を重んじた。

徳の分類

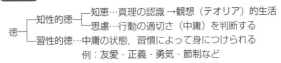

【正義の分類】

正義┬全体的正義…ポリスの法を守る
　　└部分的正義…特定の場面において成り立つ
　　　　　┬配分的正義…各人の地位・能力に応じて名誉・報酬を分配する
　　　　　└調整的正義…各人の損益が平等になるように調整する

>>> 近代の科学的精神

近代に入り，自然現象を**実験・観察**することで法則を導き，因果関係で説明する科学革命が起こる（近代自然科学の成立）。

●ベーコン

経験論の祖。実験・観察を重んじ，**帰納法**によって法則を導き出すことで自然を支配することができると考えた。ベーコンは**イドラ**（偏見や先入観のこと。排除しなければならないもの）を4つに分類。

＜帰納法＞

実験や観察

┌ 種族のイドラ…人間の本性にねざす偏見
│ 洞窟のイドラ…個人のせまい経験から起こる偏見
│ 市場のイドラ…言葉の不適切な使用による偏見
└ 劇場のイドラ…伝統的権威の盲信による偏見

●デカルト

大陸合理論の祖。**演繹法**により論証を行うことで真理に到達できると考えた。

方法的懐疑：あらゆるものを疑う真理探究の方法。すべてを疑っても疑いえない確実な真理に到達

＜演繹法＞

推論

↓

「われ思う，ゆえにわれあり」（コギト・エルゴ・スム）

>>> 近代社会の成立

ベンサムやミルは，**行為の結果を重視**する**功利主義**の立場，一方**カント**は，なぜその行為を選ぶのかという**行為の動機を重視**した。

●ベンサム

量的功利主義を主張。快楽計算（快楽を数量化して計算すること）により，快楽が増すこと（結果）が良い行為・正しい行為であるとし，個人の幸福と社会全体の幸福が調和し，最大となる社会を理想とした（**最大多数の最大幸福**）。

外的強制力：外からの強制力で，幸福を減少させる行為を予防

制裁（サンクション）：自然的制裁・法律的制裁・道徳的制裁・宗教的制裁

●ミル　◁「満足した豚であるよりは……不満足なソクラテスであるほうがよい」

質的功利主義を主張。快楽の質を重視し，肉体的快楽よりも精神的快楽を上位とする。

内的制裁：義務に背いたときに感じる良心のとがめ

イエスの黄金律（「人にしてもらいたいと思うように他人のためにし，わが身を愛するよ

うにあなたの隣人を愛しなさい」）を理想とし，個性や自発性を育むこと（個性の尊重）は社会全体の利益につながると考えた。

他者危害の原則：他者に対する危害とならない限りは，個人の自由は最大限に尊重されるべきである

●**カント**── 自律的な人格に人間の尊厳を認めた

　カントのいう「人格」とは自らの理性が命じる道徳法則に従って，自律的に行為する主体のこと ➡ **意志の自律＝真の自由**

　カントは，道徳法則に従う義務に基づいた行為のみが道徳的価値をもつとした。

> 「感嘆と畏敬の念をもって心を満たす２つのものがある。私の上にある星空と，私の内にある道徳法則である」　　　　　　　　　　　　　　　　『実践理性批判』
> 「君は，君の行動原理が同時に普遍的な法則となることを欲することができるような行動原理だけに従って行為せよ」　　　　　　『道徳形而上学の基礎づけ（原論）』

道徳法則：いつ，どこでも，だれに対してもあてはまる法則

　　　　定言命法（〜すべし，無条件の命令）によって表される

　　　　⟺ **仮言命法**（もし〜なら，△△せよという条件つきの命令）

●**ヘーゲル**

　世界の事象を**弁証法**によって展開するものとしてとらえた。弁証法とは，対立・矛盾を原動力として，低次なものから高次なものへと止揚（統合）されて発展する運動の法則。

アウフヘーベン
止 揚：２つの矛盾・対立する立場を統一すること

人倫の三段階

- 人倫は**法と道徳**を止揚した状態
- …**家族・市民社会・国家**という段階において発展
- 個人の自由は国家や社会の中で実現されなければならない
- ※カントの道徳は主観的なものにすぎないとして批判した

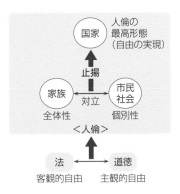

>>> 社会主義──資本主義の矛盾を分析，生産手段の公有化をめざす

●**マルクスの思想**

労働観：本来喜びであるはずの労働が苦役になってしまっている（**疎外された労働**）

唯物史観：歴史は生産力と生産関係の矛盾を原動力として発展していく。精神的文化は経済的土台の上に成り立つ

>>> 実存主義——本来的自己を取り戻す

キルケゴール：**主体的真理**，実存の三段階（美的・倫理的・宗教的），**単独者**
ニーチェ：ニヒリズム，「神は死んだ」，不条理な生を肯定，**超人**をめざす
ヤスパース：**限界状況**（死・苦しみ・争い・罪責）
ハイデガー：「**死への存在**」，ひと（ダス・マン，世人）
サルトル：「実存は本質に先立つ」，**アンガージュマン**（社会参加）

>>> プラグマティズム（実用主義）

パース：プラグマティズムを提唱。概念の意味は，行為のもたらす結果によって検証される
ジェームズ：真理の有用性を重視。「有用であるから真理」
デューイ：道具主義（知識は実生活の改善に役立つ道具である）

>>> 公共空間の形成

　公共空間とは，人々の自由な活動によって成立するオープンな空間のこと。例えば古代ギリシアのアゴラ（広場）や，17〜18世紀イギリスのコーヒーハウスなど。

●ハンナ=アーレント
　人間の行為を3つに分け，活動が公共空間を形成すると説いた。

> ・**労働**…食糧など生命維持に必要な消費財をつくること
> ・**仕事**…道具や芸術作品など耐久性のある人工物をつくること
> ・**活動**…言葉を通して人と人とが相互にかかわること

●フランクフルト学派（ホルクハイマー，アドルノ）
　自然を支配する手段としての理性を「**道具的理性**」と呼んで批判。

●ハーバーマス（フランクフルト学派第二世代）
　公共空間を形成するためには理性の見直しが必要だと考え，討議の重要性を説いた。
コミュニケーション的合理性：互いによりよく了解しあうことを可能にする能力
討議デモクラシー（熟議民主主義）：利害や価値観が異なる人々が**対話的理性**を自由かつ主
　　　　　　　　　　　　　　　　体的に発揮し，互いに納得して受け入れることのでき
　　　　　　　　　　　　　　　　る合意形成を協働して探し続けることを重視

■　人類の福祉——個人と共同体の幸福の実現

●ロールズ——公正としての正義を唱え，功利主義を批判
正義の原理 ➡ 例として，累進課税など
　第一原理（平等な自由の原理）
　　各人は基本的な自由に対する平等な権利をもつ
　第二原理（不平等が許される条件）
　　社会的・経済的不平等は次の2つの条件を満たすものでなければならない

①公正な機会均等の原理

　　全員に平等な機会を与え，公正に競争した結果の不平等であること

②格差の原理

　　社会で最も不遇な人々の境遇を改善するための不平等であること

●セン――ロールズの平等のとらえ方を批判

　豊かな生活とは潜在能力（**ケイパビリティ**）を実現することだと考えた。潜在能力とは「何をしたいか」「何ができるか」という人生の選択肢の幅のこと。

➡ 貧困の解決には，所得の増大だけではなく，識字率・衛生状態の向上が重要

人間の安全保障：人間の生存・生活・尊厳に対する脅威から各個人を守り，それぞれのもつ
　　　　　　　　豊かな可能性を実現するための取り組みを実践する考え方

➡ 例えば貧困の問題は日本にもあり，それを解決するための取り組みが行われている

➡ ソーシャルインクルージョン：社会的に弱い立場にある人々を地域社会で受け入れる取り
　　　　　　　　　　　　　　　組み（貧困家庭の食事をサポートするこども食堂，元受刑
　　　　　　　　　　　　　　　者に職と住まいを提供して社会復帰を支える企業など）

個人か共同体か

　　人類の福祉をめぐっては，個人と共同体のどちらを先に（中心に）考えるかについて対立がある。

●個人を重視：リバタリアニズム（自由至上主義）

　　功利主義の流れ。個人の自由に最大の価値を認め，政府は経済活動への干渉を避ける（小さな政府）。

●共同体を重視：コミュニタリアニズム（共同体主義）

　　個人主義を批判。共同体の中で育まれた価値観を尊重。討議により諸問題を解決し，共通善の実現をめざす。

>>> 生命科学と倫理

• 生命の仕組みを応用し，人間生活に役立てる技術（**生命工学**（バイオテクノロジー））の発達により，遺伝子情報の解読，**遺伝子組み換え**技術の発達や，**ヒトES細胞・iPS細胞**などの研究が進む

• 医療の高度化にともない，生命の尊厳（SOL）に加えて生命の質（QOL）を重視する考え方も浸透（背景には**自己決定権**の考え方がある）

➡ インフォームド・コンセント（説明に基づく同意）：医師が患者に病状や治療方針など
　　　　　　　　　　　　　　　　　　　　　　　　について十分に説明し，同意を得
　　　　　　　　　　　　　　　　　　　　　　　　て治療を行う

➡ リビング・ウィル（生前の意思表示）：特に**終末期医療**において生前の希望を尊重する

　改正臓器移植法：本人の意思が不明でも家族の同意があれば臓器提供が可能に

　出生前診断：母親の血液や羊水などから，胎児の異常の有無を診断する

第3章　西洋思想と人類の福祉　　演習問題

29　プラトンは，魂の三部分の関係に基づいて国家のあり方を説明した。彼の国家についての思想として最も適当なものを，次の①～④のうちから一つ選べ。

①　一人の王の統治は，知恵を愛する王による統治であっても，つねに独裁制に陥る危険を孕んでいる。それゆえ防衛者階級も生産者階級も知恵・勇気・節制を身につけ，民主的に政治を行う共和制において正義が実現する。

②　統治者階級は，知恵を身につけ，防衛者階級を支配し，防衛者階級は，勇気を身につけ，生産者階級を支配する。さらに生産者階級が防衛者階級に従い節制を身につけたとき，国家の三部分に調和が生まれ，正義が実現する。

③　知恵を愛する者が王になることも，王が知恵を愛するようになることも，いずれも現実的には難しい。知恵を愛する者が，勇気を身につけた防衛者階級と節制を身につけた生産者階級とを統治するとき，正義が実現する。

④　知恵を身につけた統治者階級が，防衛者階級に対しては臆病と無謀を避け勇気を身につけるよう習慣づけ，生産者階級に対しては放縦と鈍感を避け節制を身につけるよう習慣づける。このようなときに正義が実現する。

〔2005年度本試験　倫理〕

30　アリストテレスの「調整的正義（矯正的正義）」の説明として最も適当なものを，次の①～④のうちから一つ選べ。

①　各人の業績を精査し，それぞれの成果に応じて報酬を配分すること

②　加害者を裁いて罰を与え，被害者に補償を与えて公平にすること

③　知性的徳を備えた人が習性的徳を備え，完全に正しい人になること

④　法的秩序を保ち，人間として正しい行為をする状態に市民を導くこと

〔2009年度本試験　倫理〕

31　次のア～エはベーコンが「イドラ」と呼んで批判した様々な先入観についての記述である。それぞれについて，その正誤を答えなさい。

ア　種族のイドラは，人間相互の交わりや社会生活から生じる。

イ　劇場のイドラは，伝統や権威を鵜呑みにすることから生じる。

ウ　洞窟のイドラは，人間に共通する自然的な制約から生じる。

エ　市場のイドラは，各人が各様にもっている経験や知識から生じる。

〔2013年度本試験　倫理　改〕

32 デカルトの哲学について述べた次の文章の　a　～　c　に入れる語句として正しいものを，それぞれ一つ選べ。

『方法序説』の冒頭で「　a　はこの世で最もよく配分されている」と述べたデカルトは，誰もがそれを正しく用いることによって，真に確実な知識を得ることができると考えた。彼は，すべてを疑った結果，疑い得ない真理として，「私は考える，ゆえに私はある」という命題に到達した。この原理を確実なものとして，そこからデカルトは他の真理を論証して導き出そうとした。このような論証の方法は　b　と呼ばれる。

デカルトは，さらに考察を進め，精神が明晰判明に認識するものとして，物体の存在も認めたが，精神の本質が考える働きであるのに対し，物体の本質は　c　だとした。彼によれば，身体は自ら考えることはないため，物体にほかならない。

a	① 良　識	② 悟　性
b	① 帰納法	② 演繹法
c	① 質　料	② 延　長

〔2016 年度追試験 倫理 改〕

33 ベンサムに従うと，人はどのように快楽や苦痛を計算すべきであるか。その具体例として最も適当なものを，次の①～④のうちから一つ選べ。

① お喋りしながら缶入りのお茶を飲むよりも，お茶会の方が精神的な深さがある。こちらの方が高尚な快楽である。

② 彼女は立派な人格の持ち主で，誰からも尊敬されているから，彼女の得る快楽には二人分の快楽の価値を認めよう。

③ たちまち飽きがきてしまうような玩具よりも，長く遊べるような玩具の方が，大きな快楽を与えてくれる。

④ とてもおいしいご馳走だった。そのせいでおなかをこわしたとしても，ご馳走が与えた快楽が差し引かれるわけではない。

〔2005 年度本試験 倫理〕

34 個人と社会とのあるべき関係を追求した社会思想に功利主義がある。この功利主義を唱えた思想家の説明として最も適当なものを，次の①～④のうちから一つ選べ。

① ベンサムは，快を幸福とし苦痛を不幸としたうえで，その快苦を数量化し，社会全体の幸福の最大化を目指そうとしたが，最終的には快楽計算は不可能であると考えた。

② ベンサムによれば，個々人は利己的に振る舞いがちであり，利己的振る舞いを社会全体の幸福に一致させるためには，政治的制裁などの外的な強制力が必要で

ある。

③　ミルは，快に質的差異があることを認めたが，人間には感性的な快を求める傾向性があるので，万人に等しく分配されている良識によって自らを律することが大切であると考えた。

④　ミルによれば，人間は精神的に成長するものであり，自らの良心の呼び声によって，頽落（たいらく）した世人から本来的な自己に立ち返り，利他的に振る舞うようになる。

〔2017 年度追試験 倫理〕

35　カントの道徳思想についての説明として**適当でないもの**を，次の①〜④のうちから一つ選べ。

①　道徳的な行為とは，単に結果として義務にかなっているだけではなく，純粋に義務に従おうとする動機に基づく行為のことである。

②　道徳的な行為とは，すべての人々にとっての目標である幸福を，社会のできるだけ多くの人々に，結果としてもたらす行為のことである。

③　各人は，自分の行為の原則（格率）が誰にとっても通用する原則であるかどうかを絶えず吟味しながら，行為しなければならない。

④　各人は，人々が互いの人格を尊重し合う理想の共同体を目指すべきであり，この共同体は，目的の国（王国）と呼ばれる。

〔2019 年度追試験 倫理〕

36　次の**ア・イ**は，人間の実存について考えた思想家の説明である。それぞれ，その正誤を答えなさい。

ア　キルケゴールは，人間は自分のあり方を自分自身で選び，未来へ向けて自分の本質を自由に作り上げるが，それは，その選択の責任を全人類に対して負う社会参加（アンガージュマン）でもある，と主張した。

イ　ハイデガーは，人間は日常性において自己を世間に埋没させて生きているが，自分自身の死の可能性と向き合うことで，本来的な自己に立ち返ることになる，と主張した。

〔2022 年度追試験 倫理 改〕

37　ハーバーマスの「対話的理性」という考え方に合致している発言として最も適当なものを，次の①〜④のうちから一つ選べ。

①　議論をしても埋まらない立場の相違や利害の衝突は，多数者の意思に基づいて解決していく。それが，民主主義社会の公共性の原理でしょ。

②　多数決なんて乱暴だな。理想論って言われるかもしれないけど，みんなが互いに納得し合えるまで，とことん話し合いを続けるべきだよ。

③　納得し合う必要もなくて，とことん意見をぶつけ合っていけばいいのさ。議論
　　で一番大切なのは，互いの意見の違いを明らかにすることだからね。

④　理想的な対話は，見知らぬ者同士では難しいよ。理性的に話し合うためには，
　　互いに信頼し合える親密な関係が不可欠だよ。

〔2013 年度本試験　倫理〕

38　人間の自由をめぐる思想家の考え方の説明として最も適当なものを，次の①〜
　　④のうちから一つ選べ。

①　アーレントによれば，人間には，生命維持のために働いたりする能力とは別に，
　　他者と言葉を交わすことを通して公共的な空間に参加する能力があり，この能力
　　を発揮することが自由な活動である。

②　アーレントは，社会の中で有利な立場にいる人であっても，仮想的な社会契約
　　の段階では，最も不遇な境遇に置かれることを想像して，基本的な自由を万人に
　　等しく保証するようなルールを採択するはずだと主張した。

③　ロールズによれば，社会の基本原則にとって最も重要な条件は基本的自由であ
　　り，万人に基本的自由が保証されていれば，競争によって格差が生じたとしても，
　　是正する必要はない。

④　ロールズは，自由を獲得した近代人には，自分のことを自ら決定する責任の重
　　さとそれに伴う不安に耐えかねて，むしろ権威に自発的に従属するようになる傾
　　向があると指摘した。

〔2022 年度追試験　倫理〕

39　公正としての正義に関するロールズの思想内容の説明として最も適当なものを，
　　次の①〜④のうちから一つ選べ。

①　部分的正義には，悪を犯した人には罰を与えるように，人々の利害得失を均等
　　にする調整的正義（矯正的正義）があるとした。

②　幸福の計算において，各人を等しく一人として数えるという基準から，諸個人
　　の利害を等しく計算することが正義にかなうと説いた。

③　誰もが欲するであろう基本的な財の配分の正義を問題にし，基本的自由に対す
　　る平等の権利と，格差の是正のための原理を提示した。

④　生命・自由・財産所有などの各人が生まれながらにしてもつ自然権を守ること
　　を正義とし，その保障を政府の役割であるとした。

〔2014 年度本試験　倫理〕

40 センによる福祉の捉え方の説明として最も適当なものを，次の①〜④のうちから一つ選べ。

① 個人の才能としての「潜在能力」を最大限に引き出し，各人が自分の能力を社会で発揮できるようにすることによって，財や所得の豊かさという福祉の目標を実現しなければならない。

② 生き方の幅としての「潜在能力」を改善し，各人が自分の達成できる状態・活動をより自由に実現できるようにすることで，財や所得の豊かさという福祉の目標を実現しなければならない。

③ 個人の才能としての「潜在能力」を最大限に引き出し，各人が自分の能力を社会で発揮できるようにすることが福祉の目標であり，財はこの目的のために分配されなければならない。

④ 生き方の幅としての「潜在能力」を改善し，各人が自分の達成できる状態・活動をより自由に実現できるようにすることが福祉の目標であり，財はこの目的のために分配されなければならない。

〔2018 年度本試験 倫理〕

41 いわれのない差別への対策の一つに，アファーマティブ・アクションと呼ばれる措置がある。アファーマティブ・アクションについての記述として最も適当なものを，次の①〜④のうちから一つ選べ。

① 人種やジェンダーの差異の積極的な承認に向けて集団的権利を保障する措置である。

② 人種的マイノリティや女性に対して就職や結婚の機会を保障するための措置である。

③ 社会における人種やジェンダー等の構造的差別の解消に向けて実施される，暫定的な措置である。

④ 社会における根絶不可能な構造的差別を不断に是正するために実施される，恒久的な措置である。

〔2016 年度本試験 倫理〕

第3章　西洋思想と人類の福祉　　解答解説

29　《古代ギリシア思想①》　正解は③

①**不適**。3つの階級がそれぞれに，自らの徳を実現することをプラトンは考えた。

②**不適**。下の階級を「支配する」というのではない。各人の卓越性を活かすことが最善とプラトンは考えた。指導的立場にある統治者階級も，常に理性を働かせ，真理を求める努力をすることが求められているだけである。

③**適当**。それぞれの階級がそれぞれの徳を身につけ，全体としての調和がとれた状態（＝**正義**）にあるとき，理想的な国家が実現するとプラトンは説いた。

④**不適**。防衛者階級はもともと気概あふれる卓越性をもつ者であり，統治者階級がそれを「習慣づける」という主張をプラトンはしていない。

30　《古代ギリシア思想②》　正解は②

①**不適**。業績に応じた報酬の配分は，アリストテレスの説いた配分的正義。

②**適当**。アリストテレスは，各人の利害が不公平な状態になったときに，それを公平な状態に回復・矯正するような正義のことを調整的正義と呼んだ。

③**不適**。アリストテレスは知性的徳（知性の働きに関わる徳）に加え，中庸を通じて習性的徳（行動に関わる徳）を身につけることを強調したが，それを調整的正義と呼んだわけではない。

④**不適**。ポリス全体の法的秩序を守ることを，アリストテレスは全体的正義と呼ぶ。

31　《近代の科学的精神①》　正解は，ア．誤　イ．正　ウ．誤　エ．誤

ア．**誤**。種族のイドラは，人間という種族であるがゆえに陥る偏見。感覚による錯覚などの例がある。「人間相互の交わり」から生じるのは「市場のイドラ」。

イ．**正**。劇場のイドラは，伝統や権威を無批判に盲信することから生まれる偏見。劇場で演じられる芝居を，観客が本物と思い込むようなもの。

ウ．**誤**。洞窟のイドラは，個人的な性向や経験から生じる偏見。自然の光が遮られた洞窟の中にいる状態にたとえたもの。「人間に共通する自然的な制約」から生じるのは「種族のイドラ」。

エ．**誤**。市場のイドラは，言葉の不適切な使用から生じる偏見。人々が集まる場所でうわさ話を信じることにたとえたもの。「各人が各様にもっている経験や知識」から生じるのは「洞窟のイドラ」。

第3章

32 《近代の科学的精神②》 正解は，a ─① b ─② c ─②

大陸合理論の祖であるデカルトの思想内容をまとめた文章を読み用語を答える問題。
a ．デカルトは真偽を判別する能力である理性を①良 識と呼び，すべての人に平等
　に分け与えられていると考えた。②悟性は，感性から得られた素材を形式にあては
　めて整理する能力として**カント**が用いた用語。
b ．普遍的な命題から推論によって個々の結論を導き出す方法は②演繹法。①帰納法
　は，個々の事例から一般的法則を導き出す方法で，**経験論の祖ベーコン**が提唱した。
c ．デカルトは，物体と精神をそれぞれ独立した実体とする物心二元論の立場に立つ。
　精神が**思惟**を属性とするのに対し，物体は②延長（空間的な広がり）を属性とする。
　①質料（ヒュレー）は，形相（エイドス）とともにアリストテレスの存在論で使わ
　れる用語。

33 《近代社会の成立①》 正解は③

①不適。快楽の質を問題にしたのはミル。
②不適。ベンサムは快楽計算において，各人は平等に一として数えられなければなら
　ず，特権などによる何らかの加算も認められてはならないとした。
③適当。快楽の永続性という快楽の量で計算しうるものだと考えられる。
④不適。「おなかをこわした」ことは苦痛として差し引かれる。

34 《近代社会の成立②》 正解は②

①不適。ベンサムは，快楽は数量的に計算できると考える量的功利主義を説いた。
②適当。ベンサムは，個人の行為に対する外的な強制力として制裁を重視した。
③不適。ミルは質的功利主義を唱え，人間は肉体的快楽よりもより高次元な精神的快
　楽を求めると考えた。
④不適。「良心の呼び声によって，頽落した世人から本来的な自己に立ち返」ること
　で実存を確立すると考えたのは，ドイツの実存主義の哲学者**ハイデガー**。

35 《近代社会の成立③》 正解は②

①・③・④適当。カントは動機の純粋性を重視し，善意志によって導かれる行為を道
　徳的な行為とし（①），行為する際の道徳法則を，「汝の意志の格率が，つねに同時
　に普遍的な法則として妥当しうるように行為せよ」と示した（③）。そして，「汝の
　人格や他のあらゆる人の人格の内にある人間性を，いつも同時に目的として扱い，

決して単に手段としてのみ扱わないように行為せよ」(『道徳形而上学の基礎づけ
(原論)』) と説いて，互いの人格が尊重される共同体 (目的の王国) を理想とした
(④)。

②不適。道徳の原理を**最大多数の最大幸福**に求めた**ベンサム**の思想。

---

36 《実存主義》　正解は，ア．誤　イ．正

ア．誤。サルトルに関する説明。キルケゴールは「あれか，これか」を具体的に選択
　することで人間は倫理的存在となるが，それでも不安や絶望から逃れることはでき
　ず，最終的に神と対面する単独者になることで，本来的自己に目覚めるとした。

イ．正。ハイデガーは，人間は「死への存在 (死へと関わる存在)」であることを自
　覚するとき，本来的な自己を取り戻すことができると主張した。

---

37 《公共空間の形成①》　正解は②

ハーバーマスは理性を信頼し，新しい理性のあり方を検討した。それが**対話的理性**と
呼ばれるもので，社会の構成員が対等な立場で話し合いながら，共通理解のもとで合
意を作り出す理性的な能力のことである。この理解を踏まえているのは②。

①不適。議論をあきらめて多数決で決定するという解決方法は，言葉によって意思疎
　通を図り，お互いの合意を作っていくことと相容れない。

③不適。「納得し合う必要もなく」という点が，相互理解による合意の形成に反する。

④不適。たとえ初対面の者であっても，言葉によるコミュニケーションで理解しあう
　ことは可能である。「親密な関係」を前提としている点が誤り。

---

38 《公共空間の形成②》　正解は①

①適当。アーレントは人間の活動力の形態を「労働」「仕事」「活動」に分類し，言語
　を介した他者との相互的行為である「活動」によって公共性が形成されると考えた。

②不適。「最も不遇な境遇」を改善するように主張したのは**ロールズ**。

③不適。ロールズは，自由競争によって生まれた結果としての格差を是正する必要が
　あると考えた。

④不適。現代人が自由の責任の重さに耐え切れず，権威に従属してしまっていること
　を指摘したのは**フロム**。

39 《人類の福祉①》　正解は③

① 不適。アリストテレスは，正義を全体的正義と部分的正義に分け，さらに部分的正義を配分的正義（＝能力に応じて報酬などを配分すること）と調整的正義（＝裁判・取引で「利害得失を均等にする」こと）に分類した。

② 不適。ベンサムの快楽計算の説明。

③ 適当。ロールズはアメリカの政治哲学者。『正義論』を著して，自由競争がもたらす不平等を是正する原理である公正としての正義を考察した。

④ 不適。ロックの社会契約説の説明。

40 《人類の福祉②》　正解は④

センは貧困問題を分析し，アジア人で初めてノーベル経済学賞を受賞した。「生き方の幅」を「潜在能力」ととらえ，人生の選択肢の多さを「豊かさ」の指標とした。所得が同じでも環境が異なると，所得を用いて実現するための自由度には差が出るという面に注目し，ロールズが財の分配のみで平等を検討した点を批判して，「潜在能力」が平等かどうかという観点で福祉をとらえた（④適当）。

①・②・③不適。①・③「潜在能力」は「個人の才能」ではない。①・②「財や所得の豊かさ」を「福祉の目標」とする記述は誤り。

41 《人類の福祉③》　正解は③

アファーマティブ・アクション（積極的差別是正措置）とは，マイノリティや女性など，これまで差別され不利な立場に置かれていた人に，雇用・入学などで積極的に優遇的措置をとること。これに該当する③が適当。

① 不適。人種やジェンダーの差異を積極的に承認するという点が誤り。

② 不適。結婚の機会の保障は関係がない。

④ 不適。「根絶不可能な構造的差別を不断に是正するため」の「恒久的な措置」ではない。

【近代の反省 ── 他者理解】

レヴィ=ストロース：西洋の思想だけでなく未開社会の思考（**野生の思考**）も論理性をもつことを指摘。西洋中心の文明観を批判した。『野生の思考』

フーコー：理性的なものからはずれた「**狂気**」を排除してきた歴史を分析。『狂気の歴史』

レヴィナス：**他者**の呼びかけに応じる倫理によって，自己中心性からの脱出を追求した。『全体性と無限』

第4章　各国の政治のしくみ　まとめ

■ 人権思想の発展と民主政治の基本原理

≫ 市民革命期の政治思想

市民革命期以前は**絶対王政**（王制）。◀ 根拠は**王権神授説**

社会契約説：自然権を守るため，契約を結ぶことにより国家が形成されるという考え方

自然状態：国家や社会の形成される以前の状態

権力の目的 ➡ 人間が自然状態において生まれながらにもっている自然権の保障

	ホッブズ	ロック	ルソー
著書	『リヴァイアサン』	『市民政府二論』 （『統治二論』）	『社会契約論』
自然状態	万人の万人に対する闘争	自由・平等・独立	自由・平等・自給自足
社会契約	統治者に自然権を委譲	自然権の一部を政府に委託 抵抗権（革命権）をもつ	自然権を社会全体に譲渡 一般意志の同意による立法
特徴	国王専制の擁護	間接民主制	人民主権による直接民主制
影響		アメリカ独立宣言	フランス人権宣言

≫ 近代憲法の形成

イギリス

1215年　マグナ・カルタ（大憲章）：封建貴族がジョン王に王権の制限を認めさせた

> 「（議会の）承諾なければ課税なし」（**租税法律主義**）
> 「法によらねば逮捕されず」（**罪刑法定主義**）

1628年　**権利請願**：エドワード=コーク（クック）起草，人権保護，議会の尊重を求める

1689年　権利章典：王権を制限して市民の自由と権利，議会政治の原則を規定

アメリカ

1776年　バージニア権利章典（バージニア憲法）
　　　　：世界で最初に基本的人権を規定した成文憲法

> 第1条　すべて人は生来ひとしく自由かつ独立しており，一定の生来の権利
> 　　　　を有するものである。……

1776年　アメリカ独立宣言：ジェファーソンが起草，基本的人権を「天賦の権利」と規定

1787年　アメリカ合衆国憲法：**厳格な三権分立**・連邦主義・硬性憲法

1791年　**アメリカ合衆国憲法修正10か条**（権利章典）：人権に関する規定を追加

フランス

1789年　フランス人権宣言（「人および市民の権利宣言」）：国民議会で採択

➡ 18世紀的基本権の集大成（国民主権・人権の不可侵・所有権の保障）

> 第16条　権利の保障が確保されず，権力の分立が規定されないすべての社会は，憲法をもつものでない。

国民主権，基本的人権の保障

国民主権の源泉は国民の信託。国民に抵抗権（革命権）を保障。

●基本的人権のあゆみ

18世紀　国家からの自由：**自由権（財産権）・平等権**の保障

19世紀　国家への自由：チャーチスト運動（英）などの**参政権**を求める動き

20世紀　国家による自由：**社会権**の保障

　　　　背景には貧富の差の拡大や自由の実質的な確保を求める動きがあった

ドイツ

1919年　ワイマール憲法：社会権を認めた初の憲法（＝**財産権の制限**）

> 第151条1項　経済生活の秩序は，すべての者に人間たるに値する生活を保障する目的をもつ正義の原則に適合しなければならない。

●民主主義の危機

全体主義：個人よりも国家や民族などの優位を追求する思想・体制，ファシズムなど

ドイツでは与党第一党党首の**ヒトラー**がワイマール憲法の規定に基づき首相に任命

➡ ワイマール憲法を停止し，政府に独裁権を付与する**全権委任法**を成立させる

➡ 軍事独裁国家の構築 ➡ **ユダヤ人虐殺**

権力分立原則

ロック：『市民政府二論』で立法・執行（行政）・同盟（連合）の三権分立を主張

モンテスキュー：『法の精神』において**立法・行政・司法**の三権分立および各機関による権力の抑制と均衡を主張

法の支配と法治主義

法の支配：国王（権力者）も国民も，法の下に平等。イギリスのコモン・ローを起源とし，アメリカやイギリスで発展した

法治主義：法に基づき政治が行われなければならないという考え方であり，**法の内容よりも形式的な制度手続きが重視される点で法の支配とは異なる。**帝政期のドイツや日本で発展し，専制政治の正当化に利用された（ドイツの全権委任法など）

各国の政治制度

>>> イギリスの政治制度（議院内閣制）

　国王（国家元首）が形式的には大きな権限をもつが，実権はもたない立憲君主制（国王は「君臨すれども統治せず」）。

〈議会〉• 上院（貴族院）は国王が任命，ほとんど権限をもたない
　　　　• 下院（庶民院）は選挙（選挙権・被選挙権 18 歳以上，**下院優位の原則**）

〈行政〉• 実質的な権限は内閣にあり，下院の第一党党首が国王から首相に任命される
　　　　• 首相は大臣（すべて国会議員）の任免権をもつ（議会の解散権には制限あり）
　　　　• 議院内閣制なので下院に対して責任を負い，下院の信任を失えば総辞職

〈司法〉• 2009 年に連合王国最高裁判所が設置され，貴族院の司法機能は失われた
　　　　• **違憲立法審査権をもたない**

〈政党〉• 保守党と労働党の二大政党制だったが近年は多党化傾向
　　　　• 野党は政権交代に備え影の内閣（**シャドー・キャビネット**）を組織

>>> アメリカの政治制度（大統領制）

　大統領（国家元首）が行政府の最高責任者，軍の最高司令官で，任期 4 年，三選禁止。議会への法案提出権はないが，**教書送付権と法案拒否権**をもつ。大統領選挙は**間接選挙**（各州で有権者が選出した**大統領選挙人**が大統領を選出）。

〈議会〉法律の制定権については**両院対等**
　　• 上院は各州 2 名選出，任期 6 年（2 年ごとに 3 分の 1 ずつ改選），高官の任命や条約締結について同意権をもつ
　　• 下院は各州から人口比例で選出，任期 2 年，小選挙区制，**予算先議権**をもつ

〈行政〉各省および大統領直属の独立行政機関と大統領府があり，大統領のみに責任を負う

〈司法〉連邦最高裁判所は**違憲立法審査権をもつ**

〈政党〉**民主党**と**共和党**の二大政党制

>>> 中国の政治制度（民主的権力集中制）

　国家主席（国家元首）が全国人民代表大会で選出される。任期 5 年，三選以上も可能。全国人民代表大会（全人代）が国家権力の最高機関であり，すべての権力が集中する。一院制，任期 5 年，解散なし，省・自治区・直轄市の人民代表大会や軍から選出する代表（約 3000名）で構成される。また，全人代の常設機関として**全国人民代表大会常務委員会**が全人代により選出・罷免される。

〈内閣〉**国務院**の国務院総理（首相）は国家主席の指名に基づき全人代で選出

〈司法〉**最高人民法院**は国家の裁判機関で，院長（長官）は全人代により任命

〈政党〉中国共産党による一党独裁状態だが，他にも政党は存在する

第4章　各国の政治のしくみ　演習問題

42　生徒Xは，ホッブズの『リヴァイアサン』を読み，議論の流れや概念の関係を整理した図を作った。次の文章a～dは，『リヴァイアサン』の一節あるいは要約であり，図中の空欄 ア ～ エ には，a～dのいずれかの文章が入る。空欄 エ に入る文章として最も適当なものを，a～dのうちから一つ選べ。

a　人は，平和と自己防衛のためにかれが必要だとおもうかぎり，他の人びともまたそうであるばあいには，すべてのものに対するこの権利を，すすんですてるべきであり，他の人びとに対しては，かれらがかれ自身に対してもつことをかれがゆるすであろうのと同じおおきさの，自由をもつことで満足すべきである。

b　人びとが，かれらすべてを威圧しておく共通の権力なしに，生活しているときには，かれらは戦争とよばれる状態にあり，そういう戦争は，各人の各人に対する戦争である，ということである。

c　各人は，かれ自身の自然すなわちかれ自身の生命を維持するために，かれ自身の意志するとおりに，かれ自身の力を使用することについて，自由をもっている。

d　各人は，平和を獲得する希望があるかぎり，それにむかって努力すべきであるというのが，理性の戒律すなわち一般法則である。その内容は，「平和をもとめ，それにしたがえ」ということである。

（出所）　水田洋訳『リヴァイアサン（一）』による。表記を一部改めている。

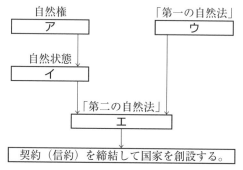

〔2021年度本試験（第2日程）政治・経済　改〕

43 国家や国際社会をめぐる思想の記述として**誤っているもの**を，次の①～④のうちから一つ選べ。

① ボーダンは『国家論』をあらわし，主権が国家の絶対的永続的な権力であり，分割できないことを論じた。

② ロックは『統治二論（市民政府二論）』をあらわし，国家権力が立法権と執行権に分割され，後者が優越することを論じた。

③ グロティウスは『戦争と平和の法』をあらわし，戦争を制御して平和な秩序を実現するルールを論じた。

④ サン゠ピエールは『永久平和案（永久平和の計画）』をあらわし，国際機構を設立して平和を実現する構想を論じた。

〔2019 年度追試験　政治・経済〕

44 次の文章中の空欄 　ア 　・ 　イ 　に当てはまる言葉を下の記述 A ～ C から選べ。

イギリスでは中世のマグナ・カルタ（大憲章）において，すでに法の支配の萌芽（ほうが）がみられた。近世の絶対君主制の下でそれは危機に瀕（ひん）したが，17 世紀初頭にイギリスの裁判官エドワード・コーク（クック）は，13 世紀の法律家ブラクトンの言葉をひいて 　ア 　と述べ，法の支配を主張した。

絶対君主制への批判は，国王の権力を制限しようとする社会契約論や立憲主義思想へとつながっていく。こうした考え方は，17 世紀から 18 世紀にかけて近代市民革命へと結実し，フランス人権宣言に 　イ 　と謳（うた）われた。

A 「あらゆる政治的結合の目的は，人の，時効によって消滅することのない自然的な諸権利の保全にある」

B 「経済生活の秩序は，すべての人に，人たるに値する生存を保障することをめざす正義の諸原則に適合するものでなければならない」

C 「王は何人の下にも立つことはない。しかし，神と法の下には立たなければならない」

〔2020 年度本試験　政治・経済　改〕

第4章

45 次の記述 a ～ d はそれぞれ，アメリカ独立宣言，児童の権利に関する条約（子どもの権利条約），フランス人権宣言（人および市民の権利宣言），ワイマール憲法の一節のうちのいずれかである（なお，和訳の一部表記を改めた箇所やふりがなを振った箇所がある）。これらの記述を成立した年の古いものから順に並べたとき，**3番目**にくるものとして正しいものを一つ選べ。

　a　人は，自由，かつ，権利において平等なものとして生まれ，生存する。社会的区別は，共同の利益に基づくものでなければ，設けられない。

　b　いかなる児童も，その私生活，家族，住居もしくは通信に対して恣意的にもしくは不法に干渉されまたは名誉および信用を不法に攻撃されない。

　c　経済生活の秩序は，すべての人に，人たるに値する生存を保障することをめざす正義の諸原則に適合するものでなければならない。

　d　すべての人は平等に造られ，造物主によって一定の奪うことのできない権利を与えられ，その中には生命，自由および幸福の追求が含まれる。

　　　　　　　　　　＊出典追記　a：辻村みよ子 訳／c：初宿正典 訳／d：野坂泰司 訳
　　　　　　　　　　　　　　　　　　　　　　　　〔2023 年度追試験 政治・経済〕

46 政治の基本原理と政治体制について，次の文章中の空欄 ア ～ ウ に当てはまる語句として正しいものを，それぞれ一つ選べ。

　絶対君主制では，君主に権力が集まり恣意的な権力行使がなされるような事例が見受けられた。そのため，このような恣意的な権力行使に対して，批判や抵抗が強まった。

　その結果，君主による恣意的な権力行使を抑制し，国民の権利を擁護するために「 ア 」という原則が確立するとともに，国家権力を担う機関相互の関係を規律する イ という原理が生まれた。

　その後， イ という原理を踏まえ，さまざまな政治体制が構築されてきた。議院内閣制や大統領制などの政治体制の分類は，立法権をもつ機関と ウ をもつ機関との関係に着目したものである。

ア	① 人の支配	② 法の支配
イ	① 国民主権	② 権力分立
ウ	① 司法権	② 行政権

　　　　　　　　　　　　　　　　　　　　　　〔2022 年度追試験 政治・経済 改〕

47 各国の議会制度の説明として**誤っているもの**を，次の①〜④のうちから一つ選べ。

① アメリカでは，国民の直接選挙によって選出される上院が置かれ，条約締結についての承認権（同意権）など，重要な権限が付与されている。

② イギリスでは，非民選の議員からなる貴族院が置かれ，最高裁判所の機能も果たしてきたが，現在ではその機能を喪失している。

③ 日本では，国民の直接選挙によって選出される参議院が置かれ，戦前の貴族院と異なり解散が認められるなど，民主化が図られている。

④ フランスでは，任期6年の上院が置かれ，上院議員選挙人団による間接選挙で議員が選出される。

〔2020年度本試験 政治・経済〕

48 現在のアメリカとフランスの政治体制について，次の文章中の空欄　イ　〜
エ　に当てはまる語句の組合せとして最も適当なものを，下の①〜⑧のうちから一つ選べ。

アメリカは大統領制を導入している。アメリカの大統領は，　ア　によって選ばれ，連邦議会に　イ　。大統領は，議会解散権や法案提出権をもたないが，連邦議会で可決した法案に対する拒否権をもつ。一方で，連邦議会は立法権や予算の議決権をもっているが，大統領に対して　ウ　を行う権限はもっていない。

これに対し，フランスは大統領制と議院内閣制を混合した政治体制を導入している。フランスの大統領は，　エ　によって選ばれ，首相の任命権，議会（下院）の解散権をもっている。一方で，首相は議会に対して責任を負い，議会の信任も必要である。

① イ　議席をもつ　　　ウ　不信任決議　　エ　直接選挙
② イ　議席をもつ　　　ウ　不信任決議　　エ　間接選挙
③ イ　議席をもつ　　　ウ　弾　劾　　　　エ　直接選挙
④ イ　議席をもつ　　　ウ　弾　劾　　　　エ　間接選挙
⑤ イ　議席をもたない　ウ　不信任決議　　エ　直接選挙
⑥ イ　議席をもたない　ウ　不信任決議　　エ　間接選挙
⑦ イ　議席をもたない　ウ　弾　劾　　　　エ　直接選挙
⑧ イ　議席をもたない　ウ　弾　劾　　　　エ　間接選挙

〔2021年度本試験（第2日程）政治・経済 改〕

第4章

第4章　各国の政治のしくみ 解答解説

42 《政治思想①》　正解は a

「第一の自然法」や「第二の自然法」という概念を高校段階で扱うことは少ないが，ホッブズの社会契約論の基本的な内容を理解していれば解答できる。

まず，判断しやすいのは，**イ**の自然状態である。ホッブズの想定する自然状態は「**万人の万人に対する闘争**」なので，**b**が該当する。その上流にある**ア**の自然権は「万人の万人に対する闘争」の理由に当たることから，各人は自分の生命を維持するために自身の力を使用する自由をもっているという**c**が該当する。**イ**の下流にある**エ**「第二の自然法」は，契約（信約）を締結して国家を創設することで自然状態における戦争状態から脱することへの理由づけに関する文章が入るはずなので，平和と自己防衛のために，他者が認める程度の自由で満足し，それ以外の自然権をすべて放棄すべきだという**a**が該当する。

43 《政治思想②》　正解は②

①正文。ボーダンは16世紀フランスの思想家で，「**国家の絶対的で永続的な権力**」という主権概念をつくった。

②誤文。ロックが主張したのは立法権と執行権・同盟権の分立で，立法権が優越することを論じた。

③正文。オランダの法学者**グロティウス**は，三十年戦争（1618〜1648年）を背景に，**自然法**の立場から国際法の基礎を築き「**国際法の父**」とも呼ばれる。

④正文。**サン=ピエール**はフランスの平和思想家で，1713年に『**永久平和案（永久平和の計画）**』を発表し，戦争の放棄や国際裁判所・国際軍等を備えた恒久的な国際平和機構の設立を提唱した。**カント**の『**永遠の平和のために（永久平和論）**』に影響を与えたといわれる。

44 《近代憲法の形成①》　正解は，ア─C　イ─A

ア．法の支配を主張する言葉だから，「王といえども神と法の下にある」ということを述べた**C**が該当する。

イ．社会契約論や立憲主義思想からつながるのは，人権の保障を謳った**A**（フランス人権宣言第2条）である。

Bは，生存権などの社会権を初めて明記したワイマール憲法（1919年）の条文。

45 《近代憲法の形成②》　正解は c

憲法などの歴史的な文書に関する理解が必要な問題。設問から，成立した年が古い順に並び替えると，アメリカ独立宣言（1776年）→フランス人権宣言（1789年）→ワイマール憲法（1919年）→子どもの権利条約（1989年）となる。つまり，ワイマール憲法に当てはまるものを選べばよい。

a．不適。「人は，自由，かつ，権利において平等なもの」から，フランス人権宣言とわかる。

b．不適。「いかなる児童も」とあるので，子どもの権利条約とわかる。

c．適当。「生存を保障」より，ワイマール憲法151条の記述である。

d．不適。アメリカ独立宣言の記述である。

46 《近代憲法の形成③》　正解は，ア―②　イ―②　ウ―②

ア．「君主による恣意的な権力行使を抑制し，国民の権利を擁護する」ための原則だから②法の支配である。

イ．「国家権力を担う機関相互の関係を規律する」原理は②権力分立である。

ウ．「議院内閣制や大統領制などの政治体制の分類」は，内閣や大統領といった行政権力が立法府とどのような関係にあるかという点に着目したものであるから，②行政権である。

47 《各国の政治制度①（アメリカ・イギリス・日本・フランス）》　正解は③

①正文。アメリカでは上下両院とも国民の直接選挙によって選出される。上院には条約締結・高官任命について同意権，下院の弾劾の訴追を受けての弾劾裁判権がある。

②正文。イギリスの貴族院（上院）は非民選の議員で構成されている。かつては最高法院として最高裁判所の機能も果たしてきたが，2009年，連合王国最高裁判所が別に設置され，貴族院の司法機能は失われた。

③誤文。日本の参議院には解散はない。任期は6年で3年ごとに半数改選される。

④正文。フランスの上院は，地方議員などで構成される選挙人団による間接選挙で選出される。任期と改選は日本の参議院と同じ。

48 《各国の政治制度②（アメリカ・フランス）》 正解は⑤

アメリカは厳格な三権分立に基づく大統領制だが，フランスは議院内閣制と大統領制を組み合わせた半大統領制であること，アメリカの大統領選挙は各州に割り当てられた大統領選挙人（ア）による間接選挙だが，フランスの大統領選挙は国民による直接選挙であること，以上二点を押さえていればよい。

●主要国の大統領の違い

	アメリカ	フランス	ロシア	ドイツ
政治体制	大統領制	半大統領制	半大統領制	議院内閣制
選出方法	間接選挙	直接選挙	直接選挙	連邦集会による選出
任期	4年，3選禁止	5年，連続3選は禁止	6年，連続3選は禁止	5年，3選禁止
地位	国家元首，政治的実権あり 軍の最高司令官			国家元首，政治的実権なし
首相との関係	首相職なし	大統領が任命	大統領が任命し下院が承認	議会が選出し大統領が任命
議会との関係	議会の解散権なし，法案成立の拒否権あり	下院の解散権あり，法案の再審議請求権あり	下院の解散権あり，法案成立の拒否権あり	議会の解散権あり＊，法案成立の拒否権なし

＊首相の信任動議が否決または首相が選出されない場合のみ

第5章　日本国憲法の基本原理

まとめ

■ 日本国憲法の制定と特色

▶▶▶ 大日本帝国憲法（1889年発布）

プロシア（プロイセン）憲法を参考に伊藤博文らが中心となって制定された。

〈特色〉欽定憲法（＝君主が制定）：外見的立憲主義

天皇主権：神聖不可侵，国家元首，陸海軍を統帥，「統治権の総攬者」とする

〈統治機構〉形式的三権分立

帝国議会：衆議院と貴族院で構成，権限は対等，天皇の**協賛機関**

内閣：憲法に規定なし，国務各大臣が天皇を単独で**輔弼**

裁判所：「天皇ノ名ニ於テ」裁判を行う。特別裁判所（行政裁判所・軍法会議・皇室裁判
所）が存在

〈人権規定〉天皇から与えられた「臣民の権利」，言論の自由，信教の自由など

「法律ノ範囲内ニ於テ」などの制限（法律の留保），納税義務と兵役義務

●大日本帝国憲法と日本国憲法の比較

大日本帝国憲法		日本国憲法
1889年2月11日発布 1890年11月29日施行	制定 施行	1946年11月3日公布 1947年5月3日施行
天皇／欽定憲法	主権者／性格	国民／民定憲法
統治権の総攬者・国家元首 緊急勅令・独立命令	天皇	日本国および日本国民統合の象徴 内閣の助言と承認による国事行為
納税・兵役の義務	国民の義務	勤労・納税・教育を受けさせる義務
「臣民の権利」／法律の留保あり	人権保障	永久不可侵の権利／公共の福祉による制限
天皇の協賛機関 衆議院・貴族院（両院対等）	国会	国権の最高機関・唯一の立法機関 衆議院・参議院（衆議院の優越あり）
規定なし（国務各大臣の単独輔弼）	内閣	議院内閣制・国会に対して連帯責任
天皇の名による裁判 特別裁判所の存在	裁判所	違憲立法審査権をもつ・司法権の独立 特別裁判所の禁止
天皇の統帥権・徴兵制	軍隊	戦争放棄・戦力不保持
規定なし（国の監督下）	地方自治	地方自治の本旨の尊重 （住民による長・議員の選挙）
天皇の発議・議会の議決（第73条）	改正要件	国会の発議・国民投票（第96条）

>>> 日本国憲法の制定

第二次世界大戦後，GHQ（連合国軍総司令部）が憲法問題調査委員会の作成した改正案を拒否し，GHQ草案を政府に示す。

➡ 日本政府がGHQ草案を元に改めて作成した改正案が閣議決定された後，枢密院による審査を経て，女性議員を含む帝国議会で数々の修正を経た上で日本国憲法が公布された（1946年）

>>> 日本国憲法の最高法規性

●国の最高法規

- 憲法に反する法律は認められない ➡ 裁判所の違憲立法審査権
- 締結した条約等の国際法規遵守義務，公務員等の憲法尊重擁護義務

●憲法改正

- 法律の改正より厳格な手続きを必要とする硬性憲法 ⟺ イギリスなどの軟性憲法
- 国会において衆参各議院で総議員の3分の2以上の賛成を経て発議 ➡ 国民投票で投票総数の過半数の賛成 ➡ 国民の名で天皇が公布

>>> 日本国憲法の三大原則

[国民主権（主権在民）] 国の政治のあり方の最終的な決定権を国民がもつ

憲法前文で明記され，形式として間接民主制を採用。

> 前文 主権が国民に存することを宣言し，…国政は，国民の厳粛な信託によるものであって，その権威は国民に由来し，その権力は国民の代表者がこれを行使し，その福利は国民がこれを享受する。…

国民の国政への直接的意思表明としては，最高裁判所裁判官の国民審査（第79条），地方特別法制定時の住民投票（第95条），憲法改正時の国民投票（第96条）がある。

象徴天皇制の意味

- 大日本帝国憲法における天皇主権の否定
- 日本国憲法では天皇は国政に関する権能を有しないので，内閣の助言と承認に基づき国事行為を行うのみ
- 天皇の国事行為としては，衆議院の解散・内閣総理大臣の任命・最高裁判所長官の任命など

[基本的人権の尊重] 「侵すことのできない永久の権利」として保障

自由権・平等権・社会権・基本的人権を確保するための諸権利（参政権・請求権）。また，人権相互の調整原理，人権に対する内在的・政策的な制約の基準としての公共の福祉。

[平和主義（戦争放棄）]

憲法前文で国際協調主義・平和的生存権とともに明記されている。

>>> 🔲 **基本的人権**　※🔲重要判例のうち赤字の訴訟は最高裁で違憲判決（▶ 90 ページも参照）

　基本的人権の特質は**普遍性・固有性・永久性・不可侵性**。

●**平等権**──法の下の平等を徹底

　人種・信条・性別・社会的身分または**門地による差別の禁止**（第 14 条 1 項），華族その他の貴族の制度の否定（第 14 条 2 項），栄典に伴う特権の廃止（第 14 条 3 項），**家族生活における両性の本質的平等**（第 24 条）。

　　🔲重要判例　尊属殺重罰規定訴訟，国籍法訴訟，衆議院議員定数訴訟，婚外子（非嫡出子）民法相続規定訴訟，再婚禁止期間違憲訴訟

●**自由権**──「**国家からの自由**」を保障

①**精神の自由**：**思想・良心の自由**（第 19 条）　🔲重要判例　**三菱樹脂訴訟**

　・**信教の自由**（第 20 条 1 項），**政教分離**（第 20 条 1 項，3 項）

　　　🔲重要判例　**津地鎮祭訴訟**（最高裁は**目的効果基準**を採用，地鎮祭は宗教的活動にあたらない），**愛媛玉ぐし料訴訟，砂川政教分離訴訟，孔子廟訴訟**

　・**表現の自由**（第 21 条 1 項），**検閲の禁止・通信の秘密**（第 21 条 2 項）

　　　🔲重要判例　**東京都公安条例事件，チャタレイ事件**

　・**学問の自由**（第 23 条）　🔲重要判例　**東大ポポロ事件**

②**人身の自由**：奴隷的拘束・苦役からの自由（第 18 条）

　・**法定手続の保障**（第 31 条）として，**罪刑法定主義**（法律なければ犯罪なく，法律なければ刑罰なし）の採用

　・**令状主義**として，不当な捜索・逮捕の禁止（第 33 条・第 35 条），ただし現行犯は除く

　・**拷問及び残虐刑の禁止**（第 36 条）のほか，**黙秘権**（第 38 条 1 項），**遡及処罰の禁止・一事不再理**（第 39 条）※冤罪の場合には再審あり

③**経済活動の自由**：公共の福祉による制限が可能

　・**居住・移転・職業選択の自由**（第 22 条 1 項）　🔲重要判例　**薬事法距離制限規定訴訟**

　・**財産権の保障**（第 29 条 1 項）　🔲重要判例　**森林法共有林分割制限規定訴訟**

●**社会権**──「**国家による自由**」を保障

①**生存権**（第 25 条）として，すべて国民は，健康で文化的な最低限度の生活を営む権利を有する➡**朝日訴訟**において，最高裁は**プログラム規定説**を採用

②**労働基本権**として，**勤労権**（第 27 条），**労働三権**（**団結権・団体交渉権・団体行動権**，第 28 条）

③**教育を受ける権利**（第 26 条）により，**義務教育は無償**　🔲重要判例　**家永教科書訴訟**

●**参政権**

　公務員の選定・罷免（第 15 条），選挙権・被選挙権（第 43 条・第 44 条）。

　　🔲重要判例　在外邦人国政選挙投票制限規定訴訟，在外邦人最高裁判所裁判官国民審査投票制限規定訴訟

●**請求権**

　・**請願権**（第 16 条），**裁判を受ける権利**（第 32 条）

　・**国家賠償請求権**（第 17 条）　🔲重要判例　**郵便法損害賠償免責規定訴訟**

　・**刑事補償請求権**（第 40 条）：裁判で無罪となった場合などに請求が可能

>>> 新しい人権

幸福追求権（第 13 条）などを根拠として保障される権利。

①**環境権**（第 13 条・第 25 条を根拠）

　良好な環境の中で生活を営む権利 ➡ 近年は憲法で明文化している国もある

　　　重要判例 **大阪空港騒音公害訴訟**

②**知る権利**（第 21 条を根拠）

　行政機関に情報公開を求める権利 ➡ 情報公開法では明記されていない

　　　重要判例 **外務省秘密電文漏洩事件訴訟**

③**アクセス権**（第 21 条を根拠）

　自己の意見の発信についてマスメディアに要求する権利。

　　　重要判例 **サンケイ新聞意見広告事件**

④**プライバシーの権利**（第 13 条を根拠）

　「一人で放っておいてもらう権利」が「**自己情報コントロール権**」へ拡大。

　　　重要判例 『**宴のあと**』事件訴訟：地裁判決でプライバシーの権利が認められる

　　　　　　　　『**石に泳ぐ魚**』事件訴訟：表現の自由とプライバシーの権利が争点となる

⑤**自己決定権**（第 13 条を根拠）

　自己の生命や身体・生き方の決定に関わる権利。

>>> 平和主義

日本国憲法第 9 条において，戦争の放棄・戦力の不保持・交戦権の否認を明記。

> 第9条1項　日本国民は，正義と秩序を基調とする**国際平和**を誠実に希求し，**国権の発動たる戦争**と，**武力による威嚇又は武力の行使**は，国際紛争を解決する手段としては，**永久にこれを放棄する**。
>
> 　　2項　前項の目的を達するため，**陸海空軍その他の戦力は，これを保持しない**。**国の交戦権は，これを認めない**

>>> 自衛隊発足までの流れ

朝鮮戦争をきっかけに GHQ がそれまでの政策を変更。

警察予備隊創設（1950 年）➡ 日米安全保障条約締結（1951 年）➡ 保安隊創設（1952 年）

➡ 自衛隊創設・防衛庁設置（1954 年。2007 年に防衛省に改組）

【自衛隊と日本の防衛方針】

　政府見解：「わが国の自衛権が否定されない以上，その行使を裏づける**自衛のための必要最小限度の実力**を保持することは憲法上認められる」

　文民統制（シビリアン・コントロール）：自衛隊の最高指揮監督権をもつ内閣総理大臣や統括する防衛大臣は文民が務める

　専守防衛：交戦権の否認（先制して敵基地を攻撃することは認められない）

　非核三原則：「**核兵器を持たず・作らず・持ち込ませず**」の原則を国会で決議

集団的自衛権：他国からの攻撃に対抗する個別的自衛権は認められるが，友好国への攻撃を自国への攻撃とみなす集団的自衛権については，もっているが行使はできないという見解だった。しかし，2015年の安保法成立により集団的自衛権の行使が可能となった

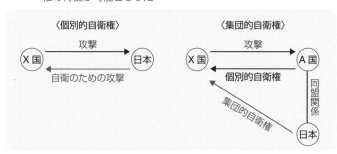

武器輸出三原則：共産圏・国連決議で武器輸出を禁止されている国・紛争当事国への武器輸出を禁止していたが，2014年の防衛装備移転三原則の閣議決定により，武器輸出が容認

防衛費対GNP比1%枠：1%を超えたのは1987年のみで，その後もGDPの約1%で推移→岸田内閣で2%まで増額する方針（2023年時点）

≫ 憲法第9条をめぐる主な裁判

- **砂川事件東京地裁判決**：日米安全保障条約に基づく在日米軍が違憲かどうかについて争われ，在日米軍の駐留は戦力にあたり違憲との判決
- **長沼ナイキ基地訴訟札幌地裁判決**：自衛隊が違憲かどうかについて争われ，自衛隊は戦力にあたり違憲との判決

➡ いずれも上級審では，高度に政治性のある国家行為については，司法審査の対象から除外されるという統治行為論に基づき憲法判断を回避した

➡ 最高裁判所は自衛隊について違憲との判断を下したことはない（**司法消極主義**）

≫ 日米相互協力及び安全保障条約（1960年）

日本の領域内における**日米の共同防衛義務**より，在日アメリカ軍基地も共同防衛の対象。

➡ 戦争に巻き込まれるとの不安から条約締結反対運動に発展（**60年安保闘争**）したが，反対運動のなか衆議院で可決され，参議院の可決を経ないまま自然成立

事前協議：在日アメリカ軍の重大な配備変更などの際に行うと規定されているが，実際にはこれまでに一度も行われておらず，核の持ち込みについては事前協議の対象としないという**日米の密約**が存在

条約の期限：効力を10年間とし，その後一方が通告すれば1年後に終了する。1970年には自動延長を阻止する運動が起きた（**70年安保闘争**）が，現在まで延長

日米地位協定：（アメリカ兵による刑事事件が発生した際）日本の起訴前に，アメリカには

　　　　　兵士の身柄を引き渡す義務がない（なお，「好意的配慮」によって起訴前に
　　　　　身柄引き渡しが行われることがある）

「思いやり予算」：在日アメリカ軍の駐留経費などを日本政府が負担

沖縄問題：第二次世界大戦後，アメリカによる統治が行われ，1972 年の日本への返還後も，
　　　　　在日米軍基地の多くが沖縄に集中

▶▶▶ 安全保障をめぐる近年の動き

1992 年　PKO（国連平和維持活動）協力法
　　　　　➡ カンボジア・モザンビーク・東ティモールなどに自衛隊を派遣

1999 年　周辺事態法などの**ガイドライン関連法**成立

2001 年　テロ対策特別措置法
　　　　　➡ 自衛隊がインド洋に派遣され，米軍の後方支援を行う

2003 年　イラク復興支援特別措置法 ➡ 自衛隊をイラクに派遣，**多国籍軍に参加**
　　　　　有事関連三法（武力攻撃事態法・改正安全保障会議設置法・改正自衛隊法）

2004 年　**有事関連七法**（国民保護法など。日本の有事法体系の完成）

2008 年　新テロ対策特別措置法（補給支援特別措置法）
　　　　　➡ 自衛隊がインド洋で給油・給水

2009 年　海賊対処法 ➡ 自衛隊がソマリア沖で日本に関係する船の警護活動を行う

2014 年　武器輸出三原則に代わる防衛装備移転三原則を閣議決定
　　　　　集団的自衛権の限定的な行使を容認する閣議決定

2015 年　新ガイドライン（日米防衛協力のための指針）により，切れ目のない形で日本
　　　　　の平和と安全を確保するための措置を講じる
　　　　　安全保障関連法：安全保障に関わる法整備の総称
　　　　　　平和安全法制整備法：自衛隊法や PKO 協力法などの既存の法律を改正
　　　　　　　武力攻撃事態法改正：**存立危機事態**において集団的自衛権が行使可能に
　　　　　　　周辺事態法 ➡ 重要影響事態
　　　　　　　PKO 協力法改正：武装集団に襲われた国連関係者などを助けに行く「**駆
　　　　　　　　け付け警護**」が可能に
　　　　　　国際平和支援法：国連決議に基づき活動する諸外国の軍隊などに対する自衛
　　　　　　　　隊の後方支援を随時可能に（個別の立法を必要としない）

第5章　日本国憲法の基本原理　　演習問題

49 次の記述A～Cのうち，大日本帝国憲法下の制度には当てはまらず，かつ日本国憲法下の制度に当てはまるものとして正しいものはどれか。正しい記述をすべて選べ。

A　天皇の地位は主権の存する国民の総意に基づく。

B　衆議院議員が選挙で選出される。

C　内閣の規定が憲法におかれる。

〔2019年度本試験 政治・経済 改〕

50 「人権は，その内容からみて許される限り，会社などの法人にも保障されるべきである」という考え方がある。この考え方に従った場合，法人に保障されることがある人権の組合せとして最も適当なものを，次の①～④のうちから一つ選べ。

① 財産権と婚姻の自由

② 営業の自由と表現の自由

③ 居住・移転の自由と生存権

④ 信教の自由と教育を受ける権利

〔第1回プレテスト 現代社会〕

51 具体的な法律の規定について，最高裁判所が憲法に違反すると判断した例として適当でないものを，次の①～④のうちから一つ選べ。

① 労働者が定年となる年齢について，性別によって差をつける使用者の取扱いを禁止していなかった労働基準法の規定は，法の下の平等を定めた憲法第14条第1項に違反すると判断したものがある。

② 衆議院議員選挙の議員定数の配分を定めた公職選挙法の規定について，議員一人当たりの有権者の数に選挙区の間で大きな不均衡があり，合理的な期間内に是正されなかったことを理由として，法の下の平等を定めた憲法第14条第1項などに違反すると判断したものがある。

③ 相続に関して，嫡出である子と嫡出でない子との間で法定相続分に差をつけた民法の規定について，法の下の平等を定めた憲法第14条第1項に違反すると判断したものがある。

④ 尊属殺の刑を，それ以外の殺人を犯した場合の刑よりも重く定めた刑法の規定について，刑に差をつけること自体は憲法に反しないが，そこで定められていた刑は重すぎるので，法の下の平等を定めた憲法第14条第1項に違反すると判断したものがある。

〔第1回プレテスト 現代社会〕

第5章

52 生徒Xと生徒Yは，日本国憲法における権利と義務の規定について話し合っている。空欄　ア　・　イ　に当てはまるものとして最も適当なものを選べ。

X：憲法は，第 3 章で国民の権利および義務を規定しているね。立憲主義は国民の権利や自由を保障することを目標とするけど，こうした立憲主義はどのように実現されるのかな。

Y：憲法第 99 条は，憲法尊重擁護義務を，　ア　。このほか，憲法第 81 条が定める違憲審査制も立憲主義の実現のための制度だよね。

X：憲法は国民の個別的な義務に関しても定めているね。これらの規定はそれぞれどう理解すればいいのかな。

Y：たとえば憲法第 30 条が定める納税の義務に関しては，　イ　。

　ア　に当てはまる記述

a　公務員に負わせているね。このような義務を規定したのは，公権力に関与する立場にある者が憲法を遵守すべきことを明らかにするためだよ

b　すべての国民に負わせているね。このような義務を規定したのは，人類の成果としての権利や自由を国民が尊重し合うためだよ

　イ　に当てはまる記述

c　新たに国税を課したり現行の国税を変更したりするには法律に基づかねばならないから，憲法によって義務が具体的に発生しているわけではないね

d　財政上必要な場合は法律の定めなしに国税を徴収することができるので，憲法によって義務が具体的に発生しているね

〔2023 年度本試験 政治・経済 改〕

53 政教分離原則に関する最高裁判所の判例に関する次の記述ア～ウのうち，正しいものはどれか。当てはまる記述をすべて選べ。

ア　津地鎮祭訴訟の最高裁判決では，市が体育館の起工に際して神社神道固有の祭式にのっとり地鎮祭を行ったことは，憲法が禁止する宗教的活動にあたるとされた。

イ　愛媛玉ぐし料訴訟の最高裁判決では，県が神社に対して公金から玉ぐし料を支出したことは，憲法が禁止する公金の支出にあたるとされた。

ウ　空知太神社訴訟の最高裁判決では，市が神社に市有地を無償で使用させていたことは，憲法が禁止する宗教団体に対する特権の付与にあたるとされた。

〔2022 年度本試験 政治・経済 改〕

54 世論形成における個人やマスメディアの表現活動の意義について，次の資料から読みとれる内容として最も適当なものを，後の①～④のうちから一つ選べ。

> **判例1**：最高裁判所民事判例集40巻4号
> 　「主権が国民に属する民主制国家は，その構成員である国民がおよそ一切の主義主張等を表明するとともにこれらの情報を相互に受領することができ，その中から自由な意思をもつて自己が正当と信ずるものを採用することにより多数意見が形成され，かかる過程を通じて国政が決定されることをその存立の基礎としているのであるから，表現の自由，とりわけ，公共的事項に関する表現の自由は，特に重要な憲法上の権利として尊重されなければならないものであり，憲法21条1項の規定は，その核心においてかかる趣旨を含むものと解される。」
>
> **判例2**：最高裁判所刑事判例集23巻11号
> 　「報道機関の報道は，民主主義社会において，国民が国政に関与するにつき，重要な判断の資料を提供し，国民の『知る権利』に奉仕するものである。したがつて，思想の表明の自由とならんで，事実の報道の自由は，表現の自由を規定した憲法21条の保障のもとにあることはいうまでもない。」

①　**判例1**によれば，個人の表現の自由は，民主主義過程を維持するためではなく個人の利益のために，憲法第21条第1項によって保障される。

②　**判例1**によれば，公共的事項にかかわらない個人の主義主張の表明は，憲法第21条第1項によっては保障されない。

③　**判例2**によれば，報道機関の報道の自由は，国民が国政に関与する上で必要な判断資料の提供に寄与するため，憲法第21条によって保障される。

④　**判例2**によれば，思想の表明とはいえない単なる事実の伝達は，憲法第21条によっては保障されない。

〔2023年度本試験　政治・経済　改〕

55 日本国憲法第26条第2項の「義務教育は，これを無償とする」をどのように理解するかという論点について，**資料1～3**は，関連する学説の一節と義務教育の無償に関する判断を示した1964年の最高裁判所の判決の一部分である。義務教育を無償とする規定の意味について，**資料1～3**から読みとれる内容として正しいものを，a～cからすべて選べ。なお，資料には，括弧と括弧内の表現を補うなど，表記を改めた箇所がある。

資料1

> 憲法が「義務教育は，これを無償とする」と明言している以上，その無償の範囲は，授業料に限定されず，教科書費，教材費，学用品費など，そのほか修学までに必要とする一切の金品を国や地方公共団体が負担すべきである，という考え方である。

（出所）　永井憲一『憲法と教育基本権〔新版〕』

資料2

> 「無償」とは，少なくとも授業料の不徴収を意味することは疑いなく，問題はむしろ，これ以上を意味するのかどうかだけにある。…（中略）…現実の経済状況のもとで就学に要する費用がますます多額化し，そのために義務教育を完了することができない者が少なくない，という。そして，そうだから就学必需費は全部無償とすべきである，と説かれる傾向がある。しかしこれは，普通教育の無償性という憲法の要請と，教育の機会均等を保障するという憲法における社会保障の要請とを混同しているきらいがある。経済上の理由による未就学児童・生徒の問題は，教育扶助・生活扶助の手段によって解決すべきである。

（出所）　奥平康弘「教育を受ける権利」（芦部信喜編『憲法Ⅲ　人権(2)』）

資料3

> 同条項（憲法第26条第2項）の無償とは，授業料不徴収の意味と解するのが相当である。…（中略）…もとより，憲法はすべての国民に対しその保護する子女をして普通教育を受けさせることを義務として強制しているのであるから，国が保護者の教科書等の費用の負担についても，これをできるだけ軽減するよう配慮，努力することは望ましいところであるが，それは，国の財政等の事情を考慮して立法政策の問題として解決すべき事柄であって，憲法の前記法条の規定するところではないというべきである。

（出所）　最高裁判所民事判例集18巻2号

a　**資料1**から読みとれる考え方に基づくと，授業料以外の就学ないし修学にかかる費用を無償にするかどうかは，国会の判断に広く委ねられる。

b　**資料2**から読みとれる考え方に基づくと，授業料以外の就学ないし修学にかかる費用の負担軽減について，生存権の保障を通じての対応が考えられる。

c　**資料3**から読みとれる考え方に基づくと，授業料以外の就学ないし修学にかかる費用を無償にすることは，憲法によって禁止されていない。

〔2021年度本試験（第1日程）政治・経済　改〕

56 日本における人身の自由に関連する記述として**誤っているもの**を，次の①〜④のうちから一つ選べ。

① 現行犯として逮捕する場合は，裁判官の発する令状が必要である。

② 憲法上，何人も自己に不利益となる供述を強要されないことが定められている。

③ 公務員による拷問や残虐な刑罰は，憲法上禁止されている。

④ 第一審で有罪判決が出されても，最終的に判決が確定するまでは，被告人は無罪であると推定される。　〔2019 年度本試験 政治・経済〕

57 次の最高裁判所判決（最高裁判所民事判例集 49 巻 2 号）から読みとれる記述として最も適当なものを，後の①〜④のうちから一つ選べ。

> 「憲法 93 条 2 項にいう『住民』とは，地方公共団体の区域内に住所を有する日本国民を意味するものと解するのが相当であ」る。「憲法 93 条 2 項は，我が国に在留する外国人に対して地方公共団体における選挙の権利を保障したものとはいえないが，憲法第 8 章の地方自治に関する規定は，民主主義社会における地方自治の重要性に鑑み，住民の日常生活に密接な関連を有する公共的事務は，その地方の住民の意思に基づきその区域の地方公共団体が処理するという政治形態を憲法上の制度として保障しようとする趣旨に出たものと解されるから，我が国に在留する外国人のうちでも永住者等であってその居住する区域の地方公共団体と特段に緊密な関係を持つに至ったと認められるものについて，…（中略）…，法律をもって，地方公共団体の長，その議会の議員等に対する選挙権を付与する措置を講ずることは，憲法上禁止されているものではないと解するのが相当である。」

① 憲法第 93 条第 2 項にいう住民には日本に在留する外国人も含まれるので，地方公共団体と特段に緊密な関係にある永住者等であれば，国会は法律で外国人に対して地方公共団体における選挙権を与えることができる。

② 憲法第 93 条第 2 項にいう住民には日本に在留する外国人は含まれないので，地方公共団体と特段に緊密な関係にある永住者等であっても，国会は法律で外国人に対して地方公共団体における選挙権を与えることができない。

③ 憲法第 93 条第 2 項にいう住民には日本に在留する外国人も含まれるが，地方公共団体と特段に緊密な関係にある永住者等であっても，国会は法律で外国人に対して地方公共団体における選挙権を与えることができない。

④ 憲法第 93 条第 2 項にいう住民には日本に在留する外国人は含まれないが，地方公共団体と特段に緊密な関係にある永住者等であれば，国会は法律で外国人に対して地方公共団体における選挙権を与えることができる。

〔2023 年度追試験 政治・経済 改〕

第5章

58 日本の安全保障に関連する記述として最も適当なものを，次の①〜④のうちから一つ選べ。

① 日米相互協力及び安全保障条約（新安保条約）の成立によって，自衛隊が創設された。

② 日本は，在日米軍の駐留経費を負担していない。

③ 国の一般会計予算に占める防衛関係費の割合は，2パーセントを下回っている。

④ 日本政府は，憲法第9条が保持を禁じている「戦力」は自衛のための必要最小限度を超える実力であるとしている。

〔2019年度本試験 政治・経済〕

59 日本の安全保障に関する記述として最も適当なものを，次の①〜④のうちから一つ選べ。

① 日本の重要影響事態法による自衛隊の海外派遣に際しては，日本の周辺地域においてのみ自衛隊の活動が認められる。

② 日本のPKO協力法による国連平和維持活動に際しては，自衛隊員の防護のためにのみ武器使用が認められる。

③ 日本は武器の輸出に関する規制として，防衛装備移転三原則を武器輸出三原則に改めた。

④ 日本は安全保障に関する重要事項を審議する機関として，内閣総理大臣を議長とする国家安全保障会議を設置した。

〔2023年度本試験 政治・経済〕

第5章　日本国憲法の基本原理　解答解説

49 《大日本帝国憲法と日本国憲法》　正解は，A・C

A．正しい。国民主権の規定なので，大日本帝国憲法下の制度ではなく，日本国憲法下の制度である。

B．誤り。衆議院議員は大日本帝国憲法下でも選挙で選出された（民選議員）。

C．正しい。大日本帝国憲法には内閣の規定はなく，各国務大臣が天皇を輔弼（ほひつ）するという規定になっていた。

50　《基本的人権》　正解は②

①不適。日本国憲法では，企業などの法人に婚姻の自由を保障することは求められていない。

②適当。株式会社などの法人企業に営業の自由が認められるのは当然と考えられる。表現の自由も，宗教法人などがその教義について出版することなどは認められると考えられる。

③不適。企業で働く人々には生存権を保障する必要はあるが，企業などの法人そのものに生存権を保障することは求められていない。

④不適。信教の自由は宗教法人などに保障されなければならないが，教育を受ける権利を法人に保障することは求められていない。

51　《基本的人権と最高裁判所の違憲判決》　正解は①

①不適。男女定年差別訴訟は，原告女性の訴えを認め，企業の定年規定を民法上無効と判断したものである。労働基準法に対して違憲判決が下されたわけではない。

②適当。衆議院議員定数訴訟は，いわゆる一票の格差について，1976年と1985年の2度にわたり違憲判決が下された（選挙そのものは有効）。

③適当。婚外子（非嫡出子）民法相続規定訴訟では，婚外子の相続分を嫡出子の半分と定める規定について違憲判決が下され，後に民法が改正された。

④適当。尊属殺重罰規定について，刑に差をつけること自体は憲法に反しないが，刑法200条の刑罰が重すぎることが不合理な差別にあたるとして違憲と判断され，後に同条は削除された。

52 《日本国憲法の権利と義務》　正解は，アー a　イー c

ア．a が適当。憲法第 99 条は「天皇又は摂政及び国務大臣，国会議員，裁判官その他の公務員は，この憲法を尊重し擁護する義務を負ふ」とし，憲法尊重擁護義務を公務員に負わせているが，すべての国民に負わせているわけではない。ここには基本的人権や権力分立などを保障する憲法によって国家権力をしばるという**立憲主義**の考え方が示されている。

イ．c が適当。憲法第 30 条は「国民は，法律の定めるところにより，納税の義務を負ふ」とし，憲法第 84 条では「あらたに租税を課し，又は現行の租税を変更するには，法律又は法律の定める条件によることを必要とする」と租税法律主義を明記している。このように，具体的な国民の納税義務は法律に基づいて発生している。

53 《政教分離と最高裁判所判決》　正解は，イ・ウ

ア．誤り。津地鎮祭訴訟の最高裁判決（1977 年）では，市が体育館の起工に際して神社神道固有の祭式にのっとり地鎮祭を行ったことは，その目的と効果から判断して（**目的効果基準**），憲法が禁止する宗教的活動にはあたらず合憲とされた。

イ．正しい。愛媛玉ぐし料訴訟の最高裁判決（1997 年）では，県が神社に対して公金から玉ぐし料を支出したことは，目的効果基準から判断して憲法が禁止する公金の支出にあたるとされた。

ウ．正しい。砂川政教分離訴訟（空知太神社訴訟）の最高裁判決（2010 年）では，市が神社に市有地を無償で使用させていたことは憲法の政教分離の原則に反して，憲法が禁止する宗教団体に対する特権の付与にあたるとされた。

54 《表現の自由》　正解は③

判例 1 は「北方ジャーナル事件」最高裁判決（1986 年），判例 2 は「博多駅テレビフィルム提出命令事件」最高裁判決（1969 年）の抜粋である。

①不適。判例 1 では，個人の表現の自由は，民主制国家の存立の基礎であるから尊重されるとしている。すなわち，民主主義過程を維持するために憲法上の権利として保障されている。

②不適。判例 1 は，国民には一切の主義主張等の表明が権利として保障されており，そのなかに公共的事項に関する表現の自由があるという論理構成になっている。公共的事項にかかわらない個人の主義主張の表明も否定されていない。

③適当。判例 2 は，報道機関の報道は国民の「**知る権利**」に奉仕するものであるから，憲法第 21 条の保障のもとにあるとしている。

④不適。判例2は，事実の報道の自由も，思想の表明の自由とならんで，憲法第21条の保障のもとにあるとしている。

55　《教育を受ける権利》　正解は，b・c

a．誤り。資料1によれば，無償の範囲は授業料に限定されず，教科書費をはじめ就学ないし修学に必要な一切の金品を国や地方公共団体が負担すべきというのが憲法の要請であり，国会の判断に委ねられているわけではない。

b．正しい。資料2によれば，憲法における義務教育の無償とは授業料不徴収のことであり普通教育の無償性の要請であるのに対して，授業料以外の就学必需費の負担軽減は教育の機会均等を保障するという社会保障の観点からの要請であるため，教育扶助や生活扶助といった生存権を保障する手段を通じて対応すべきである。

c．正しい。資料3によれば，憲法における義務教育の無償とは授業料不徴収のことであり，それ以上の憲法上の義務は国にはないものの，教科書等の費用負担を軽減する立法措置をとることを憲法が禁止しているとはいえない。

56　《人身の自由》　正解は①

①誤文。現行犯として逮捕する場合，令状は不要（憲法第33条）。
②正文。「何人も，自己に不利益な供述を強要されない」（憲法第38条第1項）。
③正文。「公務員による拷問及び残虐な刑罰は，絶対にこれを禁ずる」（憲法第36条）。
④正文。推定無罪の原則は人身の自由の基本原則であり，刑事訴訟上の原則。フランス人権宣言第9条で最初に宣言された。

57　《外国人の参政権》　正解は④

現状の日本の法律では，外国人に参政権は認められていない。しかし，国政は別にして，地方参政権については，最高裁判所が「憲法上禁止されているものではない」と判断していることが資料から読みとれる。つまり，国会で法律が制定されれば，外国人が地方参政権をもつことも可能であるということである。

①・③不適。資料によると，憲法上の「住民」は「日本国民」を意味し，日本に在留する外国人は含まれない。
②不適。資料は「選挙権を与えることができない」という結論ではないため，誤り。
④適当。資料によると，憲法上の「住民」に日本に在留する外国人は含まれないが，地方公共団体と特段に緊密な関係をもつ永住者等に，地方公共団体における選挙権を法律で付与することを禁止するものではないとしている。

第5章

58 《日本の安全保障①》　正解は④

①**不適**。新安保条約成立は 1960 年，自衛隊の創設は 1954 年の自衛隊法の制定による。

②**不適**。**日米地位協定**によれば在日米軍の維持費は米側負担，施設経費は日本負担としているが，1978 年以来，日本政府は在日米軍経費の多くを負担している（思いやり予算）。

③**不適**。防衛費の対 GNP 比・GDP 比は 1％程度に留まっているが，国の一般会計予算に占める防衛関係費の割合は 5％弱（5兆円弱）である。

④**適当**。選択肢の内容は，1972 年の田中内閣統一見解であり，現在の政府解釈もこれを維持している。

59 《日本の安全保障②》　正解は④

①**不適**。**重要影響事態法**（2015 年制定）は，周辺事態法（1999 年制定）を改正し，同法にあった「日本周辺」という地理的制限を削除して，自衛隊が外国の領域で活動することや，米軍以外への支援・弾薬提供等を可能にした。

②**不適**。2015 年に改正された PKO 協力法では，従来認められていた防護のための武器使用に加え，民間人や他国の軍隊が襲われた場合に助けに行く**駆け付け警護**や，巡回・検問を行って治安を守る安全確保業務においても武器使用が可能となった。

③**不適**。装備品や関連技術の輸出を原則禁じていた**武器輸出三原則**を，2014 年に防衛装備移転三原則に改め，日本の安全保障に資する場合などの一定の条件下で輸出を認めるようにした。

④**適当**。**国家安全保障会議**は，2013 年に，従来の安全保障会議に代わって設置された。内閣総理大臣，外務大臣，防衛大臣，内閣官房長官による 4 大臣会合を中核に，安全保障に関する重要政策を協議する。

第6章 日本の統治機構 まとめ

 国会

（条文についてはすべて日本国憲法）

「国会は，国権の最高機関であつて，国の唯一の立法機関である」（第41条）

国権の最高機関：国民代表機関である国会は，国政の中心として位置づけられるが，国会が
内閣や裁判所に優越するわけではない

国の唯一の立法機関：立法権は国会にのみ認められる

> 例外 ➡ **各議院の規則制定権**（第58条2項） **最高裁判所の規則制定権**（第77条1項）
> **内閣の政令制定権**（第73条6号） **地方公共団体の条例制定権**（第94条）

二院制：「国会は，衆議院及び参議院の両議院でこれを構成する」（第42条）

代表民主制：「両議院は，全国民を代表する選挙された議員でこれを組織する」
（第43条1項）

●国会の組織（2019年の参議院議員選挙から適用）

	任期	定数	解散	被選挙権	選挙区と定数
衆議院	4年	465名	あり	満25歳以上	小選挙区（289名） 比例代表区（全国11ブロック・176名）
参議院	6年	248名	なし	満30歳以上	選挙区（148名） 比例代表区（全国区・100名）

国会議員の三大特権

歳費特権：国庫から相当額の歳費（報酬）を受ける（第49条）

不逮捕特権：原則として**国会の会期中は逮捕されない**（第50条。ただし，**現行犯や所属
する議院の許諾**があった場合は会期中でも逮捕される。会期前に逮捕された
議員は議院の要求により会期中は釈放）

免責特権：院内での演説・討論・表決については，院外で責任（刑罰・損害賠償など）を
問われない（第51条。例外的に戒告・除名など**院内での懲罰**を受けることが
ある）

国会議員の身分保障（議席を失う場合）

任期満了時（第45条・第46条），**衆議院の解散時**（第45条），**資格争訟裁判**（第55条），
除名決議（第58条。2023年，現在の憲法で3人目の除名処分），被選挙権喪失，当選無効
の判決

>>> 国会の種類と運営

	会期および召集	延長	議題
通常国会 （常会）	会期：150日 • 毎年1回，1月に召集	1回まで	次年度の予算の決議，重要法案の審議など
臨時国会 （臨時会）	会期：不定 • 内閣・いずれかの議院の総議員の4分の1以上の要求 • 衆議院議員の任期満了に伴う総選挙後 • 参議院議員の選挙後	2回まで	急を要する議事
特別国会 （特別会）	会期：不定 • 衆議院の解散総選挙後30日以内に召集	2回まで	• 内閣総理大臣の指名 • （衆議院のみ）緊急集会で決定された措置への同意
衆議院の 緊急集会	会期：不定 • 衆議院解散中に内閣の請求によって参議院でのみ行われる集会	—	急を要する議事

※緊急集会で決定された措置は臨時のものであり，次の国会（**特別国会**）の開会後10日以内に衆議院の同意が必要

●国会の機能

①立法上の権限

法律案の議決：原則として両議院で可決したときに法律となる（第59条1項）

条約の承認：条約に対する事前・事後の承認（第61条）

憲法改正の発議：各議院の**総議員の3分の2以上**の賛成で国会が発議（第96条）

②財政上の権限

予算の議決：予算は原則として両議院で可決したときに成立するが，必ず衆議院から審議（第60条1項）➡ 衆議院の優越

財政議決権：国の財政を処理する権限は国会の議決に基づいて行使（第83条）

③行政監督上の権限

内閣総理大臣の指名：国会議員の中から指名（第67条1項）

内閣不信任決議：**衆議院のみの権限**。不信任決議案の可決か信任決議案の否決をしたとき，内閣は10日以内に衆議院を解散しない場合，総辞職（第69条）➡ 衆議院の優越

国政調査権：立法・予算審議・行政監督などのため，両議院が調査の主体となり，証人喚問や書類の提出などを要求できる（第62条）

④司法上の権限

弾劾裁判所の設置：罷免に値する著しい非行のある裁判官が対象。衆参7名ずつの弾劾裁判員で構成，3分の2以上の多数により罷免（第64条）

●国会の審議

議事公開の原則：両議院の会議は，原則として公開。秘密会を開くには出席議員の3分の2以上の多数での議決が必要（第57条）

委員会制度：衆参とも 17 ある**常任委員会**を審議の中心とする（委員会中心主義）

●**本会議と委員会の関係**（法律の成立過程，衆議院先議の場合）

┌─────────衆議院─────────┐			┌─────参議院─────┐		
内閣や議員から法案が提出	➡ 議長が委員会に付託	➡ 本会議で採決	➡ 議長が委員会に付託	➡ 本会議で採決	➡ 成立

公聴会：議案の審査のために委員会が開催。利害関係者や学識経験者などの意見をきく

参議院の調査会：解散がないという点を利用し，中長期的に審議（最長 3 年間）

議決：通常議案では**出席議員の過半数**で議決。特別な議案（秘密会・議員除名・資格争訟・法律案の衆議院での再議決）では，**出席議員の 3 分の 2 以上の賛成**が必要

▶▶▶ 衆議院の優越

〈理由〉参議院より任期が短く解散もあるため，より民意を反映しやすいと考えられるから

〈衆議院のみがもつ権限〉予算先議権（第 60 条 1 項），内閣不信任決議権（第 69 条）

権限	参議院で衆議院と異なる議決をした場合	両院協議会
法律案の議決	衆議院で出席議員の 3 分の 2 以上の賛成で再可決 ➡ 法律となる （参議院が，法案を受領後，60 日以内に議決しなかった場合も同様）	開催は任意
予算の議決…ⓐ	両院協議会で意見が一致せず ➡ 衆議院の議決が国会の議決となる （参議院が受領後に，ⓐは 30 日以内，ⓑは 10 日以内に議決しなかった場合も同様）	開催は義務
条約の承認…ⓐ		
内閣総理大臣の指名…ⓑ		

※日数は国会休会中の期間を除く。これ以外の権限（**国政調査権**など）は**両院対等**

▶▶▶ 国会の制度改革——国会審議活性化法（1999 年）

政府委員制度の廃止：官僚が国務大臣の代わりに答弁していた制度を廃止

党首討論（クエスチョン・タイム）導入：与野党の党首が国家基本政策委員会で討論を行う

副大臣・大臣政務官制導入：官僚とともに政策決定に関わり，閣僚の職務を補佐し，国会答弁も行う

 行政

▶▶▶ 内閣制度

　大日本帝国憲法では内閣の規定なし（国務各大臣が天皇を単独輔弼_{ほ ひつ}）。日本国憲法では第 5 章で内閣について規定。「行政権は，内閣に属する」（第 65 条）。

議院内閣制：「内閣は，行政権の行使について，国会に対し連帯して責任を負ふ」（第 66 条 3 項）

〈内閣の組織〉**首長**たる**内閣総理大臣**とその他の国務大臣で組織される

　　内閣総理大臣は国会の指名に基づき天皇が任命，その他の**国務大臣**は内閣総理大臣が任命（過半数は国会議員）。すべて文民で構成

〈内閣の権能〉**一般行政事務**，法律の執行，**外交関係の処理**，条約の締結（事前または事後に国会の承認が必要），予算の作成および提出，**政令の制定**，天皇の国事行為に対する助言と承認，**最高裁判所長官の指名**，長官以外の最高裁判所の**裁判官の任命**，下級裁判所の裁判官の任命，**臨時国会の召集**の決定，参議院の緊急集会の開催要求など

〈内閣総理大臣の権能〉大日本帝国憲法下では**同輩中の主席**（他の国務大臣と対等）

　　日本国憲法では内閣の首長 ➡ 他の**国務大臣の任命・罷免権**（任免権）をもつ，閣議を主宰（閣議は全会一致），**行政各部の指揮・監督**（自衛隊の最高指揮監督権など）

内閣総辞職：衆議院の内閣不信任決議案可決後 10 日以内に衆議院を解散しないときのほか，内閣総理大臣が欠けたときや**総選挙後の国会召集時**に内閣は総辞職しなければならない

●**行政機能の拡大**（「小さな政府」から「大きな政府」へ）

　世界恐慌（1929 年）以降，国民の生活に行政が積極的に関与。夜警国家（小さな政府）から福祉国家（大きな政府）へ。

①**行政機能の拡大**

　委任立法：政府提出の法律が大枠だけを定め，細目は政令などにより行政が決定

　　　　　　➡ 政府提出法案の増加，議員立法の減少

　行政指導：行政による助言・勧告などの指導について，明確な法整備がないまま行われてきた ➡ 透明性を図るため明文化（行政手続法，1993 年）

②**市民による行政監視**

　オンブズマン（行政監察官）制度：行政の活動を調査・報告する制度，条例での実施はあるが**国政では導入されていない**

■ 司法制度

≫ 司法権の独立

　すべて司法権は最高裁判所および法律の定めるところにより設置する下級裁判所（**高等裁判所・地方裁判所・家庭裁判所・簡易裁判所**）に属する。

➡ 特定の人や事件について裁く特別裁判所の禁止（戦前は**行政裁判所**などが存在）

裁判官の独立：良心に従い独立して職権を行使，憲法・法律にのみ拘束される

大津事件：大日本帝国憲法下で発生した事件。大審院長である児島惟謙が行政の介入を阻止した（ただし，司法内部での介入の問題はあり）

浦和事件：判決に対して国会が国政調査権を行使して司法に介入

平賀書簡事件：担当裁判官に対し所長が書簡を送付するなど，司法内部での介入

(裁判官の身分保障)

- 心身の故障と弾劾裁判（最高裁判所裁判官の場合は国民審査も）でのみ罷免される
- 行政機関による懲戒の禁止
- 定期に相当額の報酬を受け，在任中は減額されない

(裁判官の任期と定年)

- 下級裁判所の裁判官は任期 10 年（再任可，最高裁判所が再任を拒否する場合もある）
- 裁判官の定年は最高裁判所と簡易裁判所が 70 歳，他の裁判所は 65 歳

>>> 裁判制度

三審制：誤審をなくすために裁判が三回受けられる

第一審 ➡ 控訴審 ➡ 上告審

※軽微な民事事件の控訴審は地方裁判所で，上告審は高等裁判所で行われる

刑事裁判：検察官が起訴。刑法に基づき，被告人に刑罰を科すよう裁判所に求める裁判

民事裁判：私人間の争いについて法的に解決するための裁判

行政裁判：国や自治体の行為によって不利益を受けた私人が原告となる裁判

再審：有罪確定後に新たな証拠が見つかった場合などは再審が行われる（**免田事件**など）
➡「疑わしきは被告人の利益に」

(国民による監視)

- 最高裁判所裁判官の国民審査（※現在まで罷免された裁判官はいない）
- 裁判公開の原則 ➡ 判決は必ず公開（**対審**については非公開となることもある）

>>> 違憲立法審査権

　一切の法律，命令，規則または処分が憲法に適合するかしないかを決定する権限。**すべての裁判所に違憲審査権**があり，具体的な訴訟事件を裁判する際に審査する付随的違憲審査制を採用している。最高裁判所は最終的な判断を下す機関であるため，「**憲法の番人**」と呼ばれるが，実際には「**統治行為論**」などを用いて憲法判断を避ける傾向にある（司法消極主義）。

>>> 司法制度改革

法科大学院開設：法曹人口拡大が目的（近年は募集を停止する大学院も多い）

知的財産高等裁判所：著作権や特許侵害などについての裁判を専門的に行う

法テラス（**日本司法支援センター**）：法律サービスの利用に関する総合的な窓口

裁判員制度：重大な刑事事件の一審のみ，無作為に選ばれた有権者が裁判員として，職業裁判官とともに有罪・無罪の認定（事実認定）および量刑を行う
➡ 裁判員裁判は基本的に多数決で判決が下される。ただし，裁判官および裁判員が最低 1 人ずつ含まれなければならない

検察審査会法改正：検察審査会の議決に法的拘束力をもたせる

●最高裁が下した主な違憲判決

	条文・行為	憲法の根拠条文	違憲理由	判決後の取扱い
尊属殺重罰規定訴訟 ※初の最高裁違憲判決 (1973年)	刑法第200条	第14条 (法の下の平等)	尊属殺の法定刑は差別的な取扱いである	1995年の改正で削除
薬事法距離制限規定訴訟 (1975年)	薬事法第6条	第22条1項 (職業選択の自由)	薬局開設時の距離制限は合理的規制ではない	国会は同条項を削除
衆議院議員定数訴訟 (1976年)	公職選挙法別表第1など	第14条(法の下の平等),第44条 (選挙人の資格)	一票の格差が限度を越え,投票価値が不平等(ただし選挙自体は有効とする)	法改正後のため削除等はなし
衆議院議員定数訴訟 (1985年)				公職選挙法改正 ➡ 格差是正
森林法共有林 分割制限規定訴訟 (1987年)	森林法第186条	第29条(財産権)	共有林の分割制限は森林法の目的(森林の保護)に対して不必要	国会は同条項を削除
愛媛玉ぐし料訴訟 (1997年)	公費で玉ぐし料を支出	第20条(政教分離),第89条(公の財産の用途制限)	県の措置は憲法が禁止する公的機関の宗教的活動に該当する	＊適用違憲のため,法改正はなし
郵便法損害賠償 免責規定訴訟 (2002年)	郵便法第68条など	第17条 (国の賠償責任)	郵便局の過失の際の損害賠償を免除した規定の一部は違憲	国会は同条項を改正
在外邦人国政選挙 投票制限規定訴訟 (2005年)	公職選挙法附則8項	第15条(選挙権),第44条(選挙人の資格)など	在外投票を比例のみにする制限規定はやむを得ないものではない	国会は同条項を改正 ➡ 選挙区も投票可能に
国籍法訴訟 (2008年)	国籍法	第14条 (法の下の平等)	外国人の母をもつ子が出生時より後に日本人の父から認知を受けた際の国籍取得に制限を設けたのは違憲	国会は同法を改正
砂川政教分離訴訟 (空知太神社訴訟) (2010年)	砂川市の市有地を神社の敷地として無償で提供	第20条(政教分離),第89条(公の財産の用途制限)	市と神道の関わり合いが社会的に相当とされる限度を超える	最高裁は高裁に差戻し ＊適用違憲のため,法改正はなし
婚外子(非嫡出子) 民法相続規定訴訟 (2013年)	民法第900条4号のただし書き	第14条 (法の下の平等)	婚外子の相続分を嫡出子の半分とする規定は法の下の平等に反する	国会は同法を改正
再婚禁止期間違憲訴訟 (2015年)	民法第733条	第14条(法の下の平等),第24条2項(両性の平等)	女性の再婚禁止期間が6か月とされていることに合理性がない	国会は同法を改正 ➡ 原則100日以内に
孔子廟訴訟 (2021年)	那覇市の公園に設置された孔子を祀る施設の使用料について,市が全額を免除	第20条3項 (宗教的活動)	市と宗教の関わり合いが相当とされる限度を超える	＊適用違憲のため,法改正はなし
在外邦人最高裁判所裁判官 国民審査投票制限規定訴訟 (2022年)	公職選挙法附則8項	第15条(選挙権),第79条2項・3項(最高裁判所裁判官の国民審査)など	在外での国民審査の制限規定はやむを得ないものではない	国会は同法を改正

※ 2011年3月などの最高裁の衆議院議員選挙における「一票の格差」に関する判決は,違憲判決ではなく「違憲状態」

第6章　日本の統治機構　　〔演習問題〕

60 二院制について，次の空欄　ア　～　ウ　に当てはまる語句として最も適当なものを，それぞれ一つ選べ。

X：模擬授業でも説明があった両議院の違いを比較すると，　ア　の方が議員の任期が短く解散もあり，直近の民意を反映しやすい議院だということができそうだね。

Y：そうした性格の違いが，両議院の権限の違いに影響しているともいえそうだね。両議院の議決が異なった場合に一定の条件を満たせば，　イ　を国会の議決とすることが憲法上認められているよ。

Z：でも，憲法はなんでもかんでも　イ　を優先させているというわけではないよ。たとえば，　ウ　については両議院の権限は対等だよね。

X：法律案の議決についても，　イ　を国会の議決とするには，他の場合に比べ厳しい条件が設けられているね。法律案の議決に関する限り，もう一方の議院は，　ア　の決定に対して，慎重な審議を求めるにとどまらず，抑制を加える議院として機能しうるといえそうだね。

ア	① 衆議院	② 参議院
イ	① 衆議院の議決	② 参議院の議決
ウ	① 条約締結の承認	② 憲法改正の提案

〔2023年度本試験　政治・経済　改〕

61 日本の立法過程に関する記述として**誤っているもの**を，次の①～④のうちから一つ選べ。

① 国会議員が予算を伴わない法律案を発議するには，衆議院では議員20人以上，参議院では議員10人以上の賛成を要する。

② 法律案が提出されると，原則として，関係する委員会に付託され委員会の審議を経てから本会議で審議されることになる。

③ 参議院が衆議院の可決した法律案を受け取った後，60日以内に議決をしないときは，衆議院の議決が国会の議決となる。

④ 国会で可決された法律には，すべて主任の国務大臣が署名し，内閣総理大臣が連署することを必要とする。

〔2022年度本試験　政治・経済〕

62 生徒Xは，2021年の常会（通常国会）に提出された法案を調べて次の表を作成し，立法過程での国会議員や政党の役割などについてJと話し合っている。空欄 ウ には，後の記述 a か b のいずれかが当てはまる。表中の空欄 ア ・ イ に当てはまる語句と空欄 ウ に当てはまる記述との組合せとして最も適当なものを，後の①～④のうちから一つ選べ。

ア 提出法案		イ 提出法案	
提出件数	成立件数	提出件数	成立件数
63	61	82	21

（出所）　内閣法制局 Web ページにより作成。

X：表のような結果が生じるのは，議院内閣制であることと関連するとの見方もあるんですよね。

J：日本では，内閣提出法案は国会提出前に閣議決定されますし，さらに，閣議決定の前に与党が法案の内容について審査し了承する手続も慣例化していますね。

X： ウ との指摘があります。このことを踏まえると，与党議員は閣議決定の前段階で法案の内容に影響力を行使しやすくなるし，与党議員の賛成で法案は成立しやすくなると考えられます。政党における政策決定過程が国会での法案の審議や成立を左右する面もあるようです。

ウ に当てはまる記述

a　党首討論の導入で国会が議論の場として機能することをめざしている

b　与党審査と党議拘束がセットで機能している

① ア－内閣　イ－議員　ウ－a　　② ア－内閣　イ－議員　ウ－b

③ ア－議員　イ－内閣　ウ－a　　④ ア－議員　イ－内閣　ウ－b

〔2023 年度追試験 政治・経済〕

63 空欄 ア ～ ウ に当てはまる語句として最も適当なものを，それぞれ一つ選べ。

　内閣の運営に関する特徴の一つは合議制の原則である。これは，内閣の意思決定は，内閣総理大臣（首相）と国務大臣の合議，すなわち閣議によらなければならないとするものである。閣議における決定は， ア によることが慣行となっている。

　また，首相指導の原則がある。これは，国務大臣の任免権をもつ首相が， イ として政治的リーダーシップを発揮するというものである。

　このほか，分担管理の原則がある。これは，各省の所掌事務はその主任の国務大臣が分担して管理するというものである。なお，日本国憲法の規定によると，法律と政令には，すべて主任の国務大臣が署名し， ウ が連署することになっている。

	ア	① 多数決	② 全会一致
	イ	① 同輩中の首席	② 内閣の首長
	ウ	① 内閣総理大臣	② 内閣官房長官

〔2021 年度本試験（第 1 日程）政治・経済 改〕

64 日本国憲法の定める内閣や内閣総理大臣の権限についての記述として最も適当なものを，次の①～④のうちから一つ選べ。

① 内閣は，両議院が可決した法案について国会に再議を求める権限をもつ。

② 内閣総理大臣は，最高裁判所の長官を任命する権限をもつ。

③ 内閣は，憲法改正が承認されたとき，これを公布する権限をもつ。

④ 内閣総理大臣は，内閣を代表して，行政各部を指揮監督する権限をもつ。

〔2018 年度追試験　政治・経済〕

65 「委任の連鎖」とは，有権者から政治家を経て官僚へと政策決定や政策実施を委ねていく関係をいう。また，「責任の連鎖」とは，委任を受けた側が委任をした側に対し委任の趣旨に即した行動をとっているという説明責任を果たしていく関係をいう。図中の**矢印ア**で示された責任に関する憲法上の仕組みとして正しいものを **a** か **b**，**矢印イ**で示された責任に関する憲法上の仕組みとして正しいものを **c** か **d** からそれぞれ一つ選べ。

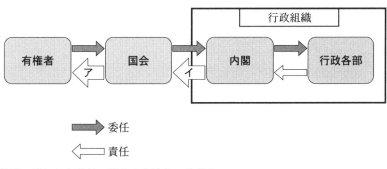

矢印アで示された責任に関する憲法上の仕組み

　a　両議院の会議の公開と会議録の公表

　b　国の収入支出の決算の提出

矢印イで示された責任に関する憲法上の仕組み

　c　弾劾裁判所の設置

　d　一般国務についての内閣総理大臣の報告

〔2023 年度本試験　政治・経済 改〕

66 外交にかかわる日本国憲法の規定についての記述として正しいものを，次の①〜④のうちから一つ選べ。

① 内閣は，条約を締結する権限をもつ。

② 内閣総理大臣は，外国の大使を接受する権限をもつ。

③ 国会は，外交関係を処理する権限をもつ。

④ 最高裁判所は，条約の締結を承認する権限をもつ。

〔2019年度本試験 政治・経済〕

67 裁判や紛争解決の手続についての記述として**誤っているもの**を，次の①〜④のうちから一つ選べ。

① 第三者が関与して，訴訟以外の方法によって民事上の紛争の解決を図る手続のことを，裁判外紛争解決手続と呼ぶ。

② 刑事裁判において有罪判決を受けた者について，重ねて民事上の責任を問われないことが，憲法で定められている。

③ 刑事裁判において，公判の前に裁判の争点や証拠を絞る手続のことを，公判前整理手続と呼ぶ。

④ 被告人が自ら弁護人を依頼することができないときに，国の費用で弁護人をつけることが，憲法で定められている。 〔2018年度追試験 政治・経済〕

68 日本国憲法が定める法の制定について説明した次の記述A〜Cのうち，正しいものはどれか。当てはまる記述をすべて選べ。

A 内閣は，憲法および法律の規定を実施するために，省令を制定することができる。

B 最高裁判所は，訴訟に関する手続について，規則を制定することができる。

C 地方公共団体は，法律の範囲内で条例を制定することができる。

〔2020年度本試験 政治・経済 改〕

69 日本において司法制度改革が推進される中で設けられたさまざまな仕組みに関する記述として**誤っているもの**を，次の①〜④のうちから一つ選べ。

① 法テラス（日本司法支援センター）では，司法に関する情報提供や法律相談を受けることができる。

② 被害者参加制度では，犯罪被害者やその家族が刑事裁判に裁判員として参加することができる。

③ 一定の事件における被疑者の取調べでは，録音・録画による記録が義務づけられている。

④ 知的財産高等裁判所では，特許権などの知的財産権（知的所有権）に関する訴訟が専門に扱われている。 〔2023年度追試験 政治・経済〕

第6章　日本の統治機構　　解答解説

60　《衆議院の優越》　正解は，アー①　イー①　ウー②

ア．両議院を比較したとき，議員の任期が短く解散もあるのは①衆議院である。

イ．憲法上，法律案の議決，予算の先議と議決，条約の承認，内閣総理大臣の指名に①衆議院の優越が認められている。

ウ．条約締結の承認には衆議院の優越が認められている。憲法の改正は，**各議院の総議員の3分の2以上の賛成**で，国会がこれを発議し，国民に提案してその承認を経なければならない（憲法第96条）とされ，②憲法改正の提案に関して両議院の権限は対等である。

61　《国会の機能①》　正解は③

①正文。なお，国会議員が予算を伴う法律案を発議するには，衆議院では議員50人以上，参議院では議員20人以上の賛成を要する。

②正文。国会の運営は委員会制度をとっており，法律案の実質的審議は関係する委員会においてなされる。

③誤文。参議院が衆議院の可決した法律案を受け取った後，60日以内に議決をしない場合，参議院は同法律案を否決したとみなされる。この後衆議院で出席議員の3分の2以上の多数で再可決した場合，同法律案は成立する。

④正文。国会で可決された法律は，主任の国務大臣と内閣総理大臣の連署がなされた後，内閣の助言と承認により天皇が公布し施行される。

62　《国会の機能②》　正解は②

議員提出法案と**内閣提出法案**に関する知識を必要とする問題。

ア・イ．両者を見比べると，提出件数はイの提出法案の方が多いにもかかわらず，成立の割合はアの提出法案の方が高くなっている。また，議院内閣制に関する記述などから，アには内閣，イには議員が入るとわかる。一般に，議員提出法案の方が成立する割合がかなり低いことは覚えておく必要がある。

ウ．直前の「与党が法案の内容について審査し了承する手続も慣例化して」いるという部分から，国会で白熱した議論が行われることよりも，スムーズに法案が通ることに重点がおかれていることが読み取れるので，bが正解となる。

63 《内閣制度①》　正解は，アー②　イー②　ウー①

ア．内閣は国会に対して連帯して責任を負うので，閣議は②全会一致が原則である。

イ．明治憲法下の内閣総理大臣は「同輩中の首席」という地位であったが，日本国憲法における内閣総理大臣は，他の国務大臣の任免権をもつなど他の国務大臣より強い権限をもつ内閣の首長（②）という地位になった。

ウ．憲法第 74 条には「法律及び政令には，すべて主任の国務大臣が署名し，内閣総理大臣が連署することを必要とする」とある（①適当）。

64 《内閣制度②》　正解は④

①不適。両議院が可決した法案は法律となる。内閣には成立した法律について再議を求める権限はない。

②不適。最高裁判所の長官の任命は天皇の国事行為の一つである（憲法第 6 条 2 項）。

③不適。憲法が改正されたとき公布するのは天皇である（憲法第 96 条 2 項）。

④適当。憲法第 72 条に定められている。

65 《議院内閣制，委任と責任の連鎖》　正解は，アー a　イー d

矢印ア：国会の有権者に対する責任を示す。

a．正しい。国会内の議論を有権者が知ることにより有権者の判断に資するため，両議院の会議の公開と会議録の公表が行われている。

b．誤り。国の収入支出の決算は，会計検査院の報告とともに内閣が国会に提出しなければならない（憲法第 90 条）。したがって，これは内閣の国会に対する責任の仕組みである。

矢印イ：内閣の国会に対する責任を示す。

c．誤り。弾劾裁判所は罷免の訴追を受けた裁判官を裁判するため両議院の議員で組織される（憲法第 64 条）。これは，司法権に対する立法権の抑制監視機能である。

d．正しい。一般国務についての内閣総理大臣の報告は，国会に対して行う（憲法第 72 条）。したがって，内閣の国会に対する責任の仕組みである。

66 《外交に関する権限》　正解は①

①正文。条約を締結することは内閣の権限（憲法第 73 条 3 号）。ただし，事前に，時宜によっては事後に，国会の承認を経ることを必要とする。

②誤文。外国の大使および公使を接受するのは，天皇の国事行為（憲法第 7 条 9 号）。

③誤文。外交関係の処理は内閣の権限（憲法第73条2号）。

④誤文。条約締結の承認は国会の権限（憲法第61条および同第73条3号）。

67 《司法制度①》　正解は②

①正文。**裁判外紛争解決手続**（ADR：Alternative Dispute Resolution）は，紛争のすばやい解決をめざして導入された。

②誤文。憲法で定められているのは**一事不再理の原則**，すなわち判決が確定した事件について同じ罪状で再び裁判をすることができないということ。刑事裁判で有罪判決を受けた者が民事上の責任を免れるわけではない。

③正文。裁判員制度導入で市民が裁判に参加しやすくするため，公判前にスケジュールを決めて裁判のスピードアップを図る**公判前整理手続**がはじまった。

④正文。憲法第37条3項で刑事被告人の権利について，「被告人が自らこれ（＝弁護人）を依頼することができないときは，国でこれを附する」と定められている。

68 《法の制定》　正解は，B・C

A．誤文。憲法および法律の規定を実施するために内閣が制定するのは**政令**である（憲法第73条6号）。省令は，法律および政令の規定を実施するために，これらの委任に基づいて各省庁において制定される命令のことであり，各省大臣が個別に制定する。

B．正文。司法権の独立を具体的に保障する仕組みの一つとして，最高裁判所は，訴訟手続・内部規律などに関し規則制定権をもっている（憲法第77条1項）。

C．正文。「地方公共団体は，その財産を管理し，事務を処理し，及び行政を執行する権能を有し，法律の範囲内で条例を制定することができる」（憲法第94条）。

69 《司法制度②》　正解は②

①正文。**法テラス**では法律相談等を受けることができる。

②誤文。**被害者参加制度**は被害者やその家族などが裁判において**証人尋問**や**論告**を行うことができる制度であるが，裁判員としての参加を認めたものではない。

③正文。現在，刑事事件において**取り調べの可視化**が進められている。

④正文。東京高等裁判所内に設置された**知的財産高等裁判所**においては，知的財産に関する訴訟が専門に行われている。

第7章　地方自治，選挙と政党　　まとめ

地方自治

●地方自治の理念

ブライス：「地方自治は民主主義の最良の学校である」

トックビル：「地方自治の自由に対する関係は小学校における学問に対するそれと同じである」

日本の地方自治

大日本帝国憲法：地方自治の規定なし。**府県知事は天皇が内務省の官僚を任命**

日本国憲法：第8章で規定。地方公共団体の長・議員は住民が直接選挙

≫≫ 地方自治の本旨（第92条）

住民自治：住民が決定する（長・議員の選出，解職請求時の住民投票など）

団体自治：地方公共団体が国から一定程度独立して，政治や行政を行う（条例の制定など）

地方自治体の種類

普通地方公共団体：**都道府県・市町村**

特別地方公共団体：**特別区（東京23区）**・地方公共団体の組合・財産区・地方開発事業団・広域連合

人口による区分

政令指定都市：政令で指定する人口50万人以上の市を指し，都道府県並みの権限をもつ。**大阪市・名古屋市・京都市など，20市**が対象（2022年時点）

中核市：現在は政令で指定する人口20万人以上の市（かつては30万人以上）。福祉などで政令指定都市に準じた権限をもつ

●地方公共団体の組織

	議決機関	執行機関		
		長	長の補助機関	行政委員会
都道府県	都道府県議会	都道府県知事	副知事	監査委員・人事委員会など
市町村	市町村議会	市町村長	副市町村長	

●地方公共団体の運営

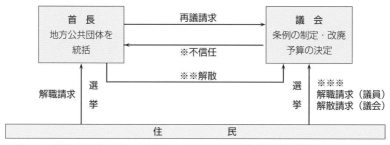

※　　　　総議員の3分の2以上の出席・4分の3以上の賛成で不信任決議
※※　　　不信任から10日以内のみ可能。解散後の新議会で総議員の3分の2以上の出席・過半数の賛成で首長の不信任確定
※※※　　議員の解職請求や議会の解散請求についての請求先は選挙管理委員会

●直接請求制度　　　　　　　　　　　　（＊ 有権者40万人未満の自治体の場合）

請求の種類		必要署名数*	受理機関	措置
条例の制定・改廃請求		有権者の50分の1	首長	議会にかけ，結果を公表
監査請求			監査委員	監査後，結果を議会・首長に報告
議会の解散請求		有権者の3分の1	選挙管理委員会	住民投票に付し過半数の賛成で失職
解職請求	議員・首長			
	副知事・副市町村長・選挙管理委員など		首長	議会にかけ，総議員の3分の2以上の出席・4分の3以上の同意で失職

●地方公共団体の事務

　かつては国の指揮による**機関委任事務**が大きな負担となっていた（「国と地方自治体を対等とする」ことを目的とした**地方分権一括法**の施行により廃止）。

➡ 現在は地方公共団体で行う**自治事務**（固有事務のほか，国の事務から自治体の事務に変更されたもの。都市計画の決定・国民健康保険の給付など）と，地方公共団体が国と**対等な立場**で法律を制定し執行を委託された**法定受託事務**（国政選挙・旅券の交付など）に分類される。なお，自治体側に不満がある場合は**国地方係争処理委員会**に審査の申し出が可能

》》》　地方財政──主な財源構成

①**自主財源**（地方公共団体独自の財源であり，歳入の5割程度を占める）

　地方税：地方公共団体が課税し徴収（**住民税**など）。なお，地方分権一括法により**独自課税**も導入されている（東京都等の宿泊税や福井県等の核燃料税など）

　諸収入：寄付金など

②**依存財源**（国や都道府県に依存している財源）

　地方交付税：地方公共団体間の格差是正のため交付されるが，使途は指定されない

　国庫支出金：法定受託事務を行う際など，使途を指定されて交付される財源。不足する場合は自治体の負担となる（**超過負担問題**）

　　地方債：**事前協議制の採用**（近年，発行量が増加）

　　地方譲与税：形式上国税として徴収，国が地方公共団体に譲与

③一般財源と特定財源

　　一般財源：議会が使途を自由に決定（地方税・地方交付税・地方譲与税・諸収入など）

　　特定財源：国が使途を特定（国庫支出金・地方債など）

●地方自治体の財源構成

	自主財源 →地方自治体が自主的に調達できる財源	依存財源 →国の交付などによる財源
一般財源	地方税など	地方交付税，地方譲与税など
特定財源	使用料および手数料，分担金および負担金など	国庫支出金，地方債など

　三割自治

　　地方公共団体の財政力の弱さを象徴的に表した言葉。地方公共団体は自主財源が3〜4割と少なく，国の統制が行われやすい傾向にあった。➡ **地方分権化**への流れ

三位一体の改革　**地方財政の国からの自立が目的**（小泉純一郎内閣で実施）

　　①国から地方公共団体への補助金（国庫支出金など）の削減

　　②国から地方公共団体への税源の移譲：所得税減税と**住民税**増税などで移譲

　　③地方交付税の見直し：交付税総額を抑制，不交付団体の増加

≫≫ 地方自治の現状と課題

①財政危機

　　財政再建団体（現在は財政再生団体）：多額の赤字により財政破綻し，国の管理下で財政再建をめざすもの。2007年に夕張市が指定された

②市町村合併（**市町村合併特例法**，1999年）

　　　行政の効率化を目的として実施され，合併した地方公共団体は税制面で優遇。

　　➡ 3000以上あった市町村が**平成の大合併**により2000以下に

③国に先行する動き

　　情報公開：法律より先に条例が制定

　　個人情報保護：法律より先に条例が制定

　　オンブズマン（行政監察官）制度：国レベルでは導入がなく，**川崎市**（神奈川県）が最初

　住民投票

　　結果に**法的拘束力なし** ← 地方公共団体で住民投票条例を制定して実施するケース

　　結果に**法的拘束力あり** ← 法律による住民投票を実施するケース（**大阪都構想**など）

選挙と政党

≫≫ 選挙制度

民主的選挙の四原則

①普通選挙（2016 年より 18 歳以上に選挙権，年齢以外の要件なし）

　↔**制限選挙**（納税額・性別等の要件あり）

②平等選挙（選挙人の投票の価値を平等に扱う，一人一票）

　↔**差別選挙**（複数選挙や等級選挙など）

③秘密選挙（投票の秘密が守られる，選挙人の氏名は記入しない）↔**公開選挙**

④直接選挙（国民が直接選任）↔**間接選挙**

衆議院議員選挙

- かつては**中選挙区制**だったが，現在は小選挙区比例代表並立制に
- 小選挙区は **289 選挙区**：各政党で立候補者は 1 人，比例代表と重複立候補が可能
- 比例代表区は**全国 11 ブロック**（**176 名**）：ブロックごとにドント式で議席配分

　拘束名簿式比例代表制：名簿順位により当選者が決定

　　　　　　　　　　　　重複立候補者のみ，**同一順位**の設定が可能

　　　　　　　　　　　　同一順位の候補者の場合は**惜敗率**で優先順位が決定

- 投票方法 { **小選挙区**：小選挙区の立候補者氏名を記入 / **比例代表区**：政党名を記入

参議院議員選挙（2019 年の参議院議員選挙から適用）

- 3 年ごとに半数改選　※重複立候補不可
- 選挙区は **45 選挙区**（**148 名**）（鳥取・島根・徳島・高知は合区）
- 比例代表区は**全国区**（**100 名**，特定枠含む）：非拘束名簿式比例代表制
  - ➡ 特定の候補者が優先的に当選できる仕組み（＝特定枠）が設けられた
- 投票方法 { **選挙区**：選挙区の立候補者氏名を記入 / **比例代表区**：政党名または個人名を記入（ドント式により各政党に議席を配分後，個人名での得票数が多い順に当選者が決定）

※衆参とも，比例選出議員の他党への移籍禁止（新党への移籍や無所属になることは可）

※在外邦人の参政権…2006 年の公職選挙法改正で衆参の選挙区・比例区ともに投票が可能に

●小選挙区制と大選挙区制の長所と短所

	長所	短所
小選挙区制（1 選挙区から1 名選出）	・政局が安定する→二大政党制 ・選挙費用が少額 ・有権者と候補者の距離が近い ・選挙違反の取締りがしやすい	・死票が多い ・地方的な小人物が選出される ・現職議員が有利になりやすい ・不正選挙が行われやすい
大選挙区制（1 選挙区から2 名以上選出）	・死票が少ない ・少数派に有利 ・有能な人物・新人が進出しやすい ・不正選挙が行われにくい	・小党分立になりやすい→多党制 ・選挙費用が高額になる ・有権者と候補者の距離が遠い

●**比例代表制**：政党への得票に応じて議席を配分

　長所 大選挙区制よりも死票が少なくなる, 得票に応じた公正な議席配分

　短所 大選挙区制よりも小党分立が起こりやすい, 無所属での立候補が事実上不可能

●**選挙制度の問題点**

一票の格差：選挙区の人口や議員定数により, 一票の価値に差が生じている

選挙運動の規制：事前運動や戸別訪問の禁止, 連座制の強化

　　　　　　　➡ 2013 年からインターネットを利用した選挙運動の解禁

ゲリマンダー：特定の政党が自らに有利になるよう恣意的に選挙区を定める

>>> 政党政治

政党：社会の諸利益を集約し, 政策として実現するため政権獲得をめざす政治団体

（圧力団体は自らの利益を実現するために政治に関わる集団, 日本経団連など）

二大政党制：**アメリカ**（共和党・民主党）・**イギリス**（保守党・労働党, ただし多党化傾向）

　長所 政局の安定　**短所** 国民の選択肢が少ない

多党制：**日本・イタリア**など

　長所 政治への多様な意見の反映　**短所** 政局の不安定

55 年体制：1955 年に行われた左右社会党の統一に危機感を覚えた日本民主党と自由党の保
　　　　　守合同 ➡ 自由民主党発足 ➡ 自民党と社会党の対立が 1993 年まで続く

【現代の日本の政治体制】
1955〜1993 年　　自民党が与党の政治体制（一時期, 新自由クラブとの連立内閣）
1993〜1994 年　　非自民非共産連立内閣発足。自民党が野党となる
1994〜2009 年　　自民党を中心とした連立内閣（一時期, 社会党と連立）
2009〜2012 年　　民主党を中心とした連立内閣。自民党が野党となる
2012 年〜　　　　自民党を中心とした連立内閣（2023 年 6 月時点）

政治資金

　政治資金規正法：企業・労働組合から政治家個人への献金を禁止

　政党助成法：要件を満たす政党に国費から助成, 議席数・得票数に基づいて配分される

●**世論**

　公共の問題に関して社会で多数の人々に合意されている意見。国政に影響を与えるチャンネルとしても機能する。

世論操作（大衆操作）：特定の思想だけの伝達, 政府やメディアによる意図的な世論形成の
　　　　　　　　　　　可能性に注意

政治的無関心とは

　伝統的無関心：政治は少数の支配者によるという考え

　現代的無関心：知識・参加の機会はあるが政治への不信感・無力感から興味を失う

無党派層：特定の支持政党をもたない有権者層。近年, 増大傾向にあり, 政治に関心のある
　　　　　人も多い

第7章　地方自治，選挙と政党　　演習問題

70 生徒Xと生徒Yは，地方自治について話し合っている。空欄　ア　に入れる語句として最も適当なものを，下の①〜④のうちから一つ選べ。

X：私たちは，地域における担い手となるために，どのようにすればいいんだろう？

Y：たしか，政治学者ブライスは，『近代民主政治』という本の中で，住民が地域のコミュニティを形成するのに成功している例をあげた上で，「地方自治は　ア　である」と言っているよね。

X：なるほど。これは身近な問題への取組みを通して，民主政治の担い手となる能力を養えることを意味するよね。

① 多数者の専制　　　　　② 民主主義の学校
③ ポピュリズム　　　　　④ 人民の人民による人民のための政治

〔2021年度本試験（第2日程）政治・経済〕

71 日本国憲法が保障している地方自治についてまとめた文章中の空欄　ア　〜　ウ　に当てはまる語句として最も適当なものを，それぞれ一つ選べ。

　日本国憲法第92条は，「地方公共団体の組織及び運営に関する事項は，地方自治の本旨に基いて，法律でこれを定める」としている。ここでいう地方自治の本旨は，団体自治と住民自治の原理で構成される。団体自治は，国から自立した団体が設立され，そこに十分な自治権が保障されなければならないとする　ア　的要請を意味するものである。住民自治は，地域社会の政治が住民の意思に基づいて行われなければならないとする　イ　的要請を意味するものである。国から地方公共団体への権限や財源の移譲，そして国の地方公共団体に対する関与を法律で限定することなどは，直接的には　ウ　の強化を意味するものということができる。

ア　① 集　権　　　　② 分　権
イ　① 自由主義　　　② 民主主義
ウ　① 住民自治　　　② 団体自治

〔2022年度本試験　政治・経済　改〕

72 次のA〜Dは, 第二次世界大戦後の日本の地方自治をめぐって起きた出来事に関する記述である。これらの出来事を古い順に並べたとき, **3番目にくるもの**として正しいものを一つ選べ。

A 地方分権改革が進む中で行財政の効率化などを図るために市町村合併が推進され, 市町村の数が減少し, 初めて1,700台になった。

B 公害が深刻化し住民運動が活発になったことなどを背景として, 東京都をはじめとして都市部を中心に日本社会党や日本共産党などの支援を受けた候補者が首長に当選し, 革新自治体が誕生した。

C 地方自治の本旨に基づき地方自治体の組織や運営に関する事項を定めるために地方自治法が制定され, 住民が知事を選挙で直接選出できることが定められた。

D 大都市地域特別区設置法に基づいて, 政令指定都市である大阪市を廃止して新たに特別区を設置することの賛否を問う住民投票が複数回実施された。

〔2022年度本試験 政治・経済〕

73 日本の地方財政に関する記述として最も適当なものを, 次の①〜④のうちから一つ選べ。

① 地方公共団体における財政の健全化に関する法律が制定されたが, 財政再生団体に指定された地方公共団体はこれまでのところない。

② 出身地でなくても, 任意の地方公共団体に寄付をすると, その額に応じて所得税や消費税が軽減されるふるさと納税という仕組みがある。

③ 所得税や法人税などの国税の一定割合が地方公共団体に配分される地方交付税は, 使途を限定されずに交付される。

④ 地方公共団体が地方債を発行するに際しては, 増発して財政破綻をすることがないよう, 原則として国による許可が必要とされている。

〔2023年度本試験 政治・経済〕

74 生徒Xと生徒Yは，授業で配布された次の図を参考にしながら，国の一般会計と地方財政の関係について話をしている。後の会話文中の下線部㋐～㋓のうち正しいものはどれか。当てはまるものを二つ選び，その組合せとして最も適当なものを，後の①～⑥のうちから一つ選べ。

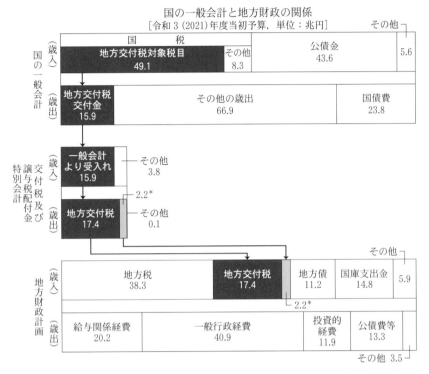

国の一般会計と地方財政の関係
［令和3（2021）年度当初予算，単位：兆円］

(注) 地方財政計画とは，地方自治体の歳入歳出総額の見込額であり，地方財政の規模を全体としてとらえたものである。また，**図**中の＊は，地方譲与税と地方特例交付金である。
(出所) 総務省 Web ページにより作成。

X：国と地方の財政が関連しているとは思わなかったよ。税金も国税と地方税に分かれているしね。それにしても，国の一般会計の歳入や歳出では，公債金や国債費の額も大きいね。

Y：公債金については，赤字国債が大きいのが原因だよね。㋐赤字国債は，公共事業の財源に限定されて発行されるんだよ。地方財政なら地方債があるけど，地方財政の歳入は地方税が一番大きいね。

X：㋑地方財政の歳入の一般財源は，歳入総額の半分以上になっている。私たちが納める税金は，地方税より国税の方が多いね。

Y：国税は，地方交付税の財源となるものと，ならないものに分かれているね。そ

れに, ㋒国税のうち地方交付税として配分する地方交付税対象税目は, その半
分以上が地方交付税として地方へ配分されているんだね。

X：地方交付税は, 交付税及び譲与税配付金特別会計を経由して地方財政に入って
くるね。この特別会計で地方交付税の金額が増えているよ。

Y：地方交付税は, 地方自治体にとっては貴重な財源だね。㋓地方債は, 返済義務
があるけれども重要な財源となっているね。

① 下線部㋐と下線部㋑　　　　② 下線部㋐と下線部㋒

③ 下線部㋐と下線部㋓　　　　④ 下線部㋑と下線部㋒

⑤ 下線部㋑と下線部㋓　　　　⑥ 下線部㋒と下線部㋓

〔2023 年度追試験 政治・経済〕

75 日本の国および地方公共団体の政治や政策のここ数年の動向に関してまとめた
記述として**誤っているもの**を, 次の①〜④のうちから一つ選べ。

① 候補者男女均等法（政治分野における男女共同参画の推進に関する法律）の制
定（2018 年）により, 政党などに国政選挙や地方選挙で男女の候補者の数がで
きる限り均等になるよう罰則規定を設けて促すことになった。

② 中央省庁で障害者雇用数が不適切に計上されていた問題をうけて, 障害者を対
象とする統一的な国家公務員の採用試験が実施された。

③ 公職選挙法の改正（2018 年）により, 参議院議員の選挙制度について定数を
増やすとともに比例区に特定枠制度を導入した。

④ ふるさと納税制度（地方公共団体に寄付した場合の税額控除制度）の運用につ
いて, 国は地方公共団体が寄付者に対し提供している返礼品のあり方の見直しを
求めた。

〔2021 年度本試験（第 1 日程）政治・経済〕

76 日本の選挙制度に関する次の文章を読んで, 下の(1)・(2)に答えよ。

現在, 衆議院の選挙制度は, 小選挙区とブロック単位の比例区とを組み合わせた
小選挙区比例代表並立制を採用し, 465 人の定数のうち, 小選挙区で 289 人, 比例
区で 176 人を選出することとなっている。いま, この選挙制度を変更するとして,
小選挙区比例代表並立制と定数を維持した上で, 次の二つの変更案のどちらかを選
択することとする。なお, この変更により有権者の投票行動は変わらないものとす
る。

　　変更案 a：小選挙区の議席数の割合を高める。

　　変更案 b：比例区の議席数の割合を高める。

(1) まず, あなたが支持する変更案を選びなさい。

　なお，(1)で a・b のいずれを選んでも，(2)の問いについては，それぞれに対応する適当な選択肢がある。

(2)　(1)で選択した変更案が適切だと考えられる根拠について，選挙制度の特徴から述べた文として適当なものを次の記述ア〜エのうちから二つ選び，その組合せとして最も適当なものを，下の①〜⑥のうちから一つ選べ。

　ア　この変更案の方が，多様な民意が議席に反映されやすくなるから。
　イ　この変更案の方が，二大政党制を導き政権交代が円滑に行われやすくなるから。
　ウ　もう一つの変更案だと，政党の乱立を招き政権が安定しにくくなるから。
　エ　もう一つの変更案だと，少数政党が議席を得にくくなるから。

① アとイ　　　　　② アとウ　　　　　③ アとエ
④ イとウ　　　　　⑤ イとエ　　　　　⑥ ウとエ

〔2021 年度本試験（第 2 日程）政治・経済〕

77　次の図 a は第 44 回の，後の図 b は第 45 回の衆議院議員総選挙の結果をうけた衆議院議員の政党別の当選人数である。図 a や図 b の結果をもたらしたそれぞれの総選挙後の日本政治に関する後の記述ア〜ウのうち，正しいものはどれか。当てはまる記述をすべて選べ。

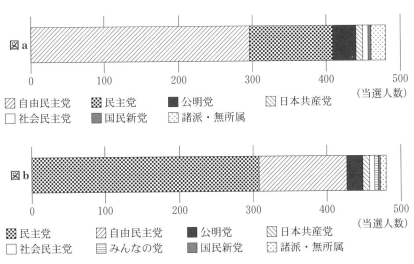

(注)　当選人数が 1 人の政党は諸派に含めている。
(出所)　総務省 Web ページにより作成。

　ア　図 a や図 b の結果をもたらした衆議院議員総選挙後には，いずれも連立政権が成立した。

イ　図aの結果をもたらした衆議院議員総選挙後に，小泉純一郎内閣の下で郵政民営化法が制定された。

ウ　図bの結果をもたらした衆議院議員総選挙後に，細川護熙内閣の下で衆議院の選挙制度に小選挙区比例代表並立制が導入された。

〔2023 年度追試験 政治・経済 改〕

78 生徒Yと生徒Zは，国政選挙の年代別投票率を調べ作成した次の表をみながら話し合っている。空欄 ア には a～c のいずれか，空欄 イ には d か e が当てはまる。それぞれ最も適当なものを一つ選べ。

	参議院議員通常選挙（2016 年）	衆議院議員総選挙（2017 年）	参議院議員通常選挙（2019 年）	衆議院議員総選挙（2021 年）
10 代	45.45%	41.51%	32.28%	43.21%
18 歳	51.17%	50.74%	35.62%	50.36%
19 歳	39.66%	32.34%	28.83%	35.93%
20 代	35.60%	33.85%	30.96%	36.50%
30 代	44.24%	44.75%	38.78%	47.12%
40 代	52.64%	53.52%	45.99%	55.56%
50 代	63.25%	63.32%	55.43%	62.96%
60 代	70.07%	72.04%	63.58%	71.43%
70 代以上	60.98%	60.94%	56.31%	61.96%

（出所）総務省 Web ページにより作成。

Z：表は，選挙権が 18 歳以上に拡大した後の 4 回の国政選挙の投票率をまとめたものだよ。

Y：表をみると ア 。興味深いね。

Z：主権者としての政治参加のあり方を学校で学んだ直後だからかな。若者の選挙への関心を高めるにはどうすればいいのかな。

Y：そういえば，2013 年の公職選挙法の改正でインターネットを利用した イ が認められていたね。その影響を調べてみようよ。

ア に当てはまる記述

a　すべての国政選挙で，20 代から 60 代までの投票率は，年代が上がるにつれて

高くなっているね。また，すべての国政選挙で，18 歳の投票率は 20 代の投票率を上回っているね

b　すべての国政選挙で，60 代の投票率が 20 代の投票率の 2 倍以上になっているね。また，すべての国政選挙で，10 代の投票率は 20 代の投票率を上回っているね

c　すべての国政選挙で，20 代から 60 代までの投票率は，年代が上がるにつれて高くなっているね。また，すべての国政選挙で，19 歳の投票率は 20 代の投票率を上回っているね

　イ　に当てはまる語句

d　選挙運動

e　投　票

〔2023 年度追試験　政治・経済　改〕

79　公共サービスに関連して，自治体と NPO の次の協働手法 A 〜 C について，後の具体的な事業ア〜ウから，それぞれ対応するものを一つ選べ。

A　共　催……自治体と NPO の双方が，労力や資金を出し合い，ともに事業を実施する。

B　補　助……特定の活動目的をもった NPO が，自主的に企画した事業に対して，自治体が資金を提供する。

C　委　託……自治体の事業の一部を，自治体が資金を拠出することにより NPO に依頼し，NPO が独自の工夫をしながら実施する。

ア　少子化により子どもの数が減少した地域において，自治体が，既設の市民センターで子育て支援事業を実施することを決定した。その運営を任された NPO が，それまでの活動経験をいかして，親子同士の交流の場づくり，子どもの一時預かりなど，子育てがしやすくなる取組みを展開した。

イ　自然災害に見舞われる危険性が高い地域において，自治体の防災部門と NPO が，災害発生時に避難所や災害ボランティアセンターを円滑に運営できるよう，地域住民を含めた実地訓練を一緒に企画・実施した。

ウ　路線バスの本数減少により，高齢者の外出が難しくなった地域において，NPO が開始した，自宅と通院先を一定金額で送迎するサービスに対して，自治体が運営費用の一部を予算化し，NPO の負担を減らそうとした。

〔2022 年度本試験　現代社会　改〕

第7章

第7章　地方自治，選挙と政党　　解答解説

70 《地方自治の理念》　正解は②

①**不適**。**多数者の専制**とは，多数者が少数者の自由を抑圧するという問題であり，19世紀イギリスの思想家 J.S.ミルやフランスの思想家トックビルが民主政治の危険性として警告を発した。

②**適当**。「地方自治は民主主義の学校である」というブライスの言葉は有名だが，**X**の「身近な問題への取組みを通して，民主政治の担い手となる能力を養えることを意味する」という言葉からも判断できる。

③**不適**。**ポピュリズム**とは，大衆の意見や願望に迎合して行われる政治的な主張や運動のことである。

④**不適**。「**人民の人民による人民のための政治**」はアメリカ大統領リンカンの演説中の言葉で，民主政治の根本原理を明確に表現したものである。

71 《地方自治の本旨》　正解は，アー② イー② ウー②

ア．地方公共団体は国から自立して設立され，そこに十分な自治権が保障されなければならないという**団体自治**の原則は，**分権的要請に基づく**（②適当）。

イ．地域社会の政治が住民の意思に基づいて行われなければならないという**住民自治**の原則は，**民主主義的要請に基づく**（②適当）。

ウ．地方公共団体への権限や財源の移譲，国の関与の抑制は，団体自治の強化を意味する（②適当）。

72 《地方自治をめぐる出来事》　正解はA

古い順に並べると，C→B→A→Dとなり，3番目はAである。

A．1999年から2010年にかけて行われた**平成の大合併**についての記述である。

B．都市部を中心に**革新自治体**が誕生したのは，高度経済成長の影響で公害が深刻化した1970年代のことである。

C．日本国憲法の地方自治の本旨に基づいて**地方自治法**が制定されたのは1947年である。

D．2015年と2020年に行われた，いわゆる**大阪都構想**に関する住民投票についての記述である。

73 《地方財政①》　正解は③

①不適。**財政再生団体**に指定された地方公共団体の例として北海道夕張市がある。財政再生団体とは，法律で定められた基準に基づき，自主的な財政の健全化を図ることが困難であるとして，財政再生計画を策定することが義務づけられている団体のことで，企業の倒産にたとえられる。

②不適。**ふるさと納税**は，本来は住んでいる自治体に納めるはずの税金を，任意の自治体に寄付することで，住民税や所得税が控除される仕組みであり，消費税は軽減されない。

③適当。地方交付税は，所得税・酒税・法人税・消費税の一定割合が，主に地方公共団体の財政力に応じて交付されるもので，地方公共団体が使途を自主的に決定できる。国からの補助金であらかじめ使途が指定されているのは国庫支出金である。

④不適。2006年度以降，**地方債**の発行は国の許可制から**国との事前協議制**になった。

74 《地方財政②》　正解は⑤

㋐不適。公共事業の財源に限定されて発行されるのは**建設国債**であり，**赤字国債**は財源不足を補うために発行されるものである。

㋑適当。地方自治体の**一般財源**とは，地方税や地方交付税などを指す。図の地方自治体の歳入の内訳をみると，地方税＋地方交付税で全体の5割以上を占めている。

㋒不適。図より地方交付税対象税目が49.1兆円なのに対し，地方交付税は17.4兆円であり，歳入総額の半分を超えていない。

㋓適当。地方債は国債等と同様，返済義務がある。

以上より，⑤が正解となる。

75 《国と地方公共団体の政治・政策》　正解は①

①誤文。候補者男女均等法は，政党に候補者を男女半々とするよう義務づけたフランスのパリテ法にならって，日本版パリテ法と呼ばれる。ただし，候補者の男女差が大きくなるほど政党助成金が減額されるパリテ法と異なり，日本の候補者男女均等法に罰則規定はない。

②正文。2018年，中央省庁が雇用する障害者数を水増ししていた，いわゆる「障害者雇用水増し問題」が発覚した。これをうけて，障害者を対象とする統一的な国家公務員の採用試験が2019年に初めて実施された。

③正文。2018年の公職選挙法改正では，参議院議員定数が6増加されるとともに，非拘束名簿式を原則とする参議院の比例代表選挙で，各党が候補者の一部について

優先的に当選人となるべき順位を記載する**特定枠**が導入された。

④**正文**。ふるさと納税では多くの自治体が寄付の見返りに返礼品を送付しており,返礼品競争の過熱が問題となった。それに対応すべく,国は2019年,自治体に対してたびたび制度の趣旨に沿った見直しを求めたうえで,趣旨を歪めている自治体を制度の対象外とする決定を行った。対象外となった一部自治体は国と裁判で争い,2020年,一部自治体を対象外とした国の対応は違法との最高裁判決が下された。

76 《選挙制度》　正解は,⑴― a の場合,⑵―④　⑴― b の場合,⑵―③

小選挙区制と比例代表制の特徴をふまえて解答すればよい。

●小選挙区制と比例代表制

	小選挙区制 ➡ 二大政党制になりやすい（イ）	比例代表制 ➡ 多党制になりやすい
長所	・有権者が候補者をよく知ることができる ・選挙費用が少額ですむ ・政局が安定	・死票が少なく小政党に有利（ア） ・得票数に応じた公平な議席配分が可能
短所	・死票が多く大政党に有利（エ） ・買収,供応などの不正が行われやすい ・地域的な利害にとらわれやすい	・小党分立による政局不安定をまねきやすい（ウ）

77 《選挙と政党》　正解は,ア・イ

政治史,特に**政権交代**に関する知識が必要となる問題。

図 a では**自由民主党**が圧勝,図 b では**民主党**が圧勝し,政権交代が起こっている。ここから,図 b は「崖っぷち解散」などと呼ばれた解散（2009年）のあとの総選挙,図 a はその1つ前のいわゆる「郵政解散」（2005年）のあとの総選挙であるとわかる。

ア．正しい。2005年は**自公連立**,2009年は**民主党・国民新党・社民党**による連立内閣が発足した。

イ．正しい。自由民主党が圧勝した結果を受けて,郵政民営化法が制定された。

ウ．誤り。自由民主党が与党から転落した,いわゆる「嘘つき解散」（1993年）のあとの総選挙後の記述である。

78 《国政選挙の投票率》　正解は，アー a　イー d

ア．a．適当。いずれも 20 代から 60 代まで年代が上がるにつれて，投票率が高くなっている。また，18 歳の投票率はすべての選挙において 20 代の投票率を上回っている。

　　b．不適。2016 年，2021 年の選挙においては，60 代の投票率は 20 代の投票率の 2 倍以上にはなっていない。

　　c．不適。前半は正しい。後半については，2017 年，2019 年，2021 年の 19 歳の投票率は，20 代の投票率を下回っている。

イ．インターネットを利用した投票はいまのところ認められておらず，d が適当。

79 《自治体と NPO》　正解は，Aーイ　Bーウ　Cーア

Aーイ．自治体の防災部門と NPO が防災訓練を協力して企画・実施しているので「共催」の例にあたる。

Bーウ．NPO が自主的に開始した高齢者の送迎サービスに対して，自治体が運営費用の一部を支援しているので「補助」の例にあたる。

Cーア．自治体から運営を任された NPO がそれまでの経験をいかして子育て支援の取組みを展開しているので「委託」の例にあたる。

第7章

第8章　経済のしくみ　　まとめ

市場経済のしくみ

市場とは，家計・企業・政府が経済主体として参加する場。財やサービスを売買する。

完全競争市場

①多数の売り手と買い手が存在

②その市場において売買される財が同質（財の同質性）

③参加者全員が価格を受容（プライステイカー）

④参加者全員が情報を正しく有している（情報の完全性）

⑤市場への参入および退出が自由である

>>> 市場機構

市場機構は右下がりの需要曲線（価格が下がれば消費者は購入量を増やす）と，右上がりの供給曲線（価格が上がれば企業は生産を増やす）で表される。

需要曲線

①人気や所得の増大で右に移動（需要が増える）

➡ 供給曲線がそのままなら価格上昇・数量増加

②人気や所得の減少で左に移動（需要が減る）

➡ 供給曲線がそのままなら価格下落・数量減少

供給曲線

③技術革新や輸入増加で右に移動（供給が増える）

➡ 需要曲線がそのままなら価格は下落

④消費税増税や原材料値上げで左に移動（供給が減る）

➡ 需要曲線がそのままなら価格は上昇

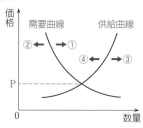

市場価格は需要と供給のつりあう価格（P：均衡価格）になる

➡ 価格の自動調節機能（神の「見えざる手」，アダム＝スミス『国富論』）

>>> 市場の寡占化

寡占：少数の企業が市場を支配している状態

独占：一社による市場の支配

カルテル：同一業種において生産量や価格などについて協定を結ぶ

トラスト：同一業種に属する企業が合同すること

コンツェルン：銀行や持ち株会社などによる資本結合，戦前の財閥など

●寡占市場の特徴

・価格の下方硬直性（技術革新が起こっても価格が下がりにくい）

- 価格支配力をもつ企業（プライス・リーダー）が価格を決定する→他社が追随する
  →管理価格の形成
- 非価格競争（品質など製品の差別化・モデルチェンジ・宣伝・アフターサービスなど）

≫≫ 市場の失敗と対策

市場の失敗とは，市場メカニズムが機能しない状態のこと。

①独占・寡占 ➡ 独占禁止法や公正取引委員会の規制などで解消をめざす

②規模の経済：巨額な費用がかかる産業では存続企業が少数になり，自然に独占・寡占になることが多い ➡ 価格などについて政府による統制（統制価格）

③公共財（国防・ラジオ放送など，一般道路は準公共財）：非排除性（対価を支払わない人を排除できない）と，非競合性（同時に大勢の人の利用が可能）をもち，利益を得られないため民間企業による市場での供給は期待できない ➡ 税金を財源に政府が供給

　※準公共財とは，非排除性・非競合性のどちらか一方の性質をもつもの

④外部性

　外部経済：市場を経由せずに第三者に利益がもたらされること。例えば，地下鉄開通により通行量が増加し，周辺の既存商店の売上増大など

　外部不経済：市場を経由せずに第三者に不利益がもたらされること。例えば，工場の生産活動による周辺住民への健康被害（公害）など ➡ 法規制や課税によって抑制

⑤情報の非対称性：商品の質などの情報について売り手と買い手の間で差があること。通常，売り手に比べて買い手（消費者）は十分に情報をもたないことが多い
　　　　　　　　➡ 消費者庁や国民生活センターなどが情報提供

⑥所得分配の不平等：市場機構に内在する問題で，市場機構では解決が不可能

≫≫ 株式会社

会社法により設置が認められた会社企業は，**株式会社**・合資会社・合名会社・合同会社（有限会社はかつては認められていて，存続は可能だが新設はできない）。株式会社では所有と経営の分離が進む（企業の出資者（＝株主）と経営者が異なる状況）。

自己資本（返済義務なし）：**株式の発行**や内部留保

他人資本（返済義務あり）：**社債の発行**や銀行からの融資など

➡ 株式や社債は**直接金融**，銀行などからの**融資は間接金融**

株主総会：会社の最高意思決定機関 ➡ 株主は**持株数に比例**した議決権を行使する

現代の企業…さまざまな国で活動を行う**多国籍企業**や，異業種の企業を**合併・買収（M&A）**し，多角的に活動する**コングロマリット**などが存在

また，企業の社会的責任（CSR）として，**コンプライアンス**（法令遵守）や内部告発の保護（**公益通報者保護法**），コーポレート・シチズンシップ（企業市民性，地域への貢献），メセナ（文化活動に対する支援），フィランソロピー（慈善事業）のほか，**環境保全**などへの配慮が求められている。

> **資本主義の歴史と理論**
>
> 　**資本主義**とは，私有財産制に基づき，利潤追求を原動力とする資本が支配する経済体制。イギリスの産業革命により進展し，資本家（使用者）と労働者の対立が発生。
> ➡ **アダム＝スミス：自由放任主義**の下，**小さな政府**（政府は経済に介入しない）が理想であると主張
> 　世界恐慌後，ブロック経済が形成され，先進国間の経済的分断が**第二次世界大戦の要因**となる。
> ➡ **ケインズ：有効需要**を政府が作るべきと主張。政府の積極的介入により，景気回復・雇用創出・国民福祉の増大を図る
> 　第二次世界大戦後，政府の役割が増大した（大きな政府，**混合経済**）。
> ➡ オイルショックを背景に**新自由主義**も台頭
> ➡ **フリードマン：マネタリズム**，政府支出の増大が経済成長を低下させると主張
> ▶日本では，1980 年代から公社民営化（JT，NTT，JR），1990 年代以降も規制緩和の推進（電話・航空事業の新規参入，郵政民営化），**構造改革特区**，**国家戦略特区**（内閣総理大臣主導）の導入などが進む。

■ 経済成長と国民所得

≫≫ 経済成長率

名目経済成長率　前年と比較した名目 GDP の伸び率

$$名目経済成長率（\%）＝\frac{今年の名目\,GDP－前年の名目\,GDP}{前年の名目\,GDP}×100$$

実質経済成長率　前年と比較した実質 GDP の伸び率，物価の変動も考慮

$$実質経済成長率（\%）＝\frac{今年の実質\,GDP－前年の実質\,GDP}{前年の実質\,GDP}×100$$

　物価の下落率が著しい場合，名目経済成長率が前年からマイナス成長であっても，物価の変動を考慮に入れた実質経済成長率がプラス成長になることがある（名目経済成長率と実質経済成長率の乖離）。

≫≫ 国民所得

三面等価の原則：国民所得について，生産・分配・支出の視点から分類。合計額は必ず同じになる

- **生産国民所得**：第一次産業所得（農林水産業など）・第二次産業所得（建設業など）・第三次産業所得（サービス業など）などで構成
- **分配国民所得**：雇用者報酬（サラリーマンの賃金など）・財産所得（利子など）・企業所得（会社など）で構成
- **支出国民所得**：消費（民間最終消費支出・政府最終消費支出）・投資（国内総資本形成）などで構成

ストック：過去の生産によって蓄積された資産で，特定の時点の総量を見る（国富は一国の
　　　　　資産をストックでとらえたもの）

国富＝実物資産（在庫＋住宅などの純固定資産＋土地などの再生不可能有形資産＋無形固定
　　　　資産）**＋対外純資産**（海外にある預金）

フロー：1年間に生産される付加価値の合計，GDP（国内総生産）やNI（国民所得）など

GNP（国民総生産）＝1年間の総生産額－中間生産物

> 日本国民が生産した1年間の付加価値の合計額を所得面からとらえるとGNI（国民総所得）

> 中間生産物とは，例えば時計を作る際のねじや，その原料の金属の価格のこと。これらの価格を総生産額にカウントされた時計の中間生産物として控除する

NNP（国民純生産）＝GNP－固定資本減耗
NI（国民所得）＝NNP－間接税＋補助金
GDP（国内総生産）＝GNP－海外からの純所得

> 製品などを生産することで機械が磨耗し（機械などの価値が失われ），企業はそれを補填するための投資をしている。それを一定の計算式で減価償却費（固定資本減耗）として差し引く

> 国内で生産された1年間の付加価値の合計額

> 海外からの純所得
> ＝国民が海外で得た所得
> 　－外国人が日本で得た所得

経済指標の問題点

　これらの指標では，公害対策費や医療費など，望まれざるものがカウントされている一方で，主婦の家事労働やボランティア，キャピタルゲイン（株売却益）など，モノとして計上されないものはカウントされていない。これらを解消するため，グリーンGDPやNNW（国民純福祉），GNH（国民総幸福）などが提唱されている。

●景気循環の理論と要因

キチンの波（短期波動）
　➡ 在庫投資の変動が原因，
　　 約40か月周期

ジュグラーの波（中期波動）
　➡ 設備投資の変動が原因，
　　 約10年周期

クズネッツの波
　➡ 住宅投資の変動が原因，
　　 約15〜25年周期

コンドラチェフの波（長期波動）
　➡ 技術革新が原因，
　　 約50年周期

景気循環の一周期

景気拡大
景気拡大
景気縮小

	好況期	後退期	不況期	回復期
賃金	高水準	下降	低水準	上昇
倒産	最少	多	最多	少
経済成長率の対前年比	＋	－	－	＋
GNP等の数値の対前年比	＋	＋	－	－

※極端な後退期のことを「恐慌」という

●インフレとデフレ

インフレーション　物価が持続的に上昇し，貨幣価値が下がる

　クリーピングインフレ：長期にわたり徐々に進行するインフレ（しのびよるインフレ）

　ギャロッピングインフレ：年率で数%～数10%物価が上昇するインフレ

　ハイパーインフレ：短期間のうちに物価が急激に上昇するインフレ

　スタグフレーション：不況下でありながら物価が上昇

　➡ インフレの影響として，定額所得者（年金生活者など）の生活苦，預金の価値の目減り

デフレーション　物価が継続的に下落し，貨幣価値が上がる

　デフレスパイラル：デフレにより景気が悪化し，さらにデフレとなり悪循環に陥る

金融

　金融とは，経済主体が他の経済主体に資金を融通すること。銀行による融資など。日本では間接金融の割合が高い。

直接金融：企業が株式などを発行し，必要な資金を直接，調達すること

間接金融：個人や企業が市中銀行に預けた預金が，企業などに融資されること

貨幣の機能

　価値尺度：財やサービスの価値をはかる「ものさし」

　貯蔵手段：価値をためておき，好きなときに財やサービスが得られる

　交換手段：商品（財）やサービスの交換の際に使用される

　支払手段：商品（財）やサービスを購入した際に清算のために使用される

●市中銀行の働き

　受信業務（預金の受け入れ），与信業務（資金の需要者に貸し付け），為替業務（他の金融機関への送金等），信用創造（銀行の融資が最初の預金よりも大きな預金通貨を生み出すこと）。

> （例）最初の預金額が100万円，預金準備率が10%のとき
>
> $$信用創造額 = \frac{最初の預金額}{預金準備率} - 最初の預金額$$
>
> $$= \frac{100万}{0.1} - 100万 = 900万（円）$$

日本銀行（日銀）：日本の中央銀行として，発券銀行（日本銀行券＝紙幣の発行）・銀行の銀行（市中銀行への融資など）・政府の銀行（国庫金の支出など）としての役割のほか，金融政策を行う

金融政策：景気や物価の安定をめざして行われる政策，好況時には金融引き締め政策，不況時には金融緩和政策を行う

金利政策：基準割引率および基準貸付利率（かつての公定歩合）の操作
　　　　　　好況時 ↗ 金利引き上げ　**不況時** ↘ 金利引き下げ
公開市場操作：市中銀行に対して有価証券（国債等）を売買
　　　　　　好況時 売りオペレーション　**不況時** 買いオペレーション
預金準備率操作：預金に対する準備金の割合の操作
　　　　　　好況時 ↗ 引き上げ　　　　**不況時** ↘ 引き下げ

金融ビッグバン：金融機関を保護する従来の政策（護送船団方式）から，金融の自由化への
　　　　　　　　流れのこと。特に 1990 年代後半の金融制度改革

ゼロ金利政策

　1990 年代後半，**金融緩和を目的**として，銀行間での金利を実質 0 ％近くまで下げる
ゼロ金利政策が実施された。2000 年代にはさらなる金融緩和政策として，**量的緩和政策**も導入された。

■ 財政（政府の経済活動）

>>> 財政の機能

①資源配分の適正化：**公共財**の提供

　　日本では**生産関連社会資本**（道路や港湾など）が充実している一方，**生活関連社会資本**（公園や下水道など）の整備に遅れがある。

②所得の再分配

　　累進課税制度（高所得者は多額の納税／財政の歳入面）と，**社会保障制度**（低所得者への財・サービス給付／財政の歳出面）。

　➡ これが機能すると，自動的に景気が安定する（ビルト・イン・スタビライザー）

③フィスカル・ポリシー（裁量的財政政策）：増減税・公共投資増減などで意図的に景気を安定させる

>>> 日本の財政

歳入：税収や国債の発行などによってまかなわれる

歳出：**社会保障，国債費，公共事業**，防衛などに使われる

●租税

　納税者と税負担者が同じ**直接税**と，納税者と税負担者が異なる**間接税**がある。国・地方とも直接税の割合のほうが高い。

国税：直接税（所得税・法人税など）／間接税（消費税・酒税など）

地方税：直接税（住民税・固定資産税など）／間接税（地方消費税・入湯税など）

租税の水平的公平原則：所得が同じなら納税額は同じ

➡ 実際には，**クロヨン**（税捕捉率がサラリーマン 9 割・自営業 6 割・農業 4 割）と言われるように不公平が生じており，所得が同じでも納税額はサラリーマンが多いとされる

租税の垂直的公平原則：経済力に応じた納税，累進課税など。なお，消費税は**逆進性**をもつ

●**国債**

戦前の反省を踏まえ，原則として発行禁止。

建設国債：公共事業のために国会の承認を経て発行が認められる国債

赤字国債：赤字分を穴埋めするための国債

　　　　➡ 原則として**特例法**を制定して発行（**特例国債**）

市中消化の原則（口銀新規引き受けの禁止）

➡ インフレに直結するので，日本銀行が国債を国から直接買うことはない

〔国債発行の問題点〕

①**財政の硬直化**：国債費の負担が重くなり，国民の福祉実現のための支出が制約される

②**クラウディング・アウト**

　　　政府が国債を大量に売却するために国債の利子を上げると，銀行の預金量が減るので，銀行が預金金利を上げ，貸出金利も上がる。その結果，企業が銀行から融資を受けにくくなる現象（民間の資金需要を抑制するおそれ）。

③**プライマリー・バランス**（基礎的財政収支）

　　　歳入・歳出のうち，国債に関連する部分を除いた収支。これが均衡していれば，租税などの歳入だけで歳出をまかなえることを意味し，財政の健全化を示す指標となる。プライマリー・バランスが赤字であれば，国債発行残高は増えることになる。なお，現在は赤字。

財政改革

①**時のアセスメント**による公共事業の見直し（ダム建設中止など）

②**PFI**（プライベート・ファイナンス・イニシアティブ）

　➡ 公共施設の建設・運営に民間の資金・経営能力・技術を活用

③**財政投融資改革**（かつては「**第二の予算**」と言われた）

　➡ 各法人が**財投機関債**を発行し，市場で資金を調達するのが原則に（例外あり）

第8章 経済のしくみ

80 生徒Yは，政府による価格への介入の影響を考えるために次の図を作成した。後のメモは，図をもとにYがまとめたものであり，空欄 $\boxed{\text{ア}}$ には図中の記号 $Q_0 \sim Q_2$ のいずれかが当てはまる。メモ中の空欄 $\boxed{\text{ア}}$・$\boxed{\text{イ}}$ に当てはまる記号と語句との組合せとして最も適当なものを，後の①〜⑥のうちから一つ選べ。

図

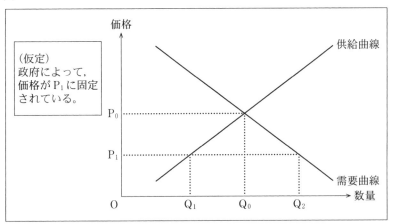

メモ

　政府による価格への介入によって，価格が P_1 に固定されると，取引される財の数量は $\boxed{\text{ア}}$ となる。このとき，この財の市場では $\boxed{\text{イ}}$ が発生していることになる。

① アー Q_0　　イー 超過需要　　② アー Q_0　　イー 超過供給

③ アー Q_1　　イー 超過需要　　④ アー Q_1　　イー 超過供給

⑤ アー Q_2　　イー 超過需要　　⑥ アー Q_2　　イー 超過供給

〔2023 年度本試験 政治・経済〕

81 生徒 X は，余暇時間と労働から得られる所得とが消費行動に与える影響について，身近な映画館のケースを需要の価格弾力性の分析に当てはめて考え，次のメモを作成した。メモ中の図は異なる二本の需要曲線（D_1 と D_2）を描いたものである。空欄　ア　～　ウ　に当てはまる記号と語句との組合せとして正しいものを，後の①～⑧のうちから一つ選べ。

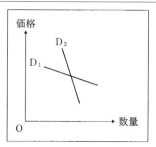

　図中の D_1 と D_2 を比較すると，需要の価格弾力性が高いのは　ア　である。なぜなら，同じ価格の下での価格の変化に対する数量（需要量）の変化がもう一方と比較して　イ　からである。

　D_1 と D_2 を異なる集団の人たちの需要曲線と考えてみる。たとえば，高校生と社会人という異なる二つの集団の需要曲線がそれぞれ D_1 と D_2 のいずれかとする。

　高校生は，社会人に比べて自由に使えるお金が少なく，自由に使える時間が多いと仮定する。映画館の料金では，学生割引が設定されている場合がある。映画館は高校生の需要曲線が　ウ　であると想定し，入館者と収益の増加を期待していると考えることができる。

①	ア－D_1　イ－大きい　ウ－D_1		②	ア－D_1　イ－大きい　ウ－D_2
③	ア－D_1　イ－小さい　ウ－D_1		④	ア－D_1　イ－小さい　ウ－D_2
⑤	ア－D_2　イ－大きい　ウ－D_1		⑥	ア－D_2　イ－大きい　ウ－D_2
⑦	ア－D_2　イ－小さい　ウ－D_1		⑧	ア－D_2　イ－小さい　ウ－D_2

〔2023 年度追試験 政治・経済〕

82 生徒 X は，「外部経済」「外部不経済」「情報の非対称性」「独占・寡占」に起因する市場の失敗に関心をもち，市場の失敗の事例と思われるものとして，次のア～エのカードを作成した。「情報の非対称性」と関連するカードとして最も適当なものを，一つ選べ。

ア　携帯電話の発売開始当初は，事業者が一社だった。その後も数社に限定されていた。乗用車の生産も数社でほとんどを占めている。事業者が少数の時は，市場メカニズムが働きにくい。

イ　中古車の売買では，買い手が売り手に聞かない限りわからない修復歴やエンジンの不具合などがありうるので，買い手が見た目だけでは中古車の良し悪しを判断できない場合も多い。

> ウ　最近，近くに工場ができて，大型トラックの通行量が増えた。この工場に出入りするトラックの通行によって交通渋滞が頻繁に発生し，交通事故の件数も工場ができる前に比べて増加した。

> エ　各家庭が夜間に街路に面した外灯を点灯することにより，この地域の夜間における犯罪の発生件数が減少した。地域住民らは，以前よりも安心して生活できるようになった。

〔2022 年度追試験 政治・経済 改〕

83 日本の会社企業に関する次の記述 A～C のうち，正しいものはどれか。当てはまる記述をすべて選べ。

A　会社設立時の出資者がすべて有限責任社員である会社は，株式会社という。

B　会社設立時の出資者がすべて無限責任社員である会社は，合名会社という。

C　会社設立時の出資者が有限責任社員と無限責任社員である会社は，合同会社という。

〔2019 年度本試験 政治・経済 改〕

84 次の表は，ある国の経済状況（名目 GDP，人口，GDP デフレーター，実質 GDP，名目 GDP 成長率，実質 GDP 成長率）を示しており，通貨の単位にはドルを用いているものとする。なお，この国では，2015 年と 2016 年の一人当たりの名目 GDP が同じである。表中の a～c に当てはまる数字として正しいものを，それぞれ一つ選べ。

	名目 GDP（億ドル）	人口（百万人）	GDP デフレーター	実質 GDP（億ドル）	名目 GDP 成長率(%)	実質 GDP 成長率(%)
2015 年	500	b	100	500		
2016 年	a	47	94	500	−6	0
2017 年	494	45	95	520	5	c

(注)　2015 年が基準年で，2015 年の GDP デフレーターを 100 とする。数値は小数点以下を四捨五入している。2015 年の「＼」は値が明示されていないことを意味する。

a　① 450　　② 470
b　① 49　　② 50
c　① 1　　② 4

〔2021 年度本試験（第 1 日程）政治・経済 改〕

第8章

<input type="checkbox" /> **85** 生徒Yは，財政の三つの機能を説明する**資料ア～ウ**を入手し，経済安定化機能の資料として**ア**を使用することにした。そして，**資料イとウ**を財政の他の機能を説明するために使おうとしている。**資料イとウ**の活動や仕組みが果たす機能として最も適当なものを，それぞれ一つ選べ。

資料ア　税と景気の関係

（出所）　名古屋国税局ほか発行「令和2年度ハロー・タックス」のイラストにより作成。

資料イ　地方自治体の消防　　　　　**資料ウ**　日本の所得税の税率（2020年）

	5%	10%	20%	23%	33%	40%	45%
課税される所得金額（千円）	1～1,949	1,950～3,299	3,300～6,949	6,950～8,999	9,000～17,999	18,000～39,999	40,000以上

（出所）　上越地域消防事務組合Webページにより作成。　　（出所）　国税庁Webページにより作成。

イ	① 所得再分配機能	② 価格の自動調節機能	③ 資源配分機能
ウ	① 資源配分機能	② 所得再分配機能	③ 価格の自動調節機能

〔2022年度追試験　政治・経済　改〕

<input type="checkbox" /> **86** 生徒Yは，次の**資料**をもとに，社会保障の費用とその財源について学んだ。また，授業では，政府が基礎的財政収支（プライマリーバランス）の黒字化を目標にしていることも言及された。国の一般会計予算における社会保障の費用の増加額について**資料**から読みとれる内容として正しいものを後の**アかイ**，基礎的財政収支の黒字の状態を示した図として正しいものを後の**図a**か**図b**から選び，その組合せとして最も適当なものを，後の①～④のうちから一つ選べ。

資料

国の一般会計予算の比較（単位：兆円）				
歳　入	租税及び印紙収入		公債金	その他
	消費税	所得税等		
平成 2 (1990) 年度	5.3	51.1	5.6	4.3
令和 2 (2020) 年度	21.7	41.8	32.6	6.6

歳　出	国債費	地方交付税交付金等	社会保障	公共事業，教育，防衛など
平成 2 (1990) 年度	14.3	15.3	11.6	25.1
令和 2 (2020) 年度	23.4	15.8	35.9	27.6

（出所）　財務省 Web ページにより作成。

ア　社会保障の費用の増加額は，消費税の増加額よりも大きい。

イ　社会保障の費用の増加額は，消費税の増加額よりも小さい。

図 a	図 b

（注）　**図 a**，**図 b** ともに，政策的経費とは，社会保障や公共事業をはじめさまざまな行政サービスを提供するための経費などである。

① **ア**と図 a 　　② **ア**と図 b 　　③ **イ**と図 a 　　④ **イ**と図 b

〔2023 年度追試験　政治・経済〕

87　生徒 X と生徒 Y は，日本銀行による金融政策の主な手段である公開市場操作（オープン・マーケット・オペレーション）について話し合った。空欄　**ア**・**イ**　に当てはまる語句として最も適当なものを，それぞれ一つ選べ。

　　X：日本銀行は，買いオペレーションや売りオペレーションによって，個人や一般

企業が保有する通貨量を変動させているようだね。

Y：そうかな？　たしかに，買いオペは金融 ア の効果が期待できると言われ
　　ているけど，日本銀行が市中銀行から国債を買い入れると，確実に増加するの
　　は市中銀行が保有する日銀当座預金の残高だね。

X：それは個人や一般企業が保有する通貨量，つまり イ が増加すると考えて
　　よいのかな。

Y： イ が増加するかどうかは，個人や一般企業の資金需要と市中銀行の貸出
　　が増加するかどうかによるよ。

X：それなら，日本銀行の公開市場操作は イ を直接的に増減させるものでは
　　ないということだね。

 ア ① 緩 和　　　　　　　　② 引 締
 イ ① マネーストック　　　② マネタリーベース

〔2022年度本試験 政治・経済 改〕

88 次の表のように，銀行Aが2,000万円の預金（本源的預金）を受け入れ，支
払準備率を20パーセントとして企業に貸し出すとする。この貸出金は，企業
の取引の支払いに充てられ，支払いを受け取った別の企業によって銀行Bに全額，預
金されるとする。銀行Bはこの預金をもとに企業への貸出しを行い，同様の過程を経
て，銀行Cに預金がなされる。銀行の支払準備率をすべて20パーセントで一定とす
ると，この過程が次々と繰り返された場合，信用創造で作り出された銀行全体の預金
の増加額として正しいものを，下の①〜④のうちから一つ選べ。

銀 行	預 金	支払準備金	貸出金
A	2,000万円	400万円	1,600万円
B	1,600万円	320万円	1,280万円
C	1,280万円	256万円	1,024万円
⋮	⋮	⋮	⋮

① 4,000万円　② 4,880万円　③ 8,000万円　④ 9,600万円

〔2019年度本試験 政治・経済〕

89 生徒Xは，2011年3月と2021年3月における日本国債の保有者構成比および保有高を調べ，次の図を作成した。図に示された構成比の変化に関する記述として最も適当なものを，後の①〜④のうちから一つ選べ。

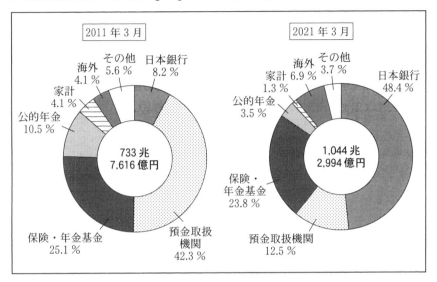

（出所）　日本銀行Webページにより作成。

① 日本銀行の金融引締め政策を反映しており，日本銀行が日本政府の発行した国債を直接引き受けた結果である。

② 日本銀行の金融緩和政策を反映しており，日本銀行が民間金融機関から国債を購入した結果である。

③ 日本銀行の金融引締め政策を反映しており，日本銀行が民間金融機関に国債を売却した結果である。

④ 日本銀行の金融緩和政策を反映しており，日本銀行が日本政府の発行した国債を直接引き受けた結果である。

〔2023年度本試験　政治・経済〕

第8章　経済のしくみ

解答解説

80 《市場機構》　正解は③

ア．価格が P_1 になると供給量は Q_1 になる。このとき，Q_1 を上回る Q_2 の需要があるが Q_1 しか生産されないので，取引される財の数量は Q_1 となる。

イ．価格が P_1 のとき需要量は Q_2 になるので，$Q_2 - Q_1$ の超過需要が発生していることになる。

81 《価格弾力性》　正解は①

ア・イ．「価格弾力性が高い」とは，価格の変化に応じて需要が大きく変化することをいい，贅沢品などが該当する（本問では D_1）。一方，生活必需品のような，価格が変化しても需要量がそれほど大きく変化しないものは，価格弾力性が低い（需要が非弾力的）という。

ウ．「学生割引」という言葉に注目する。高校生は自由に使えるお金が少なく，正規料金であれば映画を見る人は少ないが，割引があれば入館者は増えると考えられる。この状況を D_1 と D_2 のどちらが表しているかを考えると，価格弾力性が高い D_1 である。

以上より，①が正しい。

82 《市場の失敗》　正解はイ

情報の非対称性とは，経済主体の間でもっている情報の量・質に違いがあることである。よって，イが適当。

ア．独占・寡占の事例である。

ウ．他の経済主体から，市場を通さず（対価を得ず）に不利益を被る**外部不経済**の事例である。

エ．他の経済主体から，市場を通さず（対価を払わず）に利益を受ける**外部経済**の事例である。

83 《会社》　**正解は** B

A．**誤文**。会社設立時の出資者がすべて有限責任社員である会社は，株式会社のほかに**合同会社**もある。合同会社は定款で経営ルールを自由に設定でき（**定款自治**），創意などの貢献を配当に反映できるという特徴があり，大学・研究機関のベンチャー企業や米国企業の日本法人などに多い。

B．**正文**。**合名会社**は小規模で，組合としての色彩が強く，持分譲渡には全出資者の承認を要する。

C．**誤文**。合同会社ではなく**合資会社**の説明である。

84 《経済成長率》　**正解は，** a ─② 　b ─② 　c ─②

a．実質 GDP $= \dfrac{\text{名目 GDP}}{\text{GDP デフレーター}} \times 100$ より，$500 = \dfrac{a}{94} \times 100$

　　よって，a ＝ 470 となる（②適当）。

b．一人当たりの名目 GDP は，「名目 GDP ÷ 人口」で求められるので，2016 年は 470 ÷ 47 ＝ 10 である。設問より，2015 年の一人当たりの名目 GDP は 2016 年と同じなので，500 ÷ b ＝ 10 より，b ＝ 50 となる（②適当）。

c．実質 GDP 成長率 $= \dfrac{\text{本年の実質 GDP} - \text{前年の実質 GDP}}{\text{前年の実質 GDP}} \times 100$ より，

　　$c = \dfrac{520 - 500}{500} \times 100 = 4$ となる（②適当）。

85 《財政の機能》　**正解は，**イ ─③ 　ウ ─②

　まず，財政には「価格の自動調節機能」はないので，**イ ─②**，**ウ ─③**は除外する。

資料イ．利潤追求を目的とする民間の経済活動では十分に供給されにくい公共財を政府が供給し，市場の働きでは不十分な資源配分を補い，適切な資源配分を実現する機能（資源配分機能）を説明するための資料である（③適当）。

資料ウ．高所得者に高い税率を求める累進課税を示す資料である。歳入面で累進課税，歳出面で社会保障給付を組み合わせることにより，自由競争で生じる所得格差を是正する機能が所得再分配機能である（②適当）。

第8章

86 《基礎的財政収支》 正解は②

財政に関する資料を読み取る力が必要とされる問題。

資料より，1990年度と2020年度の歳出を比べると，社会保障費は24.3兆円増えている。一方，歳入での消費税の増加分は16.4兆円にとどまっている。以上より，アが正しい。

次に図を見ていく。プライマリーバランス＝税収等－政策的経費で求められる。これが黒字というのは，政策的経費よりも税収等の方が多い状況にあるということ。以上より，図bがプライマリーバランスの黒字を示しているとわかる。

87 《金融政策》 正解は，アー① イー①

ア．日本銀行が市中銀行から国債を買い入れる買いオペレーションには，市場に資金を供給し金利を下げる金融緩和の効果が期待される（①適当）。

●公開市場操作

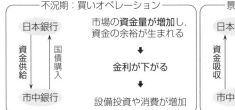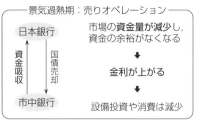

イ．「個人や一般企業が保有する通貨量」とはマネーストックのこと。マネタリーベースは日本銀行が供給する通貨（流通現金と日銀当座預金の合計）のことである（①適当）。

88 《信用創造》 正解は③

信用創造総額＝$\dfrac{\text{本源的預金}}{\text{支払準備率}}$より，信用創造総額は1億円。

信用創造額＝信用創造総額－本源的預金＝8,000万円

89 《国債と金融政策》　正解は②

①**不適**。財政法第 5 条は，日本銀行が国債を直接引き受けることを原則として禁止している（**市中消化の原則**）。また，日本銀行は，リーマン・ショックによる景気悪化を懸念して，2010 年代に量的・質的金融緩和に代表されるような金融緩和政策をとってきた。

②**適当**。図中の預金取扱機関とは，民間金融機関の中核をなす**市中銀行**などのこと。2021 年の預金取扱機関の構成比が 2011 年の約 3 分の 1 になっているのに対し，日本銀行の構成比は約 6 倍になっている。図から保有高の変化を概算すると，預金取扱機関の保有高は約 308 兆円（734 兆円×42 ％）→約 136 兆円（1044 兆円×13 ％）に減少している一方，日本銀行の保有高は約 59 兆円（734 兆円×8 ％）→約 501 兆円（1044 兆円×48 ％）に増加している。政府が国債の大量発行を続けるなか，日本銀行は長期利の上昇を抑えるため，民間金融機関から国債を大量に購入していたことがうかがえる（金融緩和政策の一つである**買いオペレーション**）。

③**不適**。日本銀行が民間金融機関に国債を売却していたら，2021 年 3 月には日本銀行の保有高は減っているはずであるが，実際には増加している。

④**不適**。①で述べた通り，市中消化の原則から誤りであるとわかる。

下の円グラフを見ると，2023 年 3 月末の日本銀行の国債の保有割合が 53.3％となっている。ここから，問題で示された 2021 年以降も，「買いオペレーション」が積極的に実施されていることがうかがえる。直接国債を購入できないはずの中央銀行が，国債の半分以上を保有している状況について，論理的に説明できるようにしよう。

日本国債の保有者構成比および保有高

2023 年 3 月

家計
1.2%
公的年金
4.2%
海外
7.2%
その他
3.4%
日本銀行
53.3%
1,079 兆
9,593 億円
保険・
年金基金
21.9%
預金取扱機関
8.9%
（日本銀行 Web ページにより作成）

第9章　日本経済の歴史　　まとめ

戦前の日本経済

　特徴として，政府主導の近代化（**八幡製鉄所・富岡製糸場**などの官営模範工場を設立，民間に売却），ソーシャル・ダンピング（低賃金労働を強制），寄生地主制，二重構造（財閥と中小企業の格差）などがある。

〈第一次世界大戦期〉

　工業化が進展（農業国から工業国に移行），輸出が急増し，債務国から債権国に移行。

〈戦間期〉

- 世界恐慌（1929年）により，金兌換を停止，**管理通貨制度**に移行（1931年）
- 財閥に対する批判の高まりと，新興財閥の台頭

〈第二次世界大戦期〉

　重化学工業化の進展，産業の統制，国家総動員法の制定など。

戦後の日本経済

　敗戦直後は金融緊急措置令などのインフレ対策がとられたが，効果は一時的であった。

傾斜生産方式：石炭・鉄鋼などの基幹産業に資源を配分したが，資金供給増からインフレに

GHQの政策

- 経済の民主化（**財閥解体・農地改革・労働組合育成**）
- ガリオア，エロアなど，日本を含めた占領地域への資金援助 ➡ 補助金と対日援助に依存する不安定な経済状態（**竹馬経済**）

ドッジ・ライン

- 竹馬経済からの脱却をめざす
- 財政赤字を出さない（公債を発行しない）**超均衡財政**の実現
- 単一為替レートを採用（1ドル＝360円）➡ 深刻な不況に（ドッジ不況）

朝鮮特需

- **朝鮮戦争**（1950年～，1953年停戦）時の特別需要
- 朝鮮半島の近隣で武器などを調達したいアメリカから特需がまいこみ，その後好景気をむかえた

●第一次高度経済成長

　朝鮮戦争で得た利益を民需部門の開発に投入し，成功をおさめた。

神武景気（1954〜1957年）：「もはや戦後ではない」（1956年版『経済白書』）

岩戸景気（1958〜1961年）：1960年，池田勇人内閣が国民所得倍増計画を策定
　　　　　　　　　　　　　　　　　　「投資が投資を呼ぶ」（1960・1961年版『経済白書』）

オリンピック景気（1962〜1964年）

　1963年　GATT 12条国 ➡ 11条国に（輸入制限が許されない国になる）

　1964年　IMF 14条国 ➡ 8条国に（為替制限が許されない国になる）

　　　　　OECD（経済協力開発機構）加盟，東京五輪開催，先進国の仲間入り

　この時期の高成長が長続きしなかった理由として，国際収支の天井という問題があった。

つまり，他国から機械を購入するため輸入が増大し，国際収支は赤字となる ➡ 外貨準備（日

本が保有する外貨）が少なくなるので，金融引き締め ➡ 景気が停滞。

●第二次高度経済成長

いざなぎ景気（1965〜1970年）：57か月続いた高成長 ➡ 1968年に日本のGNPは西ドイツ
　　　　　　　　　　　　　　　　　　を抜き，アメリカに次ぐ西側諸国第2位に

高成長の背景

- 輸出主導の高成長………後の貿易摩擦の原因となる
- 国際収支の天井の克服…輸出増加による外貨準備の安定
- 政府による支援…………建設国債の発行により公共投資拡大
- 質の高い労働力…………低賃金で勤勉な労働力が農村部から流入
- 技術輸入…………………アメリカなどから先進的な技術や設備を積極的に導入
- 単一為替レート…………日本の経済力に比べて円のレートは相対的に低かった
- 高い貯蓄率………………企業の活発な設備投資につながる
- 耐久消費財の普及………三種の神器（白黒テレビ・電気冷蔵庫・電気洗濯機），3C
　　　　　　　　　　　　　（カー〔自動車〕，クーラー，カラーテレビ）

▶▶▶ 石油危機（オイル・ショック）と安定成長

1971年　ニクソン・ショック（ドル・ショック）による単一為替レートの崩壊
　　　　「為替リスク」発生 ➡ 輸出額減少による景気悪化，日銀による金融緩和

1973年　第一次石油危機（第四次中東戦争が契機となり，原油価格が約4倍に高騰）
　　　　原材料としての石油のコストが上昇し，製品価格に転嫁（狂乱物価）
　　　　➡ 景気悪化
　　　　不況とインフレが同時に起こるスタグフレーション発生，日銀は金融引き締め

1974年　戦後初めて実質経済成長率が前年を下回るマイナス成長

1979年　第二次石油危機（イラン革命により原油価格が約2.5倍になる）

●石油危機後の対応

①**重厚長大型**（**資本集約型**）から**軽薄短小型**（**知識集約型**）への転換

　　コンピュータ制御による生産の自動化としての ME（マイクロエレクトロニクス）革命，FA（ファクトリー・オートメーション）化（＝工場の自動化，ロボット導入率上昇），OA（オフィス・オートメーション）化（＝事務の自動化），POS システム（Point of Sale System，販売時点情報管理システム）の導入などが進んだ。

　企業の**減量経営**：配置転換や新卒採用抑制による人件費削減など

　輸出主導型の経済回復 ➡ 貿易摩擦の原因に

　赤字国債の本格発行：公共事業増加 ➡ 先進国でいち早く景気回復

　金融緩和政策：公定歩合を低い水準に設定

②産業構造の高度化，経済の**ソフト化・サービス化**

　ソフト化：知識や情報の生産が中心となる傾向

　サービス化：教育・企画と研究開発（R&D），情報処理・レジャー産業など，直接財を生
　　　　　　　産しないサービスの比重が高まる ➡ 第三次産業人口の増加

> 【ペティ・クラークの法則】
> 　経済の発達につれて就業人口の比重が第一次産業から第二次産業，第三次産業へと移っていくこと。過去に，農業・工業・商業の順に収益が高くなることを指摘していたペティの説をもとに，クラークが指摘した。

● 1980 年代の日本経済

　プラザ合意（1985 年）は，双子の赤字（**財政赤字と貿易赤字**）を抱えていたにもかかわらず，ドル高となっていたアメリカへの対処として，ドル高是正を行うことを取り決めたもの。アメリカ・イギリス・フランス・西ドイツ・日本の財務大臣・中央銀行総裁が参加し，各国が外国為替相場へ介入することを確認した。

➡ 日本では，ドル売り・円買い介入 ➡ 急激な円高に

円高になると	2000 円の商品をアメリカに輸出	20 ドルの商品を日本が輸入
1 ドル＝200 円 ↓ 1 ドル＝100 円	2000 円＝10 ドル ↓ 2000 円＝20 ドル	20 ドル＝4000 円 ↓ 20 ドル＝2000 円
	アメリカにとって値上げ →日本の輸出は減少	日本にとって値下げ →日本の輸入は増加

　輸出が減少し，輸出主導型経済の日本は一気に不況になった（円高不況）。

➡ 輸出をメインとしていた製造業が相次いで海外に脱出（産業の空洞化）

➡ アメリカの貿易赤字がそれほど解消されなかったため，日本は国内の需要拡大を求められる（内需拡大要求）。また，輸出主導型経済からの脱却を提言する**前川レポート**の発表

➡ 円高不況克服の必要性が生じた

●バブル経済（景気）

（円高不況への対処）

- 国内の需要を拡大するための景気刺激政策が導入される（金融緩和が中心）
- 日本銀行は公定歩合の引き下げを行う（当時，史上最低を記録）

➡ これらに連動して，市中銀行も低金利で企業などに過剰な融資を行ったことで，市場に大量の円が余る

➡ 円余りのなかで，銀行預金よりも土地・株式に人気が集中し，地価・株価急騰（バブル経済発生）

（バブル景気（平成景気）の特徴）

①資産格差の拡大（土地や株を所有する者としない者の間で経済格差が拡大）

②資産効果の発生（資産価値の増加に伴い消費拡大）

　　ただし，円高による輸入品価格の下落などもあり，**消費者物価は比較的安定**していた（一般庶民にとってはそれほど大きな影響がなかった）。

バブル経済崩壊：日本銀行の公定歩合引き上げ，政府による地価税の創設などが要因

➡ 地価・株価急落 ➡ バブル経済崩壊により融資先企業が倒産し，**不良債権**（回収困難な債権）を抱えた銀行は融資に消極的になる（貸し渋り）

➡ 中小企業を中心に倒産数が増加 ➡ 深刻な不況（平成不況）に突入

平成不況：**デフレの進行**や株価低迷により，デフレ・スパイラルに突入。「**失われた10年**」「**失われた20年**」とも呼ばれる経済状況が続く

● 2000年代の日本経済

- **実感なき景気回復**（2002～2008年）

　　戦後最長の景気拡大期であったが，実質経済成長率は1～2％で，多くの国民にとっては「実感なき景気回復」だった。

- **世界金融危機**（リーマンショック，2008年）

　　サブプライムローン問題を契機に，世界金融危機（リーマンショック）が発生した。

➡ 日本も影響を受けてマイナス成長に

- **東日本大震災，福島第一原子力発電所事故**（2011年）

　　福島第一原発の事故を受けて全国の原発が停止し，火力発電に代替したことにより，天然ガスなどの燃料の需要が増加 ➡ 輸入の拡大や輸出の低下により，**貿易収支は赤字に**。

第9章 日本経済の歴史　演習問題

90 対日占領政策の主要な目的は，非軍事化や経済民主化であったが，冷戦の激化とともに，西側諸国の一員としての経済復興も重視されることとなった。この点を踏まえ，この時期の出来事ア～ウを古いものから順に並べたとき，その順序として正しいものを，下の①～⑥のうちから一つ選べ。

ア　労働組合法の制定

イ　傾斜生産方式の開始

ウ　経済安定9原則の指令

① ア→イ→ウ　　② ア→ウ→イ　　③ イ→ア→ウ

④ イ→ウ→ア　　⑤ ウ→ア→イ　　⑥ ウ→イ→ア

〔2018年度本試験 政治・経済〕

91 高度経済成長期についての日本の記述として**誤っているもの**を，次の①～④のうちから一つ選べ。

① 実質経済成長率が，平均して年率10％前後という高い経済成長により，GNP（国民総生産）がアメリカに次ぐ資本主義国第二位となった。

② 第二次産業では，繊維や雑貨などの軽工業にかわって，機械，金属，化学などの重化学工場が発展した。

③ 1960年代前半までは，好景気により経常収支が赤字となると景気を引き締めざるをえないという「国際収支の天井」が問題となった。

④ 1960年代後半には，資本の自由化が進む中で企業間の株式の相互持ち合いが解消された。

〔2020年度追試験 政治・経済〕

92 高度経済成長期の日本の経済社会についての記述として最も適当なものを，次の①～④のうちから一つ選べ。

① この期の後半に出現した大型景気は神武景気と呼ばれる。

② 「三種の神器」と呼ばれる耐久消費財が普及した。

③ IMF8条国への移行に伴って，為替管理が強化された。

④ コンビナートが内陸地域を中心に建設された。

〔2018年度本試験 政治・経済〕

93 次の板書は 1980 年代におけるバブル経済の発生経緯について書かれたものである。 X ・ Y に入るものの組合せとして最も適当なものを，下の①
～⑧のうちから一つ選べ。

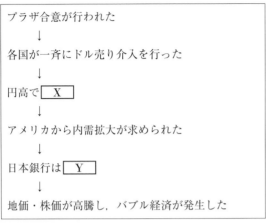

プラザ合意が行われた
↓
各国が一斉にドル売り介入を行った
↓
円高で X
↓
アメリカから内需拡大が求められた
↓
日本銀行は Y
↓
地価・株価が高騰し，バブル経済が発生した

	X	Y
①	不況となり，貿易赤字に転落した	高金利政策を採った
②	不況となったが貿易は黒字のままであった	高金利政策を採った
③	好況となり，貿易赤字に転落した	高金利政策を採った
④	好況となったが貿易は黒字のままであった	高金利政策を採った
⑤	不況となり，貿易赤字に転落した	低金利政策を採った
⑥	不況となったが貿易は黒字のままであった	低金利政策を採った
⑦	好況となり，貿易赤字に転落した	低金利政策を採った
⑧	好況となったが貿易は黒字のままであった	低金利政策を採った

〔本書オリジナル〕

94 バブル経済の後の日本経済についての記述として**誤っているもの**を，次の①～
④のうちから一つ選べ。

① 不良債権の処理に行き詰まった銀行が経営破綻した。

② 自己破産の増加や多重債務の問題に対応するために，貸金業法が改正された。

③ 会社法が制定され，株式会社設立のための最低資本金額が引き上げられた。

④ 低成長ながら戦後で最も長い期間にわたる好景気があった。

〔2016 年度追試験　政治・経済〕

95

生徒Xは，1980年から2019年の日本の完全失業率とインフレ率（対前年消費者物価上昇率）の推移を調べて次の二つの図を作成した。図1は，横軸に時間を，縦軸に完全失業率とインフレ率をとり，これらの推移を示している。図2は，インフレ率と完全失業率の関係をとらえるために，横軸に完全失業率，縦軸にインフレ率をとり，両者の関係を散布図として表したものである。これらの図をもとに日本経済の状況を考察した記述として最も適当なものを，後の①〜④のうちから一つ選べ。

図1

図2

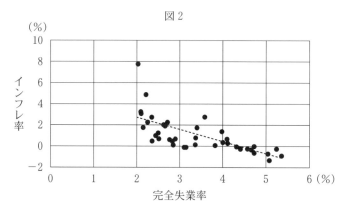

（注）　図2の点線は，インフレ率と完全失業率の関係をわかりやすくするために引いている。

（出所）　IMF Web ページにより作成。

① 消費税率が5パーセントに引き上げられた1997年や8パーセントに引き上げられた2014年には，消費税率の引上げ幅にほぼ見合った消費者物価の上昇が記録された。このように間接税の導入や税率の上昇により消費者物価が上昇する現象は，ディマンド・プル・インフレーションと呼ばれる。

② 1980年から2019年では，完全失業率が上昇するときにはインフレ率が低下し，逆に完全失業率が低下するときにはインフレ率が上昇するという関係がおおよそ成立しているといえる。このように完全失業率とインフレ率の間に負の関係が観測される現象は，スタグフレーションと呼ばれる。

③ 1990年代初めにバブル経済が崩壊して以降2019年まで，完全失業率は上昇傾向を示している。とくに，リーマン・ショック後の世界的金融危機の影響を受けた景気後退によって，完全失業率は大きく上昇した。このように景気後退に伴って完全失業率が上昇する現象は，ハイパーインフレーションと呼ばれる。

④ 1990年代半ば以降，マイナスのインフレ率が複数回観測されたが，消費者物価の下落は企業収益の減少と雇用の縮小につながり，完全失業率が上昇する傾向がある。雇用の縮小は消費財への需要を減少させるので，さらに消費者物価の下落をもたらす。これらが連鎖的に続いていく現象は，デフレスパイラルと呼ばれる。

〔2022年度追試験 政治・経済〕

96 財政においては，雇用や生活への影響だけではなく，経済危機への対処も重要である。日本では，1990年代初頭にバブル経済が崩壊した後，銀行の不良債権処理や貸し渋りの問題に対処するため，公的資金が投入された。

　生徒たちは，銀行のバランスシート（貸借対照表）の動きを表した次の模式図を用いて，不良債権処理と貸し渋りの問題について考えることにした。なお，簡略化のため，銀行の負債はすべて預金，純資産は資本金のみとする。この図では，銀行の貸出債権が経済不況時に不良債権化し，その不良債権が処理されるまでの流れが示されている。不良債権となっている資産を最終的に消滅させるために費用が発生し，その費用が大きければ損失が発生し資本金を減少させることがある。その減少が多額であれば，資本金を増やすために公的資金が投入されることもある。

　以上の説明と次の模式図を踏まえて，不良債権問題に関連する記述として最も適当なものを，後の①〜④のうちから一つ選べ。

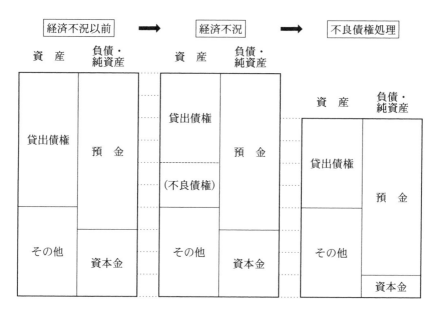

① 不良債権処理によって貸出債権を含む総資産に対する資本金の比率が低下すると，新たな貸出しが抑制される傾向がある。

② 貸出債権の一部を不良債権として資産から取り除く結果，経済不況以前と比べて貸出債権の残高が減少することを貸し渋りという。

③ 不良債権処理によって資本金が減少する場合，預金に対する自己資本の比率に関する BIS 規制の遵守のため，資本金を増やす必要がある。

④ 貸出債権の一部を不良債権として資産から取り除くと，預金に対する貸出債権の比率が高くなるため，貸出債権を減らす必要がある。

〔2021 年度本試験（第1日程）政治・経済〕

☐
☐ **97**　次の図は，1965 年から 2000 年までの日本の消費者物価指数と企業物価指数の変動率（いずれも対前年比）の推移を示したものである。この図から読みとれる内容として正しいものを，下の①〜④のうちから一つ選べ。

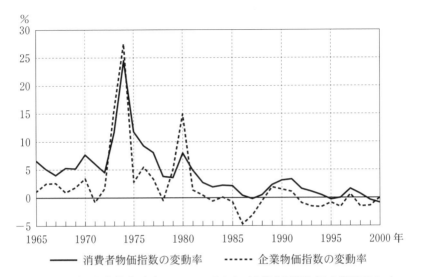

（資料）　消費者物価指数（総務省 Web ページ）および企業物価指数（日本銀行 Web ページ）により作成。

①　プラザ合意後の円高不況の期間には，消費者物価指数の変動率が企業物価指数の変動率を下回ることがあった。

②　平成不況と呼ばれる景気が悪化した期間には，企業物価指数の変動率はマイナスになることがあった。

③　スミソニアン協定が締結された年には，消費者物価指数の変動率は 3 パーセントよりも低かった。

④　第二次石油危機の翌年には，消費者物価指数と企業物価指数の変動率はともに 10 パーセントよりも高かった。

〔2018 年度追試験　政治・経済〕

第9章　日本経済の歴史 解答解説

90 《戦後の日本経済》　正解は①

対日占領政策における三大改革の一つである労働組合の育成のため，労働組合法が1945年に制定された（ア）。復興金融金庫（復金）の融資を原資とした1946年の傾斜生産方式の採用（イ）によりインフレ（復金インフレ）が激化したので，経済安定9原則が1948年に発せられた（ウ）。

91 《高度経済成長①》　正解は④

①正文。日本のGNPは，1968年に西ドイツを抜いて資本主義国でアメリカに次ぐ第二位となった。

②正文。高度経済成長期，産業構造は短期間に急速に変化し，農林漁業などの第一次産業の比重が低下し，鉱業，建設業，製造業などの第二次産業，サービス業，卸売・小売業などの第三次産業が大きく上昇した。第二次産業の中では繊維や雑貨などの軽工業にかわり，機械・金属・化学などの重化学工業が発達し，**産業構造の高度化**が進んだ。

③正文。1960年代前半までは，好況が続くと原材料の輸入が急増して国際収支が赤字となり，外貨準備高が減少するため，金融引き締め策が行われて景気が後退するパターンを繰り返した。これを「**国際収支の天井**」という。

④誤文。株式の持ち合いとは，会社が別の会社と相互に株式を所有することである。1960年代に資本の自由化が進む中で海外企業による買収を防ぐ等の目的で株式の持ち合いが進み，1980年代のバブル経済期まで盛んに行われたが，バブル経済崩壊後の1990年代以降，株式の持ち合いは解消されつつある。

92 《高度経済成長②》　正解は②

①不適。高度経済成長期の後半に出現した大型景気はいざなぎ景気と呼ばれる。神武景気は高度経済成長期初めの大型景気である。

②適当。高度経済成長期前半の「三種の神器」とは**白黒テレビ・洗濯機・冷蔵庫**であり，高度経済成長期後半では**カラーテレビ・自動車・クーラー**のこと。

③不適。IMF8条国は国際収支の悪化を理由に為替制限ができない。日本は1964年にIMF8条国に移行し，**OECD**（経済協力開発機構）にも加盟した。

④不適。コンビナートは太平洋沿岸地域を中心に建設された。

93 《バブル経済①》　正解は⑥

バブル経済についての正確な知識を必要とする。ドル高是正を目的とするプラザ合意によって，各国は一斉にドル売り介入を行った。日本も例外ではなく，ドル売り円買いを行ったため，急激な円高となった。また，円高によって日本の輸出は減少し，景気が悪化した。これを**円高不況**という。日本政府は円高不況対策のために円売りドル買いを行い，円が市場に大量に流通した（この時期，貿易額は減少したものの貿易収支は黒字のまま維持されていた）。

そして，貿易の不均衡を解消すべく，アメリカが日本に対して内需拡大要求を突きつけるなか，日本は「前川レポート」などの提言により国内の消費を活発化させる施策を採用し，景気を刺激するために**低金利政策**を行った。

その結果，市場に大量に流通していた資金が，低金利の銀行預金ではなく，土地や株式に流入したことで地価・株価が急騰し，バブル経済が発生した。

94 《バブル経済②》　正解は③

①正文。**不良債権**とは，金融機関が融資した貸出金のうち，回収困難となった貸出金のことである。**アジア通貨危機**（1997年）とも重なった1997年から1998年にかけ，大手金融機関が大量の不良債権を抱え経営破綻する事例が数多く見られた。

②正文。1983年制定の貸金業法（サラ金規制法）が2006年に改正され，個人が借金できる総額の規制や上限金利の引き下げなどが実施された。

③誤文。2006年の会社法制定により，資本金規制が撤廃され，**資本金1円の会社設立**が可能になった。

④正文。日本経済は，2002年2月から2008年2月の73カ月間にわたり景気が拡大した。過去の「いざなぎ景気」（57カ月間）を上回る記録的な好景気から「いざなみ景気」とも呼ばれる。しかし，実質経済成長率は2％前後と低水準で，労働者の賃金の上昇率も頭打ちであり好景気の実感に乏しかったため，「実感なき景気拡大」とも呼ばれた。

95 《インフレと完全失業率》　正解は④

図と切り離して物価変動に関する用語の正誤判断だけでも正解を得られる。

①不適。**ディマンド・プル・インフレーション**とは，通貨の過剰発行や有効需要の増大によって，需要が供給を上回ることから生じるインフレのこと。消費税の導入や税率の上昇によって生じた物価上昇は，供給側の生産コストの上昇が要因となって引き起こされた**コスト・プッシュ・インフレーション**である。

②不適。**スタグフレーション**とは，景気の停滞（スタグネーション）とインフレーションが同時に進行する現象である。なお，図2のインフレ率と完全失業率の関係を表す点線をフィリップス曲線といい，確かに完全失業率とインフレ率の間に負の関係が観測される。

③不適。**ハイパーインフレーション**とは，短期間に物価が数十倍にも高騰するようなインフレーションのこと。第一次世界大戦後のドイツや，日本における第二次世界大戦後のインフレがその例。

④適当。デフレーションと景気の悪化が悪循環に陥ることはデフレスパイラルという。スパイラルとは「らせん状」のこと。

96 《経済不況と不良債権》　正解は①

設問文の内容を参考に模式図の過程を正確に理解する。模式図では，経済不況時に貸出債権のうち2単位が不良債権となり，不良債権処理時には不良債権2単位を消滅させるために費用が発生し，資本金が2単位減少する過程が示されている。

①適当。総資産に対する資本金の比率が低下している状況で，さらに貸出債権を増やせば総資産が増え，総資産に対する資本金の比率である自己資本比率はより低下する。これは，銀行経営の健全性を損ない自己資本比率に関する **BIS 規制**（BIS：国際決済銀行）に抵触する恐れがあることから，新たな貸出しが抑制される傾向がある。これが**貸し渋り**と呼ばれる現象である。

②不適。不良債権処理の説明であり，貸し渋りとは①で説明した現象である。

③不適。**BIS 規制**とは，預金額ではなく総資産に対する自己資本の比率に関する規制である。国際的に活動している銀行には8％以上，国内業務だけの銀行に対しては，日本では4％以上という基準が適用されている。

④不適。模式図では，経済不況時には預金7単位に対して貸出債権6単位（うち2単位は不良債権），不良債権処理時には預金7単位に対して貸出債権4単位となっている。すなわち，不良債権処理を行うと，預金に対する貸出債権の比率は低下する。

97 《1965 年以降の消費者物価指数と企業物価指数》　正解は②

①誤文。プラザ合意は 1985 年。円高不況となった 1986〜1987 年を見ると，消費者物価指数の変動率は企業物価指数の変動率を上回っている。

②正文。**平成不況**はバブル経済が崩壊した 1991 年から 1993 年まで続いた景気後退を指す。その間，企業物価指数の変動率はマイナス基調であり，プラスとなったのは 1991 年のみであった。その後も景気は容易に上向かず，長期に及んだ経済の停滞は「**失われた 10 年**」と呼ばれる。

③**誤文。スミソニアン協定**は，金・ドル交換停止を宣言した**ニクソン・ショック**（1971 年 8 月）を受けて，ドル平価の切り下げを決めた協定（同年 12 月）である。1971 年の消費者物価指数の変動率は 5 ％を超えている。

④**誤文。第二次石油危機**は 1979 年にイラン革命を契機として起こった。「第二次石油危機の翌年」の 1980 年は，企業物価指数の変動率は 10 ％より高いが，消費者物価指数の変動率は 10 ％より低い。

第9章

【**ハンバーガーが安かった頃の話　うらやましい？**】

　2023 年現在，物価は上昇傾向にあり，マクドナルドのハンバーガーは 1 個 170 円である（都心部では別価格）。このハンバーガーの価格は，世の中の変化とともに大きく変わっている。

　例えば，デフレ下の 2002 年には 80 円から 59 円（いずれも税別）へと大幅に値下げされた。この話を聞くと，「安くていいなぁ」とうらやましく思う人もいるかもしれない。しかし，2002 年の平均賃金は時給で 662 円，完全失業率が年平均で 5.5％という状況だった。つまり，今とは比べものにならない不況の中で，値下げしないと売れなかったのだ。「安い」＝「うらやましい」とは言い切れない社会状況があったのである。

　また，ハンバーガーの値段は，国内だけでなく国外との比較にも用いられる。同じものを別の国で買うとどれくらいの価格となるかという**購買力平価説**，通称「**ビッグマック指数**」と呼ばれるものだ。2022 年にはこれを扱った以下のような問題が出題された（2022 年度本試験　政治・経済　第 2 問　問 8 より抜粋）。

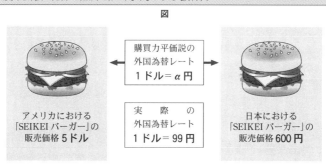

図

〔図に関する説明〕

・両国で販売されている「SEIKEI バーガー」はまったく同じ商品であり，それぞれの販売価格は，同一年月日 (20××年○月△日) のもので時差は考えない。

・両国の物価水準は「SEIKEI バーガー」の販売価格でそれぞれ代表される。

　この場合，購買力平価説では，5 ドル＝「SEIKEI バーガー」＝600 円となり，1 ドル＝120 円が適切なレートとなる。実際の外国為替レートは 1 ドル＝99 円なので，1 ドル当たり 21 円の円高になっているという考え方である。

　このように，「公共，政治・経済」の学習は，日常の生活と密接に関わっている。大学入試のために学習すると同時に，日々の暮らしとの関連も意識してみてほしい。

第10章 福祉社会と日本の課題 ｜ まとめ

≫≫ 消費者問題

消費者の四つの権利：アメリカのケネディ大統領が提唱

> 安全を求める権利・知らされる権利・選ぶ権利・意見を反映させる権利

➡ 実際には世の中に物があふれ，供給側が需要を作り出している

依存効果（ガルブレイスが説いた）：消費者が宣伝・広告などにより買わされるようになる

デモンストレーション効果：消費者の行動が他の消費者の行動に影響を及ぼす

また，悪徳・問題商法（**キャッチセールス**や**マルチ商法**など）も問題に。

消費者保護行政

消費者主権：企業の生産のあり方を決定する権限は消費者にあるとする理念
- 消費者保護基本法（1968年）➡ 現代的な問題に対処した消費者基本法（2004年）
- 1970年設置の国民生活センターや，2009年設置の消費者庁が問題の解決にあたる

製造物責任法（PL法）：製造者の過失の有無にかかわらず，消費者は欠陥を立証すれば救済される

消費者契約法：消費者が不当な契約を取り消すことができる

クーリングオフ制度：特定商取引法（旧訪問販売法）などで定義。一定期間内であれば無条件で一方的に契約を解除できる

≫≫ 中小企業問題

日本の中小企業の割合は，製造業でみると事業所数で約99％，従業員数で約70％，出荷額で約50％（2016年）。大企業と中小企業の間の労働条件や経済面での格差の問題（二重構造）がある。

●**中小企業基本法による中小企業の定義**（1999年～）

業種	資本金(以下)	または従業員数(以下)
製造業など	3億円	300人
卸売業	1億円	100人
小売業	5千万円	50人
サービス業	5千万円	100人

- 中小小売業の保護を目的としていた大規模小売店舗法の廃止に伴い，大型店の出店規制を緩和する**大規模小売店舗立地法**が施行された（2000年）
- 新たな中小企業として，情報分野などで活躍するベンチャー・ビジネスも登場

⟫⟫⟫ 労働問題

労働基本権として，日本国憲法で団結権・団体交渉権・団体行動権の労働三権を保障。公務員には団体行動権（争議権）がなく，**人事院勧告**などの代償措置があるが，警察職員などは労働三権がすべて認められていない。

労働三法

労働基準法：労働条件の最低基準を規定（1日8時間・**週40時間**以内の労働時間，**週1日以上の休日**，**賃金の支払い方法**などを明示）

労働組合法：労働三権を具体的に保障し，使用者による**不当労働行為**（労働三権の侵害や労働組合活動の妨害行為）**を禁止**，争議行為の刑事上の免責・**民事上の免責**（損害賠償の責任を負わない）

労働関係調整法：**ストライキ**などの労働争議が発生した際に労働委員会が解決を図る

●雇用と労働の現状

日本の雇用関係の特徴として，**企業別労働組合**，**終身雇用**，**年功序列型賃金**がある。近年は労働組合組織率の低下，早期退職制度の採用や転職の増加，職能給や年俸制の採用などの変化もみられる。また，仕事と生活の調和を図るワーク・ライフ・バランスの重視にともない，労働者1人あたりの労働時間を減らすワーク・シェアリングを実施する企業もある。

雇用問題：**パートタイマー**・**派遣社員**などの非正規雇用労働者の増加，正社員との格差の拡大（**労働者派遣法**や**パートタイム労働法**もあるが効果は乏しい）。**高年齢者雇用安定法**（定年の引き上げ・廃止や，65歳までの雇用確保義務，70歳までの就業機会の確保）なども制定されている

労働時間の弾力的運用：**裁量労働制**（仕事の進め方や時間配分などを労働者の裁量にゆだねる），**変形労働時間制**（仕事の忙しさに合わせて労働時間を決定，月曜は7時間・金曜は9時間など），**フレックスタイム制**（出退社の時間を労働者に任せる）

失業率：2002年に戦後最悪の5.4％を記録，2022年は2.6％。なお，「失業者」とは，調査期間中，仕事をしておらず，仕事を探していた人のこと。

女性と労働

従来，女性の雇用の特徴として，結婚・出産期に労働力率が低下し，その後上昇するM字型雇用があったが，近年は働く女性が増え，その傾向は緩和されている。

- 男女雇用機会均等法（1985年）では，定年・退職・解雇などでの差別禁止
  - ➡ 1997年の改正で，募集・採用・配置・昇進などについても差別禁止，企業のセクシャルハラスメントへの配慮義務，また労働基準法の**女性保護規定は撤廃**
- 育児・介護休業法（1995年）➡ 2009年の改正でパパ・ママ育休プラス導入
- 男女共同参画社会基本法（1999年）
- 女性活躍推進法（2015年）では，国・地方公共団体や一定規模以上の企業に，女性の採用や管理職比率などの目標設定と公表を義務付け

近年の背景として，ジェンダー観の変化とフェミニズムの浸透がある。
ジェンダー：社会的・文化的に作られた性差 ➡ **性別役割分担の見直し**が求められる
フェミニズム：男女同権主義・女性解放論 ➡ 形式的ではなく**実質的な平等**を求める

>>> 社会保障の成立と発展

失業などを背景に，国家が国民の生存権を実質的に保障していくことが求められた（社会保障の必要性）。

●社会保障制度の発展

1601年	イギリス	エリザベス救貧法：労働能力のある無産者に仕事を与え，病人等の労働能力のない者は教区ごとに保護を定めた
1883年	ドイツ	社会保険制度の導入（ただし，1878年に社会主義者鎮圧法の制定。ビスマルクによる「アメとムチの政策」）
1935年	アメリカ	社会保障法（ニューディール政策の一環，初の「社会保障」の用語）
1942年	イギリス	ベバリッジ報告（「ゆりかごから墓場まで」）：戦後の社会保障の整備につながる
1944年	ILO	フィラデルフィア宣言：所得保障・医療保障の国際的な基準を定義
1952年	ILO	102号条約（社会保障の最低基準に関する条約，フィラデルフィア宣言を進化）

```
各国の社会保障制度

①イギリス・スウェーデン：租税中心型
　全国民を対象とする均一負担・均一給付の制度（高額所得者からの反発は大きい）
②ドイツ・フランス：保険料中心型
　保険料に応じたサービス給付（低額所得者の負担やサービスの問題がある）
③アメリカ：すべての人を対象とする社会保障制度は年金制度のみ
　オバマ政権で整備を開始したが，トランプ政権で見直し
④日本：三者均衡型
　本人負担・企業負担・租税負担の割合がほぼ均衡
```

戦前の日本の社会保障制度として，公的扶助としては恤救規則（極貧者に対する慈恵的な救済，1874年）や救護法（1929年），社会保険としては健康保険法（1922年），国民健康保険法（1938年），労働者年金保険法（1942年。1944年に厚生年金保険法に）がある。

>>> 社会保障制度——公的扶助・社会保険・社会福祉・公衆衛生の4本柱

公的扶助　生活保護を中心とする生活困窮者への扶助，無拠出制

社会保険　公費（税金）と保険料を財源とする防貧制度，拠出制

　医療保険：**国民健康保険**（自営業・無職など）・**健康保険**（会社員など）・**共済保険**（公務員・私学教職員）に大別される

　年金保険：**国民年金**（20歳以上の全国民が加入）のほか，会社員や公務員・私学教職員など給与労働者は**厚生年金**にも加入（2階建て年金）

　➡ 国民皆保険・国民皆年金（原則，すべての国民が保険制度と年金制度に加入）

　ほかに，**雇用保険**（失業時に給与の約6割を給付）や労働者災害補償保険，**介護保険**など

社会福祉　児童・高齢者・障害者など社会的弱者への扶助（「福祉六法」に基づく），無拠出制

公衆衛生　感染症予防などの施策や上下水道・廃棄物処理・清掃などの生活環境整備，無拠出制

≫≫ 社会保障の現状と課題

●年金問題

①制度による給付額の格差：厚生年金＋国民年金＞国民年金のみ

②支給開始年齢の段階的引き上げ

③制度改革：**年金改革関連法**により，国民年金の支払い額の増加や，物価スライド方式から
マクロ経済スライド方式への移行（物価と完全には連動しない）

④「**消えた年金**」問題：年金保険料を払ってきたのに，もらえる年金に反映されない問題。
保険料の納付記録に行政上のミスがあったことなどが原因。20歳以
上の国民に年金支給額を通知することになった

> **年金の類型**
>
> 積立方式：被保険者が在職中に積み立てた保険料や国庫負担でまかなう方式。インフレ
> ーションによって価値が低下するおそれがある
>
> 賦課方式：勤労世代の負担でその時の高齢者の年金をまかなう方式。世代によって負担
> が異なる
>
> ➡ 現在の日本では，賦課方式をベースに積立方式を加味した**修正積立方式**を採用

●少子高齢社会問題

高齢化社会：65歳以上が人口の7％を超える社会

高齢社会：65歳以上が人口の14％を超える社会

超高齢社会：65歳以上が人口の21％を超える社会 ⬅ 日本はココ

　医療・年金制度への不安等に対し，自己負担比率の増加や保険料の増額などで対応。**ゴー
ルドプラン**（高齢者保健福祉推進10か年戦略）の制定など。

後期高齢者医療制度：**75歳以上**からも医療に関する保険料を徴収

介護保険制度：**40歳以上**から保険料を徴収，利用時には原則**1割の自己負担**（一定の所得が
ある場合は2割・3割）

> **日本と世界の人口問題**
>
> ・日本の合計特殊出生率は，**第1次ベビーブーム期**（団塊の世代）をピークに低下傾向
> で，2022年は1.26（2005年と並んで過去最低）。人口も減少している
> ・世界の人口は，2006年に65億人を超え，2011年に70億人，2020年には約78億人
> と人口爆発が起こっている（アジア・アフリカ諸国において顕著）
> 　➡ 発展途上国では子どもは労働力なので子どもが多いほど生活は安定
> 　➡ 子どもを産む存在としての女性の地位向上と人口問題は関連している
> 　➡ リプロダクティブ・ヘルス／ライツ（女性の性と生殖における健康と権利）：
> 　　　1994年の国際人口開発会議において，妊娠・出産などについての決定権を女性
> 　　　に保障する，この考え方を尊重することが確認された

●障害者問題

ノーマライゼーション：障害があっても高齢であっても，普通（ノーマル）に暮らせる社会
を構築しようという考え方

バリアフリー：物理的・精神的なバリア（障壁）を除去しようという考え方。建築物や交通
機関などにおいてバリアフリー化が進む（2006年バリアフリー新法制定）

ユニバーサルデザイン：誰にとっても使いやすいデザインのこと
障害者雇用促進法：企業や官公庁に対して，一定割合の障害者雇用を義務づけ
障害者差別解消法：障害を理由とする差別の解消を推進

>>> 都市問題

●人口の過密・過疎による利益と不利益
集積の利益：ヒト・モノ・カネが集まることによる利益，費用節減，ビジネスチャンス拡大
集積の不利益：人口集中による悪影響の問題。交通渋滞・ゴミ問題など
ドーナツ化現象：地価高騰などにより，人々が都心部から郊外のベッドタウンへ移動する現
　　　　　　　　　象 ➡ 都市中心部が空洞化
スプロール現象：都市への人口集中がもたらした無計画な開発により，虫食い状に開発が進
　　　　　　　　　む現象
●ゴミ・リサイクル問題 —— 1990 年代以降に法制定が本格化
循環型社会形成推進基本法：各リサイクル法の基本法となる
容器包装リサイクル法：ビン・缶・ペットボトル，紙，プラスチックが対象
家電リサイクル法：テレビ・冷蔵庫・洗濯機・エアコンなどが対象，メーカーに引き取り・
　　　　　　　　　リサイクル義務
資源有効利用促進法：**3R**（リユース・リデュース・リサイクル）を推進
　また，グリーン・コンシューマー（環境に配慮した行動をとる消費者）の育成や，環境へ
のコストを考慮して算出入した**グリーン GDP** などの活用。

>>> 農業問題

1942 年	コメの流通を確保する**食糧管理法制定**
1961 年	自立経営農家の育成をめざす**農業基本法制定**
1993 年	ウルグアイ・ラウンドでコメの輸入合意，一部コメの輸入開始
1995 年	**新食糧法**施行（食糧管理法廃止）
1999 年	食料の安定供給をめざす食料・農業・農村基本法制定

- 近年，農地への規制緩和により，**農業法人**を設立し，農作物の生産から販売までを一元的に行う 6 次産業化に踏み切るケースなどが増加
- **ポストハーベスト**（収穫後の薬剤散布），**遺伝子組み換え食品**，無認可添加物，産地・原材料の偽装表示，残留農薬などの問題から，**食品表示法**を制定して食品表示に関連する法律を統合

>>> **環境問題**

●公害問題

公害：大気汚染・水質汚濁・土壌汚染・騒音・振動・地盤沈下・悪臭など（「環境基本法」）

戦後の四大公害訴訟：イタイイタイ病（富山県神通川流域，カドミウムが原因）

　　　　　　　　　　水俣病（熊本県水俣湾周辺，有機水銀が原因）

　　　　　　　　　　四日市ぜんそく（三重県四日市市，亜硫酸ガスが原因）

　　　　　　　　　　新潟水俣病（新潟県阿賀野川流域，有機水銀が原因）

【公害・環境行政】

1967 年　公害対策基本法において，公害を定義

1970 年　公害国会（公害対策基本法の改正，水質汚濁防止法などの制定）

1971 年　環境庁（現 環境省）設置

1993 年　環境基本法制定（公害対策基本法廃止），地球規模の視点で持続的発展が可能
　　　　　な社会の構築をめざす

1997 年　**環境影響評価法**（環境アセスメント法）制定 ➡ 事業開始前を基本に環境への
　　　　　影響評価を実施

公害対策の視点

- 濃度規制だけでなく総量規制も実施
- PPP（汚染者負担の原則）の導入
- 過失（ミス）の有無にかかわらず，損害が発生すれば賠償責任を負う無過失責任制度
　の導入

　また，環境対策として，石油などに課税する**環境税**（炭素税の一つ）がオランダなどで導入され，日本でも**地球温暖化対策税**が導入されている。

●地球環境問題

1972 年　国連人間環境会議「かけがえのない地球」，人間環境宣言，国連環境計画
　　　　　（UNEP）の設置

1992 年　国連環境開発会議「持続可能な開発」（地球サミット），リオ宣言・アジェンダ
　　　　　21，気候変動枠組み条約，**生物多様性条約**採択 ➡ 日本でも 2008 年に生物多様
　　　　　性基本法制定

1997 年　気候変動枠組み条約第 3 回締約国会議（京都会議）において，京都議定書で先
　　　　　進国の具体的な温室効果ガスの削減率を定めた
　　　　　➡ アメリカ離脱

2002 年　環境開発サミット（持続可能な開発に関する世界首脳会議）

2012 年　国連持続可能な開発会議（リオ＋20）「我々が望む未来」

2015 年　パリ協定（平均気温上昇を 2 度未満にし，さらに 1.5 度未満をめざす。目標の
　　　　　達成については義務とはされない）
　　　　　➡ アメリカが国連に離脱を通告（2019 年）➡ 復帰（2021 年）

　地球環境をめぐっては，**砂漠化や酸性雨，温暖化**など多くの課題がある。また，オゾン層破壊に対してはウィーン条約（1985年）や**モントリオール議定書**（1987年）が採択されている。

自然保護運動：**グリーンピース**などの環境NGOや**ナショナル・トラスト運動**（募金などで土地を保存・管理），UNESCOによる自然遺産保護など

生物保護：水鳥の生息地としての湿地を保護するための**ラムサール条約**（1971年）や，絶滅の恐れのある野生動植物に関する**ワシントン条約**（1973年）など

産業廃棄物処理：バーゼル条約（1989年）では有害廃棄物の越境移動を禁止

> **環境倫理学の視点**
> - **地球全体主義**…地球資源の有限性を自覚し，地球環境の保護や生態系の保存を優先するという考え方
> - **自然の生存権**…人間は自然の生存権を守る義務があるという考え方
> - **世代間倫理**…現代の世代は未来の世代の生存可能性を狭めてはならないという考え方

≫≫≫ 情報化社会

IT革命：**情報技術**（Information Technology）の発達

> **ICT**（情報通信技術 Information and Communication Technology）ともいう

ユビキタス社会：時間や場所を選ぶことなくネットワークに接続できる社会

メディア・リテラシー：情報を主体的に取捨選択し，使いこなす能力

デジタル・デバイド（**情報格差**）：情報機器の利用に関する若者と高齢者の格差や，先進国と途上国の格差など

●情報と課題

知る権利：行政などに対し，自分の知りたい情報を要求できる権利

　　　　➡ **情報公開条例**・**情報公開法**の制定

プライバシーの権利：私的な事柄をみだりに公開されない権利

　　　　　　➡ 他者のプライバシーに配慮した情報発信が求められる

第10章　福祉社会と日本の課題　演習問題

98 生徒Yは，消費者問題と政府の役割について，次の通りまとめた。次の空欄 ア にはaかb，空欄 イ にはcかdが当てはまる。空欄 ア ・ イ に当てはまる正しい記述をそれぞれ一つ選べ。

　市場経済では，経済主体の意思が尊重され，それぞれの主体の意思に基づいて自由に取引が行われると想定されている。しかし， ア などもあり，消費者主権が常にたしかなものであるとは限らない。

　こうした事態に対応するため，政府は法律を整備し，情報提供を行ったり，企業活動に介入したりすることもある。たとえば日本では， イ 。

a　消費者の消費への欲望が，生産者側の広告や宣伝に依存してかきたてられるという依存効果

b　消費者の四つの権利が，消費者団体の活動によって保障されていること

c　多くの地方公共団体が，苦情処理などを行うために消費生活センター（消費者センター）を設置している

d　消費者基本法が，消費者の権利尊重と自立支援を目的とした消費者保護基本法へと改正された

〔2021年度本試験（第2日程）政治・経済 改〕

99 生徒Wは企業に関する情報を調査するため，その準備として教科書の内容をメモにまとめ，先生に記述の間違いをチェックしてもらった。先生は，メモに下線を引いて誤りを指摘した。それはメモの文中の下線a〜dのどれか。先生が下線を引いた箇所として最も適当なものを一つ選べ。

＜Wの作成したメモ＞

　企業は，その規模によって大企業と中小企業とに分類される。1963年に制定された中小企業基本法は，a中小企業を資本金や従業員数によって定義している。それに基づく分類によると，近年においてもb日本の全企業に占める中小企業の企業数および従業員数の割合は，共に大企業のそれらの割合を上回っている。しかし，中小企業の経営状態は必ずしもよいものとはいえない。たとえば，日本の場合，c大企業と中小企業との間に存在する労働条件や生産性などの格差，いわゆる経済の二重構造が問題とされてきた。そのような中で，ベンチャー企業やニッチ市場をねらう企業など創造的もしくは自立的に事業活動を行う企業が注目され始めた。そのため，1999年，中小企業基本法の理念も，d中小企業の多様で活力ある成長発展から大企業と中小企業との格差是正へと転換された。

〔2021年度本試験（第2日程）政治・経済 改〕

☐☐ **100** 生徒たちは労働問題について学ぶため，事前学習として，次の図のような求人情報の例を作成した。図中の下線部⑦〜⑦について，企業がこの求人情報のとおりに労働者と労働契約を結んだ場合，雇用に関係する日本の法律に抵触するものはどれか。当てはまるものをすべて選べ。

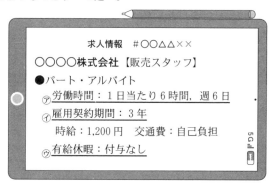

　　　　　　　　　　　　　　　　　　〔2022年度本試験　政治・経済　改〕

☐☐ **101** 生徒Yは，格差や分配について調べる中で，どのような形で国民の間で社会保障の財源を負担するのか，まとめることにした。次の文章中の空欄 ア 〜 エ に当てはまる語句として正しいものを，それぞれ一つ選べ。

　社会保障の財源について， ア を中心とする北欧型と， イ を中心とする大陸型があり，日本は，北欧型と大陸型の中間に位置しているといわれる。

　日本では，高齢化が進み社会保障関係費が増大している。その増加する社会保障関係費を賄うため，政府は，全世代が負担し負担の世代間格差の縮小に有用であるといわれている ウ をその財源として組入れを予定し，増税を進めた。また，2000年代に入って40歳以上の人々を加入者とする エ 制度が実施され，その後，後期高齢者医療制度も導入された。

ア	①	社会保険料	②	租　税
イ	①	社会保険料	②	租　税
ウ	①	消費税	②	所得税
エ	①	年金保険	②	介護保険

　　　　　　　　　　　　　〔2021年度本試験（第1日程）政治・経済　改〕

102 少子高齢化について，2000年以降の日本の動向や国の対応策についての記述として最も適当なものを，次の①〜④のうちから一つ選べ。

① 待機児童の問題を解決するため，認可保育所の定員拡大を図った。

② 高齢社会から高齢化社会へ移行した。

③ 合計特殊出生率は，低下し続けている。

④ 現役世代の保険料負担が過重にならないように，公的年金の保険料を段階的に引き下げる仕組みが導入された。

〔2018年度追試験 政治・経済〕

103 生徒Xは，日本における障害者の権利について生徒Yと議論している。空欄 ア にはaかb，空欄 イ にはcかdのいずれかが当てはまる。空欄 ア ・ イ に当てはまるものを，それぞれ一つ選べ。

X：障害を理由とした不利益な取扱いを禁止するだけで，障害者への平等を保障できるかな。 ア という考え方によれば，より一層の機会を障害者に提供していく必要があるね。

Y：そうだね。それに，障害者への差別を解消するには，障害者がさまざまな場面で感じている不自由にも対応する必要があるよ。多くの社会制度や慣行が，障害のない者を前提にしているからね。

X：だから，障害者基本法は，それぞれの障害者が有する障害の特性に応じた配慮をして，障害者が日常生活や社会生活を送るときに障壁となるものを除去することを求めているよ。

Y：それが合理的配慮だといわれていて，その具体例としては， イ があるね。合理的配慮は，すべての人が障害の有無にかかわりなく共生する社会を作る上で大切なものといえるね。

ア に当てはまる記述

a すべての人々を属性によらず画一的に扱って形式的平等を確保する

b 人々の間にある格差の是正を積極的に図って実質的平等を確保する

イ に当てはまる記述

c 職場における構成員の多様性を確保して活力のある職場を作るために，障害者を積極的に採用すること

d 周囲の物音に敏感で気が散って集中できないという障害のある人について，職場において静かな環境で作業に従事できるようにすること

〔2023年度追試験 政治・経済 改〕

104 高度経済成長期を通じて公害など環境汚染にかかわる問題が浮き彫りになってきた。次のA〜Dは，環境の整備や保全に関する日本の取組みの事例である。これらを古い順に並べたとき，**2番目**にくるものとして正しいものを一つ選べ。

A　環境基本法の制定

B　環境省の設置

C　公害対策基本法の制定

D　循環型社会形成推進基本法の制定

〔2020年度追試験 政治・経済〕

105 生徒Xと生徒Yは，2015年に国連（国際連合）でSDGsが採択されるまでの経緯について関心をもち，環境と開発に関して話し合われた国際的な会議について次のスライドa〜dにまとめた。これらの会議が開催された年の古いものから順に並べたものとして正しいものを，後の①〜⑧のうちから一つ選べ。

a

国連環境開発会議

・「持続可能な開発」が基本理念

・「共通だが差異ある責任」の理念を提示

・アジェンダ21を採択

b

国連人間環境会議

・「かけがえのない地球」がスローガン

・人間環境宣言を採択

・国連環境計画の設置を決定

c

持続可能な開発に関する世界首脳会議

・ヨハネスブルク宣言を採択

・「持続可能な開発」に向けた具体的な実施計画を確認

d

第55回 国連総会

・国連ミレニアム宣言を採択

・この宣言をもとにして，MDGs（ミレニアム開発目標）を後に設定

① a→b→c→d　　② a→b→d→c　　③ b→a→c→d

④ b→a→d→c　　⑤ c→d→a→b　　⑥ c→d→b→a

⑦ d→c→a→b　　⑧ d→c→b→a

〔2023年度本試験 政治・経済 改〕

□
□ **106**　生徒Xと生徒Yは，地球環境問題の取組みに関する歴史的展開を踏まえて，京都議定書（1997年採択），パリ協定（2015年採択）の位置づけや内容について調べた。この二つの条約に関する記述として最も適当なものを，次の①〜④のうちから一つ選べ。

①　京都議定書では，「共通だが差異ある責任」という理念に基づいて，環境を犠牲にして経済発展を成した先進国のみに地球環境保護の責任があるとされた。他方，パリ協定では，すべての国に地球環境保護の責任があることが合意され，すべての締約国に温室効果ガスを削減する義務が課された。

②　京都議定書，パリ協定ともに，地球環境保護が将来世代の発展にとって不可欠であり，現在の成長よりも地球環境保護を優先すべきとする「持続可能な開発」という理念に基づいている。また，いずれの条約でも，先進国，発展途上国を問わず，すべての締約国に同様に温室効果ガス削減義務が課されている。

③　京都議定書では，現在の成長よりも将来世代の発展を優先すべきとする「持続可能な開発」という理念に基づいて，全人類の問題として一律の温室効果ガス削減目標が課されている。他方，パリ協定では，将来世代の発展は各締約国が決定する問題であるとして，削減目標は各国が自主的に決定することとした。

④　京都議定書と異なり，パリ協定では，すべての締約国が温室効果ガス削減に取り組むことを義務づける仕組みが採用されている。ただし，パリ協定でも，先進国に発展途上国向けの資金支援を義務づけるなど，「共通だが差異ある責任」という理念に適合するルールが用意されている。

〔2023年度本試験 政治・経済〕

□
□ **107**　SDGsの意義に関連して，生徒Xと生徒Yは，次のメモをみながら議論をしている。空欄　ア　にはaかb，空欄　イ　にはcかdのいずれかが当てはまる。空欄　ア　・　イ　に当てはまるものを，それぞれ一つ選べ。

【SDGsの特徴】

○相互に関連する問題であるとの認識から，国連において加盟国の総意によって17の目標が幅広く提示された。

○これらの目標は2030年までに達成がめざされる。それぞれの目標をどう達成するかは各国が決定する。

X：17もの目標を幅広く提示するSDGsでは，それぞれの目標が他の目標に関連することになるため，包括的に取組みを進める必要があるという考え方がとられているんだね。また，それぞれの目標をどう達成するかは各国に委ねられており，各国の自主性が重視されている点も特徴的だね。

Y：ただ，相互に関係しているとしてもかなり幅広い目標だし，各目標をどう達成

第10章

するかを各国が決定できるのなら，どれほどの意味があるか疑問だな。少しず
つでも，一つ一つ目標をどう達成するか具体的に定めて条約で約束し，守らな
い国に対しては責任を追及することで目標の達成を図っていくべきじゃないか
な。

X：そうかな。　ア　。

Y：そんなにうまくいくのかな。とくに，各国の経済発展を阻害するような目標を
国際社会で達成するには困難が伴うと思うよ。たとえば，環境保護と経済発展
をめぐる発展途上国と先進国との利害対立が，SDGs の目標の一つである気候
変動問題への国際社会の対処を難しくしていることは「政治・経済」の授業で
も学習したよね。

X：たしかに，そこが国際的な問題の難しさだけど，そうした事情を踏まえた点に
SDGs の意義があるのではないかな。　イ　。

　ア　に当てはまる記述

a　SDGs には，国家の対応能力の限界が問題となるものも多いので，違反を責め
るよりも，各国の自主的な取組みを国際社会が促すとともに，それをサポートす
る体制を作ることが重要だよね

b　良好な地球環境が経済発展を促すように，経済発展につながる要因はさまざま
だよね。SDGs が経済発展によって貧困からの脱却を図ることに専念した目標で
ある以上，経済発展を促進するための包括的な取組みが不可欠だよね

　イ　に当てはまる記述

c　SDGs の目標の多くは先進国ではすでに達成されており，貧困など多くの問題
を抱えている途上国を対象に目標を設定したものだから，ターゲットを絞ること
で達成しやすい目標を設定したのだと思うよ

d　SDGs は，各国にそれぞれ優先すべき課題があることを踏まえて，できるとこ
ろから目標を追求できる仕組みを作ったことが重要だよね。包括的な目標を示し，
達成方法を各国に委ねたのはそのためだと思うよ

〔2023 年度本試験　政治・経済　改〕

第10章　福祉社会と日本の課題　解答解説

98 《消費者問題》　正解は，ア—a　イ—c

ア．消費者が常に主体的意思に基づいて商品選択をしているとは限らないという文脈だから，aが該当する。**依存効果**はアメリカの経済学者**ガルブレイス**が命名した概念である。

イ．消費者保護基本法が2004年に**消費者基本法**へと改正されたことから，dは誤文であり，cが該当する。

99 《中小企業問題》　正解はd

a．**正文**。中小企業基本法は中小企業を業種別に定義しており，たとえば製造業における中小企業は資本金3億円以下もしくは従業員数300人以下の会社および個人と定められている。

b．**正文**。2016年の統計では全企業に占める中小企業の企業数の割合は約99.7％，従業員数の割合は約69.6％であり，ともに大企業の割合を上回っている。

c．**正文。二重構造**とは日本の場合，少数の大企業と多数の中小企業が併存し，両者の間に格差や支配・従属関係がみられる状態をいう。

d．**誤文**。1999年の中小企業基本法の改正では，従来の格差是正から，中小企業による経営革新，創業，経営基盤の強化に向けての自助努力を支援する方向へ方針転換された。

100 《労働問題》　正解は⑦

⑦**抵触しない**。労働基準法で労働時間は1日8時間以内，1週間40時間以内とされており，その範囲内である。

④**抵触しない**。雇用期間の定めのある労働契約を有期雇用契約という。労働基準法で有期雇用契約期間の上限は原則3年となっており，これに抵触していない。

⑰**労働基準法に抵触する**。パートやアルバイトであっても，一定期間勤続した者には年次有給休暇を与えなければならない。

101《社会保障》　正解は，ア―②　イ―①　ウ―①　エ―②

ア．②適当。北欧型は，社会保障の財源は租税（公費）中心で，すべての国民に原則
として平等な給付を行う仕組みである。イギリスもこのタイプである。

イ．①適当。大陸型は，社会保険制度を軸とし，社会階層や職種に応じて保険料を負
担し，支払った保険料に比例して給付を行う所得比例主義に基づく仕組みである。

ウ．①適当。全世代が負担し負担の世代間格差の縮小効果があるのは，広く薄く課税
する消費税である。

エ．②適当。40 歳以上の人々を加入者とする社会保険は介護保険である。なお，年
金保険の基礎年金部分（国民年金）には 20 歳以上の人々の加入が義務づけられて
いる。

102《少子高齢社会》　正解は①

やや詳細な知識が必要とされる問題。

①適当。認可保育所とは，施設の広さや保育士の人数などが国の基準を満たしている
として自治体に認可された保育所のこと。国はその定員の拡大を図ることなどによ
り，「保育の受け皿」の拡大をめざしてきた。

②不適。高齢化率（全人口に対する 65 歳以上人口の比率）が 7 ％以上の社会を高齢
化社会といい，高齢化率 14 ％以上の社会を高齢社会という。日本は 1970 年に高齢
化社会となり，1994 年に高齢社会に移行，2007 年に高齢化率 21 ％以上の超高齢社
会になった。

③不適。合計特殊出生率は 2005 年の 1.26 をボトムとして，その後やや上昇し，2015
年には 1.46 となった。ただ，その後は低下傾向にある。

④不適。2004 年の年金制度改革により，国民年金・厚生年金の段階的な保険料引き
上げが実施された。

103《障害者の権利》　正解は，ア― b　イ― d

実質的平等と形式的平等に関する理解が問われている。

ア．「不利益な取扱いを禁止するだけ」という部分は「形式的平等」を意味する。X
はこれでは不十分だと考えており，「より一層の機会を障害者に提供していく必要
がある」としているので，積極的に平等を確保する実質的平等が当てはまる。よっ
て，b が入る。

イ．障害者が社会生活を送るときに障壁となるものを除去する合理的配慮の例として
適当なのは d。c の障害者を積極的に採用することと合理的配慮とは直接関係がな
い。

104 《環境問題への日本の取組み》　正解はA

A．**環境基本法**は1993年に制定された。これを受けて公害対策基本法は廃止されたことから，Cの公害対策基本法より後であるとわかる。

B．**環境省**は中央省庁再編に伴い2001年に設置された。

C．**公害対策基本法**は高度経済成長に伴う公害問題を背景に1967年に制定された。

D．**循環型社会形成推進基本法**は2000年に制定された。環境基本法の基本理念に則り制定された下位法であるという位置づけから，Aの環境基本法制定より後であることがわかる。

したがって，古い順にC→A→D→Bとなり，2番目にくるのはAである。

105 《環境に関する国際会議》　正解は④

a．**国連環境開発会議**は，1992年にリオデジャネイロで開催された。21世紀の地球保全のための原則についてのリオ宣言が採択され，その行動計画であるアジェンダ21が採択された。

b．**国連人間環境会議**は，1972年にストックホルムで開催された。国際連合が主催した環境問題に対する初の国際会議である。

c．**持続可能な開発に関する世界首脳会議**は，アジェンダ21の実績を検証するため，2002年，南アフリカのヨハネスブルクで開催された。

d．**国連ミレニアム宣言**は，新しいミレニアム（千年紀），つまり21世紀の幕開けに際し，国連総会が2000年に採択したものである。

よって，④b→a→d→cの順となる。

106 《京都議定書とパリ協定》　正解は④

①不適。「**共通だが差異ある責任**」とは，地球環境問題に対して各国は共通した責任を負うが，先進国と発展途上国との間には技術力・資金力に差があることや，これまでの環境悪化の原因は主に先進国にあることから，各国の取り組み方に差異を設けるべきであるという理念。先進国のみに地球環境保護の責任があるとする考え方ではない。

②不適。「**持続可能な開発**」という理念は，現在の成長よりも地球環境保護を優先すべきというものではなく，現在の世代だけでなく，将来の世代も経済的・社会的利益を享受できるように開発と環境保全を調和させ，発展を持続可能にしようとする考え方である。また，**京都議定書**は，発展途上国に温室効果ガス削減の義務を課さなかった。

③**不適**。②と同様に「持続可能な開発」という理念は，現在の成長よりも将来世代の発展を優先すべきという考え方ではない。また，京都議定書は，温室効果ガス削減目標を一律ではなく国別に設定している。

④**適当**。**パリ協定**では，発展途上国を含むすべての締約国が温室効果ガス削減目標を作成・提出・維持する義務と，当該削減目標を達成するための国内対策をとる義務を負った。なお，目標の達成自体は義務とはされていない。また，先進国による資金の提供だけでなく，発展途上国も自主的に資金を提供することなどが盛り込まれている。

107 《SDGsの意義》　正解は，アー a　イー d

ア．a．**正文**。SDGsを条約化して，守らない国の責任を追及できるようにすることで，目標達成を図るべきというYの主張に対する反論として適切である。

　　b．**誤文**。SDGsは「経済発展によって貧困からの脱却を図ることに専念した目標」ではない。SDGsは，環境や社会が抱える問題にバランスよく取り組み，その根本的な解決によって世界を持続させることをめざしているので，教育・保健・社会的保護・雇用の機会など広範にわたる社会的ニーズのほか，気候変動や環境保護も目標に掲げられている。

イ．c．**誤文**。SDGsは先進国，発展途上国を問わず，すべての国に適用される。

　　d．**正文**。SDGsは普遍的なものであるが，その一方で国家の発展や能力の度合いが考慮される。各国の経済発展を阻害する目標を国際社会で達成することは困難だと主張するYに対する反論として適切である。

【アルミホイルは「燃えるゴミ」？　「燃えないゴミ」？】

　共通テストを受験しようとしているみなさんなら，アルミホイルがアルミニウムからできていることは知っているはず。では，アルミホイルは金属だから「燃えないゴミ」かというと，そうとは言い切れない。

　アルミホイルは非常に薄く，燃えると灰になる。有毒ガスも出ないため，「燃えるゴミ」として回収する自治体もある。また，基本的には「燃えないゴミ」だけれど，食べ物などが付着して汚れている場合は「燃えるゴミ」として扱う自治体もある。

　これらのことから，アルミホイルが「燃えるゴミ」か「燃えないゴミ」かの解答は，「自治体により異なる」ということになる。

　それ以外にも，ゴミの捨て方は自治体によって異なることが少なくない。大学入学などで居住地が変わる際には，その地域のガイドブックなどをしっかりチェックしよう。

第11章　国際社会

現代の国際政治

▶▶▶ 国際社会の成立

　三十年戦争の後，ウェストファリア条約（1648年）により国家の概念が成立。

国家の三要素＝主権・国民・領域（領空・領土・領海）

公海自由の原則：『戦争と平和の法』を著した国際法の父・グロティウスが，自著『海洋自由論』において提唱

排他的経済水域：沿岸国に領海を含む200海里までの範囲の管轄を認める

国際法の定義

　国際慣習法：国際社会で徐々に形成された規範で，文書化されていないもの。効力は条約と対等

　条約：文書化された規範であり，批准していない国に効力は及ばない

国際裁判

　裁判には当事国の同意が必要。

　国際司法裁判所（1945年〜，本部はハーグ）：国家間の紛争を対象とする

　国際刑事裁判所（2003年〜，本部はハーグ）：集団殺害（ジェノサイド）や戦争犯罪等を犯した個人を裁く

▶▶▶ 国際連盟と国際連合 ── 集団安全保障方式の採用

　それまでの勢力均衡政策（バランス・オブ・パワー，軍事同盟が同等の力をもつことで平和を維持）が軍備拡大につながり，失敗したことで第一次世界大戦が起こった。

●国際連盟（1920〜1945年）

　第一次世界大戦の反省を踏まえ，集団安全保障政策を採用（一部の加盟国に対する侵略行為は，全加盟国への侵略行為とみなして集団で制裁を加える）。

〈問題点〉全会一致原則・軍事的制裁措置の欠如・アメリカの不参加・日本とドイツの脱退

➡ 世界恐慌後に広がった侵略の動きを止められず，第二次世界大戦へ

●国際連合（1945年〜）

　加盟国は原加盟国51か国（日本は1956年の日ソ共同宣言後に加盟），2022年時点で193か国。

〈主要機関〉

　総会・安全保障理事会・経済社会理事会・信託統治理事会・国際司法裁判所・事務局

➡ 安全保障理事会（安保理）では平和の維持について第一次的責任を負う。常任理事国5か国（米英仏露中）と非常任理事国10か国で構成

〈安全保障理事会の表決方法〉
手続事項：9 か国以上の賛成
実質事項：拒否権を保有する**常任理事国をすべて含む 9 か国以上の賛成が必要**

事務総長は安保理の勧告で総会が任命。慣例として，常任理事国以外から選出される。

東西冷戦

西＝資本主義　東＝社会主義
〈対立〉**アメリカを中心とする資本主義陣営 ⟺ ソ連を中心とする社会主義陣営**
　　ソ連による**ベルリン封鎖**（1948 年）の後，ドイツが東西に分裂
〈軍事対立〉北大西洋条約機構（NATO）⟺ **ワルシャワ条約機構（WTO）**
〈緊張と緩和〉キューバ危機発生 ➡ 米ソ間にホットライン開設 ➡ デタント（緊張緩和）
冷戦の終結
　　ソ連共産党書記長にゴルバチョフが就任し，ペレストロイカ（**改革**）を実施
　　➡ 東欧諸国で民主化が進展する**東欧革命**が起こる
　　➡ 亡命を防ぐために東側が設置していたベルリンの壁（1961 年建設）が崩壊
　　マルタ会談：米ソの首脳によって**冷戦終結が宣言される**
　　1990 年　ドイツ統一
　　1991 年　ソ連邦解体，独立国家共同体（CIS）創設
　　以後，NATO は域外の地域紛争解決も視野に入れた安全保障機構として加盟国拡大

●**国連軍と PKO（国連平和維持活動）**
国連軍：国連憲章第 43 条に規定。**正式な国連軍は一度も組織されたことがない**

平和のための結集決議（1950 年）：安保理が機能不全のときに**緊急特別総会**を招集し，制裁
　　　　　　　　　　　　的措置もできるように ➡ これに基づいて**スエズ動乱**
　　　　　　　　　　　　（1956 年）や第 4 次中東戦争（1973 年）の際に**国連緊急
　　　　　　　　　　　　軍**を派遣（PKO 活動の始まり）

PKO：**安保理の決議**により派遣され，費用は国連が負担するが受入国の同意が必要。国連軍
　　　ではないので軍事的制裁はできない（＝自衛のための武器所持）

　PKO の分類：**国連平和維持軍（PKF）・停戦監視団・選挙監視団**など
　※日本はカンボジアやモザンビークなどの PKO 活動に参加

多国籍軍：安保理決議に基づくが，指揮権は参加国にあるため国連の活動ではなく，武力制
　　　　裁が可能。これまでに**湾岸戦争**・東ティモール・アフガニスタンなどへ派遣

⟫⟫⟫ 軍縮をめぐる近年の動き

1954 年	アメリカが南太平洋ビキニ環礁で水爆実験，日本の**第五福竜丸が被爆**
1955 年	広島で第 1 回**原水爆禁止世界大会**
	ラッセル・アインシュタイン宣言（哲学・科学の立場から核戦争による人類絶滅の危険性を指摘）
1957 年	第 1 回パグウォッシュ会議（科学者による核兵器と国際問題についての会議）
1963 年	米英ソによる部分的核実験禁止条約（PTBT，**地下核実験**については容認）

1967 年 佐藤栄作首相が非核三原則を表明 ➡ 1971 年に**国会決議**が実現

1968 年 核拡散防止条約（NPT）調印

1972 年 米ソ間で第一次戦略兵器制限条約（SALT Ⅰ）合意・調印

1987 年 米ソ間で中距離核戦力全廃条約（INF 全廃条約）調印 ➡ 2019 年に失効

1991 年 米ソ間で第一次戦略兵器削減条約（START Ⅰ）調印

1992 年 化学兵器禁止条約（CWC）採択

1996 年 国際司法裁判所は核兵器の使用について「国際法上，一般的には違法」と勧告
国連総会において包括的核実験禁止条約（CTBT）採択。ただし未発効

1997 年 対人地雷全面禁止条約（オタワ条約），「地雷禁止国際キャンペーン」がノーベル平和賞を受賞

1998 年 **インド・パキスタン**が地下核実験。2000 年以降は北朝鮮の核実験疑惑も浮上

2008 年 クラスター爆弾禁止条約（オスロ条約）採択

2010 年 米ロ間で**新 START** 調印

2017 年 核兵器禁止条約採択（核による威嚇も禁止事項に加わる）➡ 2021 年発効
日本政府は条約採択に積極的な役割を果たさず，日本や核保有国は未批准

▶▶▶ 人権の国際的保障

世界人権宣言：ローズヴェルトの「四つの自由」の影響，法的拘束力をもたない

言論の自由・信仰の自由・恐怖からの自由・欠乏からの自由

難民条約：人種的・宗教的・政治的意見などを理由に，迫害を受ける恐れがあるために国外に逃れた人を難民と認定

➡ **ノン・ルフールマンの原則**：難民を迫害の恐れがある地域へ送還してはならない

人種差別撤廃条約（1965 年）：日本は 1995 年に加入。1997 年にアイヌ文化振興法が制定された（2019 年**アイヌ新法**成立で文化振興法は廃止）

国際人権規約（1966 年）：世界人権宣言に法的拘束力をもたせたもの

日本は 1979 年に批准したが，**祝祭日の給与・公務員のストライキ権**を留保（学校教育の無償化は留保撤回），また A 規約（社会権規約）の選択議定書，B 規約（自由権規約）の第 1 選択議定書・第 2 選択議定書（死刑廃止条約）などについて**未批准**

女子[女性]差別撤廃条約（1979 年）：日本では批准の前後に**国籍法改正，男女雇用機会均等法**制定

拷問等禁止条約（1984 年）：自白などを得るための拷問や残虐な行為の禁止

子どもの権利条約（1989 年）：18 歳未満の子どもが対象。子どもを「権利をもつ主体」と位置づける

現代の国際経済

>>> 国際経済体制

● IMF・GATT 体制の確立

ブレトンウッズ協定（1944年）：国際通貨基金（IMF）と国際復興開発銀行（IBRD）の設立
合意

	国際通貨基金（IMF）	国際復興開発銀行（IBRD）
目的	為替相場の安定，為替取引の自由化	戦後復興・途上国の開発のための融資
内容	・金1オンス=35ドルとし，ドルを基軸通貨とする（各国の通貨も間接的に金と結びつく） ・国際収支赤字国に短期資金融資	・復興・開発のための長期資金融資

GATT（関税と貿易に関する一般協定，1947年締結）：**貿易自由化の促進**

【自由・無差別・多角の原則】
自由 ➡ 関税障壁・非関税障壁の撤廃などにより，自由貿易を推進
無差別 ➡ 最恵国待遇の原則（最も関税の低い国にあわせる），内国民待遇の原則（自国の企業と同様に扱う）
多角 ➡ 多国間交渉の原則（戦前の大国と旧植民地の関係を続けないため）
例外として，一般特恵関税（発展途上国との貿易に限り関税を低くorゼロにする）

1950年以降，アメリカでは投資収支の赤字拡大（日本等への直接投資増）やゴールドラッシュ（金の投機的売買），ベトナム戦争による軍事費拡大などにより，ドル不安が高まった。

【為替制度の変化】
1969年　　　IMFによってSDR（特別引出権）創設
1971年8月　ニクソン・ショック（ドル・ショック）➡ 金とドルの交換停止
　　12月　スミソニアン協定によるドルの切り下げ（1ドル=308円，金1オンス=38ドル）
1973年　　　各国が変動為替相場制に移行 ➡ スミソニアン体制の崩壊
1976年　　　キングストン合意によりIMFは変動為替相場制を追認
1985年　　　プラザ合意：ドル高を是正することを決定（ドル安に誘導）
　　　　　　➡ その結果，日本では円高→円高不況→バブル景気
1987年　　　**ルーブル合意**：ドル安是正のために協調介入をしたが効果は現れず

世界経済の変化

①**カジノ資本主義**：貿易量ではなく通貨の流れで為替相場が決定されるようになる。主
役は**ヘッジファンド**

　1987年には**ブラックマンデー**（アメリカの株価大暴落）により日本でバブル経済が
発生。1990年代に日本のバブルは崩壊し、ヘッジファンドはアジアへ資金投資。

②アジア通貨危機

　タイでは通貨バーツとアメリカドルが連動した（他の通貨とは非連動）ドル=ペッグ
制を採用していたが、ドルが大量に流入してバブルが発生し、対米ドル以外ではバーツ
の価値が上昇したため輸出が減少して景気が悪化し、ヘッジファンドは撤退、資金流
出 ➡ 急激なバーツ安に（1997年、タイ通貨危機）➡ さらにはロシア、ブラジル、アル
ゼンチンなどへも影響し、通貨危機発生

【多角的貿易交渉の歴史】

1960年代　**ケネディ・ラウンド**：工業製品の一律関税引き下げ

1970年代　**東京ラウンド**：工業製品・農業製品の関税引き下げ。**非関税障壁**のルール作り

1980年代　**ウルグアイ・ラウンド**：GATTの問題点の是正

> GATTの問題点
> - 常設の国際機関ではなかった
> - 強制的な紛争処理能力をもたなかった
> - 農業・サービス貿易・知的所有権に対応できなかった
> - セーフガード（緊急輸入制限措置）の利用件数急増
>
> ↓
>
> WTO（世界貿易機関）設立時（1995年）にこれらの問題点に関するルールを整備

2001年～　**ドーハ開発アジェンダ（ドーハ・ラウンド）**：対立が多く進展を見せず

>>> 国際貿易

比較生産費説：イギリスのリカードが主張。自由貿易論の立場

　➡ 各国が比較優位にある商品生産に**特化**することで、国際分業の利益が実現

経済発展段階説：ドイツのリストが主張。**保護貿易**主義の立場

　➡ 各国の産業発展には差があるので、途上国では関税障壁や非関税障壁等
を用いて幼稚産業を守るべき

●国際分業

垂直的分業：先進国と途上国の間の貿易

水平的分業：先進国と先進国の間の貿易

>>> 国際収支（2014年～）

　国際収支とは、一定期間（通常は1年間）に外国との間で行った経済取引の受け取りと支
払いの勘定をまとめたもの。経常収支は、一国の対外的な収入と支出の差額。

```
┌ 経常収支 ─┬ 貿易・サービス収支：輸出入の収支，輸送・旅行・通信等のサービス収支
│           ├ 第一次所得収支：利子・配当・雇用者報酬など
│           └ 第二次所得収支：国際機関拠出金，食糧・医療品等の消費財無償援助
├ 資本移転等収支：資本形成のための無償資金援助など対価をともなわない項目
├ 金融収支 ─┬ 直接投資：外国企業の経営権を獲得するための投資など
│           ├ 証券投資：利子・配当を目的とする投資
│           ├ 金融派生商品：債券や株式などから派生した新たな金融商品
│           ├ その他投資
│           └ 外貨準備：通貨当局が保有する金や外貨など
│  （金融収支の純資産の増加は＋で表示）
└ 誤差脱漏：ここまでの収支の誤差
```

経常収支＋資本移転等収支－金融収支＋誤差脱漏＝0 となる。

> **国際貿易における日本の近年の特徴**
>
> • 所得収支が貿易収支を上回る
> • 輸出入を合わせた貿易額で中国が相手国 1 位（2006 年度以降）
> • 貿易収支が 2011 年に 31 年ぶりに赤字に転落，それ以降は安定せず
> • 各国と EPA（経済連携協定）を締結
> • 2018 年に TPP（環太平洋経済連携協定）発効（アメリカは離脱）

▶▶▶ 地域的経済統合

● EU（欧州連合）

1952 年	ECSC（欧州石炭鉄鋼共同体）発足：原加盟国はフランス・西ドイツ・イタリア・ベルギー・オランダ・ルクセンブルク
1958 年	ローマ条約により EEC（欧州経済共同体）設立・EURATOM（欧州原子力共同体）発足
1967 年	EC（欧州共同体）：ECSC・EEC・EURATOM を統合
1979 年	EMS（欧州通貨制度）発足：通貨の統合をめざす
1987 年	単一欧州議定書調印（ヒト・モノ・カネの移動が原則自由化へ）
1993 年	マーストリヒト条約発効：EC から EU（欧州連合）へ
1999 年	アムステルダム条約発効：多数決原理の導入
2002 年	ユーロ使用開始：ECB（欧州中央銀行）が各国の中央銀行に指示を与える形で発行
2009 年	リスボン条約発効：EU 大統領・外交安全保障上級代表（EU 外相）職が設置
2020 年	イギリスが EU から正式に離脱

● NAFTA（北米自由貿易協定）

アメリカ・カナダ・メキシコで構成 ➡ 2020 年に USMCA（アメリカ・メキシコ・カナダ協定，新 NAFTA）発効

● ASEAN（東南アジア諸国連合）

東南アジアの 10 か国が加盟 ➡ AFTA（ASEAN 自由貿易地域）で貿易の自由化を促進

➡ AEC（ASEAN 経済共同体）で域内のサービス・ヒト・モノ・カネの自由化

第 11 章　**国際社会**

108 戦争の違法化の試みについて，空欄　ア　・　イ　に当てはまる語句を，それぞれ一つ選べ。

X：国際連盟は紛争の平和的解決と　ア　の一環としての制裁とを通じて国際社会の平和と安全を保障しようとしたよね。国際連盟規約において戦争に課された制約は限定的で，戦争の違法化を進める動きが生じたんだ。

Y：それを進めた国際規範が，　イ　があるよね。これは，国際関係において国家の政策の手段としての戦争を放棄することを目的としたものだよ。しかし，第二次世界大戦の勃発を抑止できなかったよね。

X：その後，国際連合憲章では，国際関係において武力による威嚇または武力の行使を禁止しているんだよ。これによって，　イ　に比べて制度上禁止される国家の行為は拡大したんだ。21 世紀になっても武力紛争はなくなっていないので，武力による威嚇や武力の行使の違法化をもっと実効性のあるものにすべきではないのかな。

　ア　① 勢力均衡　　　② 集団安全保障
　イ　① 不戦条約　　　② 国際人道法

〔2023 年度本試験 政治・経済 改〕

第11章

109 平和をめざした思想について，J が Z に話を聞いている。空欄　ア　には人名 a か b，空欄　イ　には語句 c か d，空欄　ウ　には記述 e か f のいずれかが当てはまる。空欄　ア　〜　ウ　に当てはまるものを，それぞれ一つ選べ。

J：平和をめざした思想には，どのようなものがあるのですか。

Z：たとえば，18 世紀に　ア　が著した『永久平和のために（永遠平和のために）』があります。その本では，平和のために諸国家による連合を設立する必要があると説かれていて，興味深かったです。

J：連合といえば，今は国連がありますよね。もちろん，当時と今とでは国際社会の状況が変わっているので，言葉の意味も異なるのでしょうね。

Z：そうですね。また，今日国連があるからといって，平和の実現に向けた課題が解決したわけではありません。

J：国連加盟国に対する武力攻撃が発生しても，安保理（安全保障理事会）が常任理事国間の利害対立によって機能不全に陥り，十分な役割を果たすことができないということが，先日ニュースでも取り上げられていましたよね。

Z：はい。安保理は，　イ　については九つの理事国の賛成で決定できますが，それ以外の決定にはすべての常任理事国を含む九つの理事国の賛成が必要です。

このため，安保理は機能不全に陥ることがあります。そのような場合には，た
とえば，　ウ　。

ア　に当てはまる人名

a　グロティウス（グロチウス）　　　b　カント

イ　に当てはまる語句

c　手続事項　　　　　　　　　　　d　実質事項

ウ　に当てはまる記述

e　朝鮮戦争をきっかけとして採択された「平和のための結集」決議によれば，緊
急特別総会での3分の2以上の加盟国の賛成によって，総会は平和維持のために
必要な措置をとるよう勧告することができます

f　国際連合憲章によれば，加盟国は自国への武力攻撃がなくとも個別的自衛権の
行使によって，他の加盟国に対する武力攻撃を実力で阻止することができます

〔2023年度追試験　政治・経済　改〕

110　国際機関の仕組みに関する記述として最も適当なものを，次の①〜④のうちか
ら一つ選べ。

①　規約人権委員会（人権規約委員会）は，市民的及び政治的権利に関する国際規
約（B規約）上の人権を侵害する国が同規約の選択議定書を批准していなくとも
同規約の締約国であれば，被害者からの通報を検討することができる。

②　人権理事会では，人権に対する重大かつ組織的な侵害を犯した場合に，総会決
議によって理事国としての資格が停止されることがある。

③　労働条件の改善を目標の一つとするILO（国際労働機関）は，労働者の声が
反映されるよう，政府代表と労働者代表との二者構成で運営されている。

④　国際社会の平和と安全の維持に主要な責任を有する国連安全保障理事会では，
国連分担金の比率上位5か国が常任理事国となるため，常任理事国に決議の採決
における特権的な地位が認められている。

〔2023年度本試験　政治・経済〕

111　次のA〜Dは，冷戦期の国際関係にかかわる出来事についての記述である。こ
れらの出来事を古いものから順に並べたとき，**3番目**にくるものとして正しい
ものを一つ選べ。

A　ソ連がアフガニスタンに侵攻した。

B　キューバ危機が起こった。

C　米英仏ソの首脳によるジュネーブ四巨頭会談が開かれた。

D　CSCE（全欧安全保障協力会議）が発足した。

〔2020年度追試験　政治・経済〕

112 核兵器に関する条約についての記述として**誤っているもの**を，次の①～④のうちから一つ選べ。

① 部分的核実験禁止条約では，大気圏内核実験や地下核実験が禁止された。

② 包括的核実験禁止条約は，核保有国を含む一部の国が批准せず未発効である。

③ 核拡散防止条約によれば，核保有が認められる国は5か国に限定されることとなる。

④ 第一次戦略兵器削減条約では，戦略核弾頭の削減が定められた。

〔2023年度本試験 政治・経済〕

113 国際人権規約についての記述として最も適当なものを，次の①～④のうちから一つ選べ。

① 人類が達成すべき人権保障の共通基準を示した国際人権規約を基礎として，世界人権宣言が採択されている。

② 世界人権宣言とは異なり，国際人権規約には法的拘束力がある。

③ 国際人権規約には，自由権を中心とした規約と参政権を中心とした規約との二つが存在する。

④ 日本は留保を付すことなく，国際人権規約を批准している。

〔2018年度追試験 政治・経済〕

114 国際分業と貿易に関する経済学の考え方である比較生産費説について，次の表は，a国とb国における，α財とβ財についての労働生産性（一定の時間における労働者一人当たりの財の生産量）を示したものである。ここでは，各国の総労働者数は，a国が200人，b国が180人であり，各財への特化前には，両国ともにα財とβ財の生産にそれぞれ半数ずつが雇用されているとし，各財への特化後も，両国ともにすべての労働者が雇用されるとする。また，両財は労働力のみを用いて生産され，両国間での労働者の移動はないこととする。この表から読みとれる内容として正しいものを，下の①～④のうちから一つ選べ。

	α財	β財
a国の労働生産性	1単位	3単位
b国の労働生産性	6単位	3単位

（注）　特化前も特化後も，表中の各単位のα財もしくはβ財の生産に必要な一定の時間と，労働者一人当たりの総労働時間とは一致するものとし，このことは両国とも同じとする。

① a国がα財の生産に特化し，b国がβ財の生産に特化すれば，特化しない場

第11章

合に比べ，両国全体で α 財の生産量は 640 単位増加し，β 財の生産量は 570 単位
増加する。

② a 国が β 財の生産に特化し，b 国が α 財の生産に特化すれば，特化しない場
合に比べ，両国全体で α 財の生産量は 640 単位増加し，β 財の生産量は 570 単位
増加する。

③ a 国が α 財の生産に特化し，b 国が β 財の生産に特化すれば，特化しない場
合に比べ，両国全体で α 財の生産量は 440 単位増加し，β 財の生産量は 30 単位
増加する。

④ a 国が β 財の生産に特化し，b 国が β 財の生産に特化すれば，特化しない場
合に比べ，両国全体で α 財の生産量は 440 単位増加し，β 財の生産量は 30 単位
増加する。　　　　　　　　　　　〔2021 年度本試験（第 2 日程）政治・経済〕

115 1930 年代以降の国際通貨制度の変遷に関連する記述として**誤っているもの**を，
次の①〜④のうちから一つ選べ。

① 1930 年代には，世界的な不況の中で金本位制が崩壊すると，各国は輸出の増
大によって不況を克服しようとして為替の切下げ競争に走った。

② IMF 協定（1944 年）では，為替相場の安定による自由貿易の拡大を促すため
に，すべての加盟国に自国通貨と金との交換を義務づけた。

③ 1960 年代には，アメリカの貿易収支の悪化やベトナム戦争による対外軍事支
出の増大などによりドルが世界に流出する中，ドルの信認が低下することによっ
てドル危機が発生した。

④ 変動相場制への移行開始（1973 年）の後，主要国は首脳会議や財務相・中央
銀行総裁会議において通貨・経済問題を協議することで，為替相場の安定を図ろ
うとしている。　　　　　　　　　　〔2021 年度本試験（第 1 日程）政治・経済〕

116 国際経済体制についての記述として**誤っているもの**を，次の①〜④のうちから
一つ選べ。

① 1930 年代には，為替切下げ競争やブロック経済化が起こり，世界貿易が縮小し，
国際関係は緊張することとなった。

② IMF（国際通貨基金）は，各国通貨の対ドル交換比率の固定化により国際通
貨体制を安定させることを目的として設立された。

③ アメリカの国際収支の悪化により，1960 年代にはドルに対する信認が低下す
るドル危機が発生した。

④ スミソニアン協定は，ドル安是正のための政策協調を目的として合意された。
　　　　　　　　　　　　　　　　　　　　　〔2018 年度本試験 政治・経済〕

117 WTO（世界貿易機関）についての記述として正しいものを，次の①〜④のうちから一つ選べ。

① GATT（関税及び貿易に関する一般協定）の基本原則の中には，最恵国待遇原則があったが，この原則はWTOには引き継がれていない。

② GATTのウルグアイ・ラウンドでは，知的財産権の国際的保護に関するルールについて交渉されたが，このルールはWTOで採用されていない。

③ WTOの紛争処理手続においては，加盟国が一国でも反対すれば，協定違反の有無に関する裁定は採択されない。

④ WTOのドーハ・ラウンドは，農産物の輸出国と輸入国との間の利害対立もあり，交渉全体の妥結には至っていない。

〔2020年度本試験 政治・経済〕

118 貿易や海外投資の動向に関心をもった生徒Yは，日本の国際収支を調べ，次の表を作成した。表中のA，B，Cは，それぞれ1998年，2008年，2018年のいずれかの年を示している。表に関する後の記述ア〜ウのうち，正しいものはどれか。当てはまるものをすべて選べ。

（単位：億円）

	A	**B**	**C**
貿易収支	58,031	11,265	160,782
サービス収支	− 39,131	− 10,213	− 65,483
第一次所得収支	143,402	214,026	66,146
第二次所得収支	− 13,515	− 20,031	− 11,463

（出所）　財務省Webページにより作成。

ア　A，B，Cにおいて経常収支に対する第一次所得収支の比率が一番大きいのはBである。

イ　A，B，Cを貿易・サービス収支額の小さいものから順に並べると，A→B→Cの順になる。

ウ　A，B，Cを年代の古いものから順に並べると，C→A→Bの順になる。

〔2023年度本試験 政治・経済 改〕

第11章

119　EU について，次の空欄 ア ～ ウ に当てはまる語句として正しいもの
を，それぞれ一つ選べ。

J：EU では経済統合が進み，ユーロという共通通貨がありますよね。

Z：はい。でも，EU 加盟国であってもユーロを導入するには条件があります。原
則として，単年度の ア が GDP の 3 ％以下など，条件が満たすことが必
要です。

J：それは厳しいですね。ところで，EU の加盟国間には経済格差や，難民の受入
れをめぐる意見の対立など，いろいろと課題もあるようですね。

Z：はい。たとえば，2004 年に調印された欧州憲法条約（EU 憲法条約）は発効し
ませんでした。しかし一方で，2009 年には EU の基本的な構造を定める
イ 条約が発効し，EU は域内の経済統合だけでなく，政治統合もめざして
います。たとえば，この条約によって ウ が創設されました。EU のような，
単一通貨や共通外交，共通市民権など，これまでの主権国家の枠組みを超えた
試みはとても興味深いです。

ア　① 財政赤字　　　　　　② 公的債務残高
イ　① ニース　　　　　　　② リスボン
ウ　① 欧州安定メカニズム（ESM）
　　② 欧州理事会常任議長（EU 大統領）

〔2023 年度追試験 政治・経済 改〕

第11章　国際社会

108　《戦争の違法化の試み》　正解は，ア―②　イ―①

ア．国際社会における国家間の安全保障の形態には，**勢力均衡**の方式と**集団安全保障**の方式があるが，国際連盟と国際連合は集団安全保障の方式に基づいている（②適当）。

イ．国際連盟の創設（1920年）と第二次世界大戦勃発（1939年）の間につくられた戦争の違法化を進める国際規範なので，1928年成立の**不戦条約**（**ケロッグ・ブリアン条約**）である（①適当）。なお，**国際人道法**とは，非人道的な戦争の手段の制限，戦闘行為に参加しない人や戦闘不能になった人々の保護などを目的とした様々な国際法規の総称である。代表的なものに，戦地での傷病者や捕虜・文民などの保護を目的としたジュネーヴ条約（1949年採択）がある。

109　《国際連合》　正解は，ア―b　イ―c　ウ―e

国際的な政治機構に関する問題である。

ア．『永久平和のために』から，bの**カント**が適当。現在の国連につながる組織の構築についての記述があるのが特徴である。

イ．「（十五か国中）九つの理事国の賛成で決定」できるとあるので，cの**手続事項**が適当。

ウ．e．適当。「平和のための結集」決議に関する記述である。

　f．**不適**。国連憲章第51条は，「国際連合加盟国に対して武力攻撃が発生した場合には，安全保障理事会が国際の平和及び安全の維持に必要な措置をとるまでの間，個別的又は集団的自衛の固有の権利を害するものではない」と定めており，その文言からは武力攻撃なしに個別的自衛権を行使できないということが読み取れる。

110　《国際機関のしくみ》　正解は②

①**不適**。国際人権規約において，選択議定書とは，条約をさらに発展・充実させる目的で，条約本文とは別に独立して作成される国際法のこと。条約の締約国は選択議定書を批准するかどうかを条約本文の批准とは別に選択できるので，批准していない選択議定書にはしばられない。なお，国際人権規約（B規約）の選択議定書は2つあり，第1選択議定書は人権を侵害された個人が規約人権委員会に救済の申立をなし得る制度（個人通報制度）を定めたもの，第2選択議定書は死刑廃止条約であ

る。日本政府は2つの選択議定書を批准していないため，日本からの個人通報制度
は機能しない。

②適当。国連人権理事会は，従来非常置であった人権委員会に代わり，2006年に総
　会の下部機関として常置された。人権と基本的自由への保護・促進・監視を行い，
　大規模・組織的な人権侵害に対応する国連機関である。理事国に深刻かつ組織的な
　人権侵害があった場合には，総会で投票国の3分の2以上の賛成により理事国資格
　が停止される。ロシアによるウクライナ侵攻において重大な人権侵害があったとし
　て，2022年4月7日の国連総会の緊急特別会合にロシアの人権理事会理事国資格
　の停止決議案が提出され，賛成多数により採択された（採択後にロシアは人権理事
　会からの離脱を表明）。

③不適。ILO（国際労働機関）は，加盟各国の政府代表2人，労働者代表・使用者代
　表各1人の三者構成で運営される。

④不適。国連安全保障理事会の常任理事国は国連分担金の比率で決まるわけではない。
　常任理事国は中国・フランス・ロシア（旧ソ連）**・イギリス・アメリカの5か国と**
　国連憲章に定められている。

111 《東西冷戦》　正解はD

A．ソ連のアフガニスタン侵攻は1979年のことである。

B．キューバ危機は1962年のことである。

C．ジュネーブ四巨頭会談の開催は1955年のことである。

D．CSCE（全欧安全保障協力会議）の発足は1975年のことである。

AとDの前後関係がポイント。古い順にC→B→D→Aとなり，3番目はDである。

● **CSCE（全欧安全保障協力会議）**

　CSCE（全欧安全保障協力会議）は，アルバニアを除く全欧州諸国にアメリカとカナダを加えた35
か国の首脳が参加して1975年にヘルシンキで開催された。そのとき採択された**ヘルシンキ宣言**では，
欧州における安全保障に関する諸問題に対する原則が宣言されるとともに，経済，科学技術，環境，
人道などの分野における協力がうたわれた。冷戦終結後，1995年に常設化されて**OSCE（欧州安全保
障協力機構）**に改組された。

112 《軍縮》　正解は①

①誤文。部分的核実験禁止条約は地下核実験を禁止していない。

②正文。包括的核実験禁止条約は，1996年，国連総会で採択された。2021年時点で
　185か国が署名（インド・パキスタン・北朝鮮は未署名），170か国が批准している
　が，発効要件国44か国のうち核保有国である米・中をはじめ，インド・パキスタ
　ン・北朝鮮など8か国が批准していないため未発効である。

③正文。核拡散防止条約は，米・ロ（旧ソ連）・英・仏・中を核保有国（核兵器国）と限定し，非核保有国が核兵器を新たに持つこと，保有国が非保有国に核兵器を譲ることを禁止している。

④正文。第一次戦略兵器削減条約（START Ⅰ）は，米ソ間で 1991 年に締結された，長距離弾道核ミサイル削減を目的とした核兵器削減条約である。

113　《国際人権規約》　正解は②

①不適。人類が達成すべき人権保障の共通基準を示したのは**世界人権宣言**（1948 年）であり，それを基礎としたのが**国際人権規約**（1966 年）である。

②適当。国際人権規約は，世界人権宣言をより具体化して，各国を法的に拘束するものとして採択された。

③不適。国際人権規約は，**社会権的人権を保障するＡ規約**と，**自由権的人権を保障するＢ規約**の 2 つからなっている。また，同時に採択された選択議定書は，Ｂ規約が保障する権利を侵害されたとする個人の通報を**人権委員会**が受理し審議することなどを定めている。

④不適。日本は 1979 年に公務員のスト権など一部留保つきで両規約を批准した。選択議定書は批准していない。

第11章

114　《比較生産費説》　正解は④

比較生産費説とは，両国がそれぞれ比較優位にある財の生産に特化すれば，両国全体で両財の生産量が増加するという理論。

ａ国は β 財に，ｂ国は α 財にそれぞれ比較優位があるから，特化すべき財に着目すれば，①と③は不適。

特化前には，両国全体で α 財は 640 単位（$1 \times 100 + 6 \times 90$），$\beta$ 財は 570 単位（$3 \times 100 + 3 \times 90$）生産されている。ａ国が β 財に特化すると β 財の生産量は 600 単位（3×200），ｂ国が α 財に特化すると α 財の生産量は 1080 単位（6×180）となる。したがって，ａ国が β 財，ｂ国が α 財に特化すると，両国全体で α 財の生産量は 440 単位（$1080 - 640$）増加し，β 財の生産量は 30 単位（$600 - 570$）増加する（④適当）。

115　《国際通貨制度》　正解は②

①正文。1930 年代の為替の切下げ競争は，自国と友好国・植民地を高い関税障壁で保護し，他の地域からの輸入を締め出す閉鎖的な**ブロック経済**をもたらした。

②誤文。IMF 体制は，米ドルを世界の基軸通貨として金 1 オンス＝ 35 ドルと定め，

各加盟国の通貨ではなく米ドルに金との交換を義務づけた**金・ドル本位制**と，各国通貨はドルとの交換比率の変動を上下 1 ％以内に抑える**固定為替相場制**の 2 つを基礎とした。

③**正文**。ドルへの信頼が揺らぎ始めると，各国はドルの金への交換を要求するようになり，アメリカから金が流出して，金の保有量が減少した。これが**ドル危機**である。ドル防衛策として，ニクソン大統領は 1971 年，金とドルの交換停止を宣言した（**ニクソン・ショック，ドル・ショック**）。

④**正文**。主要国首脳会議（**サミット**）は国際的な政治・経済問題を議題とする主要国の首脳による会議であり，1975 年に日・米・英・仏・西独・伊の 6 か国で始まった。**財務相・中央銀行総裁会議**は，主要国の財務大臣と中央銀行総裁による通貨問題に関する会議であり，**プラザ合意**が行われた 1985 年の会議は米・英・西独・仏・日の**G 5**，**ルーブル合意**が行われた 1987 年にはカナダとイタリアを加えて**G 7**として開催された。

116 《国際経済体制》 正解は④

①**正文**。1929 年の世界恐慌を受け，イギリス・フランスなど植民地を多く有する国はブロック経済を採用した。これに対して日本・ドイツ・イタリアなどの植民地や資源の少ない国は，植民地の再分割を求めて対外侵略政策を採用した。

②**正文**。IMF（国際通貨基金）は，ドルと各国通貨の交換比率の変動を上下 1 ％以内に抑える固定為替相場制を維持し，安定した多国間の支払制度の確立をめざした。

③**正文**。1960 年代，ドルへの信認の低下によって各国はドルの金への交換を要求し，アメリカから金が流出した。その結果，アメリカの金保有量が減少してドルの兌換能力は低下した。

④**誤文**。1971 年の**スミソニアン協定**は，ドルの金との交換停止を発表したニクソン・ショックを受け，金価格に対するドルの切り下げ，円の対ドル切り上げなどの平価調整を行ったものである。

117 《WTO》 正解は④

①**誤文**。最恵国待遇と内国民待遇は GATT の三原則（自由・無差別・多角）のうち無差別にあたる。GATT の三原則は WTO にも引き継がれている。

②**誤文**。GATT のウルグアイ・ラウンドではサービスや知的財産権分野のルールを作成し，WTO に引き継がれた。

③**誤文**。WTO の紛争処理手続においては，ネガティヴ・コンセンサス方式（全会一致で不採択を決定しない限り採択される方式）によりパネル（紛争解決のための小

委員会）の手続が自動化された。

④**正文**。2001 年に始まった**ドーハ・ラウンド**は，南北間の対立や，貿易と環境をめ
ぐる対立などから，2011 年に一括合意が断念された。こうした背景もあり，各国
は個別の貿易協定への傾斜を強めている。

118 《国際収支》　正解は，ア・ウ

ア．**正文**。**経常収支**は，[貿易・サービス収支＋第一次所得収支＋第二次所得収支]，
貿易・サービス収支は[貿易収支＋サービス収支]である。したがって，表の各項
目の合計額が経常収支であり，A は 148,787 億円，B は 195,047 億円，C は
149,982 億円となる。B は第一次所得収支が経常収支を上回っており，経常収支に
対する第一次所得収支の比率が一番大きい。

イ．**誤文**。前述のとおり，貿易・サービス収支は[貿易収支＋サービス収支]で算出
される。概算すると，A は約 2 兆円，B は約 1,000 億円，C は約 10 兆円である。
貿易・サービス収支額の小さいものから並べると，B→A→C の順になる。

ウ．**正文**。2008 年のリーマン・ショック以降，日本の貿易黒字は大きく落ち込み，
2011 年の東日本大震災以降しばらく赤字だったという知識があれば，貿易黒字が
最も大きい C が最も古い年（1998 年）のものだとわかる。また，貿易収支が伸び
悩むなか，経常収支の黒字に寄与したのは第一次所得収支の伸長だったと知ってい
れば，第一次所得収支の黒字額も経常収支に占める比率も最も大きい B が最も新し
い年（2018 年）だとわかる。

119 《EU》　正解は，アー①　イー②　ウー②

EU に関する知識が必要となる問題。

ア．①**財政赤字**が適当。財政赤字とは歳入より歳出が大きいこと。②公的債務残高は
国の借金の総額。2022 年の EU 圏の債務残高の対 GDP 比（推計値）は，イタリア
で約 150％，フランスが約 112％，比較的小さいドイツでも約 70％で（なお，日
本は約 262％），「GDP の 3％以下」にすることは現実的ではなく，財政赤字が適
当とわかる。

イ．「2009 年」「基本的な構造」などから，②**リスボン条約**が適当。①ニース条約は
加盟国の拡大を見越して合意され，2001 年に調印，2003 年に発効した。

ウ．②**欧州理事会常任議長**（**EU 大統領**）が適当。①欧州安定メカニズム（ESM）は，
政府の金融行政の安定を図るために 2012 年に設立されたもので，リスボン条約と
直接の関係はない。

実戦問題

試作問題

解答時間 60 分
配点 100 点

公共，政治・経済

（解答番号　1 ～ 34 ）

第1問 次の生徒Xと生徒Yの多様性と共通性に関する会話文を読み，後の問い
（問1～4）に答えよ。なお，設問の都合上，XとYの各発言には番号を振っている。

（配点　13）

X1：2021年に開催されたオリンピック・パラリンピックは@「多様性」がテーマの一
　　つだったね。「違いを認め合おう」とメッセージを発信していた。人種や民族，文
　　化，性別，宗教，地域，障害の有無等の違いを認め合おうということだね。

Y1：様々な「違い」が強調されるんだけど，それぞれが「同じ」尊厳ある人間だとい
　　う共通性については，あまり強調しない。

X2：でも，⑥人間はそれぞれの地域に固有の文化や伝統の中に生まれ落ち，その文化
　　や伝統を糧にして育つ。だから人も社会も文化も違っていて多様なんだよね。

Y2：一方で，人間が生まれながらにもつとされる自然権や基本的人権といった権利が，
　　多様な人間の共通性の基盤ともなっている。自然法を起点にして©各種の法を捉
　　えるという思想もある。

X3：その思想に近いものは，ほかにもあるのかな。

Y3：例えば，行為の善さは行為の結果にあるのではなく，多様な人々に共通している
　　人格を尊重しようとする意志の自由にあるという思想が挙げられる。この思想を
　　唱える哲学者は，すべての人には地表を共同で所有する権利があるのだから，ど
　　んな人にも外国を「訪問する権利」があると言っている。

問1　多様性と共通性に関する生徒Xと生徒Yの会話文について，次の**ア〜エ**の考えの
うち，Y3 の発言にある「この思想を唱える哲学者」の考えとして最も適当なもの
を，後の**①**〜**④**のうちから一つ選べ。　　1

ア　人間は自分で自分のあり方を選択していく自由な存在であると同時に，自分の
選択の結果に対して責任を負う存在でもある。個人の選択は社会全体のあり方に
も影響を与えるので，社会への参加，すなわち「アンガジュマン」を通して個人
は社会に対して責任を負う，という考え

イ　人間はこの世界では不完全で有限だが，この世界に生まれる以前，魂は，完全
で永遠な「イデア」の世界にあったので，この世界においても，魂は，イデアへ
の憧れをもっている。その憧れが哲学の精神であり，統治者がこの精神をもつこ
とによって，理想的ですぐれた国家が実現できる，という考え

ウ　人間は各々個別の共同体で育ち，共同体内で認められることで自己を形成する。
それゆえ，個人にとっての善と共同体にとっての善とは切り離すことができず，
各共同体内で共有される「共通善(公共善)」とのつながりによって，個人の幸福
で充実した生は実現する，という考え

エ　人間は自己を目的として生きており，どんな相手をも手段としてのみ利用して
はならない。この道徳法則に従うことを義務として自らを律する人々が形成する
社会を普遍的な理念とするべきであり，「永遠平和」を実現するためには，この理
念を国際社会にも拡大すべき，という考え

① ア　　　**②** イ　　　**③** ウ　　　**④** エ

問2　下線部@に関して，ある鉄道会社で就業体験活動をした生徒Xは，その資料室で見ることができた1970年代の写真と現在の様子を比べ，多様性の尊重として，ア～エに示す改善・工夫が行われてきたことに気付いた。それらは，法令の施行や改定とも関連があると思われた。

後の法令A～Cのうち，BとCの目的・趣旨に基づく改善・工夫をア～エのうちからそれぞれ選び，その組合せとして最も適当なものを，後の①～⑥のうちから一つ選べ。　2

気付いた改善・工夫

> ア　昔の写真ではお守りや御札がオフィスや運転席に置かれているが，現在では置かれていない。
>
> イ　昔の写真では車掌や運転士は男性で，女性はオフィスで働いているが，現在では多くの業務に女性も男性も従事している。
>
> ウ　昔の写真では改札口の間が狭く，ホームをつなぐ高架には階段しかないが，現在では幅が広い改札口もあり，エレベーターなども設置されている。
>
> エ　昔の写真では駅や車内の案内は漢字やひらがな，ローマ字つづりでの表示であるが，現在では多言語表示がなされている。

A　消費者基本法

B　障害者差別解消法

C　男女雇用機会均等法

① B－ア　　C－ウ

② B－ア　　C－エ

③ B－イ　　C－エ

④ B－ウ　　C－ア

⑤ B－ウ　　C－イ

⑥ B－エ　　C－イ

問3　下線部ⓑに関して，生徒Xと生徒Yの学校では課外活動で地元の自治体に協力し，桃の節句，菖蒲の節句に合わせて SDGs に関するイベントを企画することになった。次の**イベント企画案**は，市役所のエントランスホールなどの施設を利用して，一回につき二つの目標を取り上げるものである。

　　イベント企画案中の　ア　・　イ　に当てはまる目標の組合せとして最も適当なものを，後の①～④のうちから一つ選べ。　3

イベント企画案

目　標	月	イベント概要
ア と **5** ジェンダー平等を実現しよう	2 ～ 3	性にかかわらず，すべての人が様々な分野を通じて，社会全体の創造性などに寄与できるようにする取組みや，国際労働機関(ILO)と国連女性機関(UN WOMEN)の取組みを紹介する。科学における女性と女児の国際デー(2月11日)，国際女性デー(3月8日)の月にあたり，雛人形の工作の準備をし，あらかじめ用意した飾り段の上に，各自で製作した様々な人形を自由に置いてもらう。
イ と **6** 安全な水とトイレを世界中に	4 ～ 5	妊娠中の人に特に重要な職場や家庭での分煙，また，多機能トイレの設置数の増加を呼びかける。若年層を喫煙の害から守る世界保健機関(WHO)の取組みを紹介する展示を行う。世界保健デー(4月7日)，世界禁煙デー(5月31日)の月にあたり，菖蒲の束をその場で作ってもらう。希望者には持ち帰り，湯船に入れてもらうなどする。

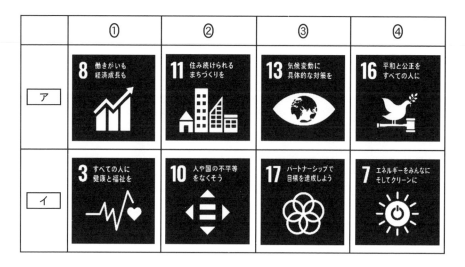

問4 下線部ⓒに関して,生徒Xと生徒Yは日本における民法の変遷について調べてまとめた。このうち,現行の民法の内容に関する記述として正しいものを次のア〜ウからすべて選んだとき,その組合せとして最も適当なものを,後の①〜⑧のうちから一つ選べ。 4

ア 現行の民法では,成年年齢に達するということには,親権に服さなくなるという意味がある。

イ 現行の民法では,当事者の一方が未成年である場合に,未成年が単独で相手方とした契約は,原則として後になって取り消すことができることが定められている。

ウ 現行の民法では,当事者の一方が公序良俗に反する内容の契約を申し出た場合に,相手方がそれに合意する限りにおいて,その契約は有効となり,後になって取り消すことができないことが定められている。

① アとイとウ ② アとイ ③ アとウ ④ イとウ
⑤ ア ⑥ イ ⑦ ウ ⑧ 正しいものはない

第2問　「公共」の授業で1年間のまとめとして，生徒Xは同じ関心をもつ生徒たちとグループをつくり，「人口減少が続く中でどのような社会をつくればよいか」という課題を設定し，探究活動を行った。これに関して，後の問い(**問1～4**)に答えよ。(配点　12)

問1　生徒Xたちは，人口減少の要因やその対策を考察するための資料を収集・分析する中で，人口減少の主要因は少子化だと考え，出産・子育て支援策について検討した。次の**生徒Xたちのメモ**中の　A　・　B　に当てはまるものの組合せとして最も適当なものを，後の**①**～**⑥**のうちから一つ選べ。　**5**

生徒Xたちのメモ

> 　出産や子育ては，社会状況の変化などにより，保護者となる世代に個人的な負担が重くのしかかってきた。
> 　日本においては，1972年に児童手当法が施行され，保護者に対し，児童手当が支給されている。児童手当法はその後の改定の過程で，出生順位の規定が撤廃され，支給対象年齢が拡大され，現在は子どもの年齢や出生順位によって金額に重みがつけられている。ただし，児童手当の支給には保護者の所得制限がある。一般的に給与などは，各人の能力や功績に比例して決められる，すなわちアリストテレスが言う　A　的正義に基づいていることが少なくない。一方，児童手当の所得制限では，収入が高ければ逆に支給が抑えられている。
> 　児童手当などの日本の出産・子育て支援策としての社会給付は，社会が子育てに責任をもち，子育てを支えるという考え方を反映していると考えられる。アリストテレスは，法を守り，共同体の善を実現する　B　的正義を提唱している。
> 　これからの日本では，どのような出産・子育て支援策が考えられるだろうか。

①　A－配分　　B－調整　　　　**②**　A－配分　　B－全体

③　A－全体　　B－配分　　　　**④**　A－全体　　B－調整

⑤　A－調整　　B－全体　　　　**⑥**　A－調整　　B－配分

問2　生徒Xたちは, 日本とヨーロッパのOECD加盟国について, 次の図1·図2を示しながら「日本は出産·子育て支援策として, 保育サービスなどの『現物給付』の充実を図る必要がある。」という提案を行うことにし, 事前に他のグループに説明したところ, 後のア～エのような意見が他の生徒からあった。

　　ア～エのうち図1·図2を正しく読み取った上での意見の組合せとして最も適当なものを, 後の①～⑥のうちから一つ選べ。　6

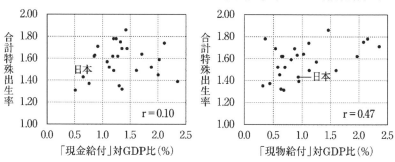

図1「現金給付」対GDP比と合計特殊出生率　　図2「現物給付」対GDP比と合計特殊出生率

(注)　「現金給付」対GDP比及び「現物給付」対GDP比とは, 家族関係政府支出「現金給付」及び「現物給付」の支出額のGDPに対する比率を表す。rは相関係数を示す。
(出所)　図1·図2とも *OECD.Stat* ("OECD" Webページ)の2017年の統計により作成。

ア　日本よりも合計特殊出生率が低いすべての国は, 「現金給付」対GDP比が日本より低いため, 「現金給付」より「現物給付」の充実に重点を置く提案に賛同する。

イ　「現金給付」対GDP比と合計特殊出生率には強い相関があるため, 「現物給付」より「現金給付」の充実に重点を置くべきである。

ウ　「現物給付」対GDP比が日本より低くても合計特殊出生率が1.60を超える国々があるため, 「現物給付」の充実を提案する前に諸外国の状況を調査してはどうか。

エ　「現物給付」対GDP比と合計特殊出生率との因果関係は示されていないため, 「現物給付」の充実を提案するためには別の資料も準備した方がよい。

①　アとイ　　　②　アとウ　　　③　アとエ
④　イとウ　　　⑤　イとエ　　　⑥　ウとエ

問3　生徒Xたちは，高齢化の進行と，少子化による人口減少が進むと，社会保障の面で問題が生じるのではないかと考えた。このことを中間発表で説明したところ，「今後の日本には，どのような社会保障のあり方が望ましいと考えますか。諸外国の給付規模などとの比較を踏まえて，教えてください。」という質問が他の生徒からあった。

　　これに対し，生徒Xたちは準備していた次の**図3**を踏まえ，回答した。**図3**は，1980年から2015年における5年ごとの日本，ドイツ，イギリス，アメリカの高齢化率と社会支出の対GDP比が表されており，**生徒Xたちの回答**中の $\boxed{\text{A}}$ ～ $\boxed{\text{D}}$ は，日本，ドイツ，イギリス，アメリカのいずれかである。

　　生徒Xたちの回答中の $\boxed{\text{A}}$・$\boxed{\text{D}}$ に当てはまる国名及び $\boxed{\text{E}}$ に当てはまる文の組合せとして最も適当なものを，後の①～⑧のうちから一つ選べ。$\boxed{7}$

図3　高齢化率と社会保障の給付規模の国際比較

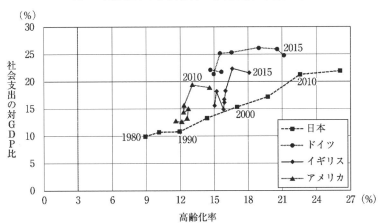

（注）　横軸の高齢化率は，その国の全人口に占める65歳以上人口の割合を示している。縦軸の「社会支出」とは，人々の厚生水準が極端に低下した場合にそれを補うために個人や世帯に対して財政支援や給付をする公的供給のことを表している。

（出所）　厚生労働省「令和2年版厚生労働白書」により作成。

生徒Xたちの回答

　　A　　は, 1980 年から 2015 年にかけて, **図3**中の他のいずれの国よりも急速に高齢化が進行したと言える。そのため, 社会保障の給付規模は, 高齢化率が高くなるに従って, 社会支出の対 GDP 比も大きくなっている。

　　B　　は, 高齢化率も社会支出の対 GDP 比も相対的に低い水準にある。こうした傾向は, 市場経済を重視する立場から, 労働移動や自助努力を促す政策を展開してきたことと関連していると考えられる。

　　C　　では, 1995 年から 2010 年にかけて社会支出の対 GDP 比はほぼ横ばいであった。また, 　　C　　は市場経済を重視していると考えられるが, 1980 年においてすでに他国と比べて高水準の社会支出対 GDP 比を実現していた。

　　C　　に次いで 1980 年に高齢化率が高かった　　D　　では, 1990 年から 2010 年にかけて社会支出の対 GDP 比が大きく引き上げられた。この現象は, 1990 年代にそれまでの政策からの転換を遂げたことと関連していると考えられる。

　このようにして, **図3**に基づいて考えると, 　　E　　が, 今後の日本における社会保障のあり方を構想するための重要な要因になるだろう。

	A	D	E
①	日本	アメリカ	一定期間における高齢化率の伸びに対する社会支出の対 GDP 比の割合を大きくするか否か
②	日本	アメリカ	市場経済と社会保障の双方を重視する政策を推進し, 高齢化率を大幅に抑制し続けるか否か
③	日本	イギリス	一定期間における高齢化率の伸びに対する社会支出の対 GDP 比の割合を大きくするか否か
④	日本	イギリス	市場経済と社会保障の双方を重視する政策を推進し, 高齢化率を大幅に抑制し続けるか否か
⑤	ドイツ	アメリカ	一定期間における高齢化率の伸びに対する社会支出の対 GDP 比の割合を大きくするか否か
⑥	ドイツ	アメリカ	市場経済と社会保障の双方を重視する政策を推進し, 高齢化率を大幅に抑制し続けるか否か
⑦	ドイツ	イギリス	一定期間における高齢化率の伸びに対する社会支出の対 GDP 比の割合を大きくするか否か
⑧	ドイツ	イギリス	市場経済と社会保障の双方を重視する政策を推進し, 高齢化率を大幅に抑制し続けるか否か

問4　生徒Xたちは，最終発表に向け，人口減少及び高齢化が進行する自らの地域において，高齢者がよりよい生活を送るためにはどのような施策が考えられるかということについて話し合った。次の会話文中の　A　～　C　に当てはまる文の組合せとして最も適当なものを，後の①～⑧のうちから一つ選べ。　8

　　X：人口減少，高齢化が進行している私たちの住む地域の中で，どのような施策が考えられるだろうか。

　　Y：私たちの住む地域は高齢者世帯が多いことから，行政主体での，希望するすべての高齢者世帯への家事援助や配食サービスの実施を提案してはどうだろう。

　　X：公正を重視した提案だね。新たな社会保障の施策を考える時に大切な考え方だ。では，効率の面からはどうかな。

　　Z：効率の面からみると，　A　。

　　Y：そうだね。Zさんの発言に加えると，　B　ということも考えられるから効率的だし，地元にもメリットがあるね。

　　W：でも，効率が安易に追求されすぎて，利用者の生活の質(QOL)が損なわれることになってはいけない。提供されるサービスの質を確保し，すべての利用者が適切にサービスを受けられるという公正さの確保も大切なことだ。だから　C　とよいのではないかな。

　　X：施策を考えるには，様々な視点や立場から検討することが大切だね。

[A] に入る文

ア　このようなサービスは，新たに行政が始めるよりも，入札を実施して，ノウハ
　　ウをもつ民間企業に委ね，サービスの提供に関わる費用を行政が負担して提供す
　　る方がよいのではないかな

イ　このようなサービスは，各自治体が住民の求めるすべてのサービスに対応でき
　　るようにするために，ニーズの有無に関わらず大きな組織を複数作って提供する
　　方がよいのではないかな

[B] に入る文

ウ　行政に幾つもの新しい組織が作られることで，その運営に関わる費用が多少増
　　えても，多くの組織が作られることによる新たな雇用の創出が期待できる

エ　企業は業務を請け負い，また利潤を得るために無駄な経費を抑えるだろうし，
　　また，その地域で新たな雇用の創出が期待できる

[C] に入る文

オ　行政には，すべての企業がその規模や過去の実績に関わらず入札に参加できる
　　機会の公正を確保する役割を担ってもらう

カ　行政には，企業から高齢者世帯へのサービスの提供後に，その内容を点検する
　　ことによって公正さを確保する役割を担ってもらう

① A-ア　B-ウ　C-オ　　② A-ア　B-ウ　C-カ
③ A-ア　B-エ　C-オ　　④ A-ア　B-エ　C-オ
⑤ A-イ　B-ウ　C-オ　　⑥ A-イ　B-ウ　C-カ
⑦ A-イ　B-エ　C-オ　　⑧ A-イ　B-エ　C-カ

第 3 問

生徒Xと生徒Yが，「政治・経済」の授業において「不当な格差のない，平等な社会」というテーマについて話し合っている。次の**会話文**1および後の**会話文**2・3を読み，後の問い(**問**1〜6)に答えよ。(配点　18)

会話文1

X：男女の平等については，女子差別撤廃条約が重要だね。この条約を批准した日本は男女差別撤廃に向けて，これまで@さまざまな法律を制定したり，改正したりしてきたようだよ。

Y：男女の平等をはじめとして，国際社会ではそれ以外にも人々の権利を保障するための多くの人権条約が採択されているようだね。ただ，これらの条約の中には，まだ⑥日本が批准していない条約もあるみたいだ。

問1　下線部@について，生徒Xは，男女の平等に関する日本の法律を調べてみた。それぞれの法律に関する記述として正しいものを，次の①〜④のうちから一つ選べ。ただし，各法律の内容は現行法によるものとする。　9

① 労働基準法は，男女同一賃金の原則を明文で定め，賃金面における女性への差別を禁止している。

② 育児・介護休業法は，女性労働者のみならず男性労働者に対しても，育児休業の取得を義務づけている。

③ 民法は，女性の婚姻開始年齢を引き下げる改正を経て，男女とも 18 歳にならなければ婚姻できないことを規定している。

④ 男女雇用機会均等法は，事業主は，募集，採用，配置，昇進など，職場における男女差別の解消に努めなければならないことを定めている。

問2　下線部⑥について，生徒Yは，人権条約と現在の日本の批准状況について調べ，次の**表**1を作成した。**表**1中の空欄　ア　〜　ウ　に当てはまる語句の組合せとして最も適当なものを，後の①〜④のうちから一つ選べ。　10

表1

採択年	条約の名称	日本の批准
1953 年	婦人の参政権に関する条約	あ　り
1965 年	ア	あ　り
1966 年	経済的，社会的および文化的権利に関する国際規約（社会権規約）	ウ
1979 年	女子に対するあらゆる形態の差別の撤廃に関する条約（女子差別撤廃条約）	あ　り
1989 年	イ	な　し
1990 年	すべての移民労働者及びその家族構成員の権利の保護に関する国際条約（移民労働者条約）	な　し

(注)　日本の批准において，一部留保付きで批准したものもある。

① ア　子ども（児童）の権利条約

　イ　アパルトヘイト犯罪の禁止及び処罰に関する国際条約

　ウ　な　し

② ア　死刑の廃止を目指す，市民的及び政治的権利に関する国際規約の第二選択議定書（死刑廃止条約）

　イ　子ども（児童）の権利条約

　ウ　な　し

③ ア　あらゆる形態の人種差別の撤廃に関する国際条約（人種差別撤廃条約）

　イ　死刑の廃止を目指す，市民的及び政治的権利に関する国際規約の第二選択議定書（死刑廃止条約）

　ウ　あ　り

④ ア　障害者の権利に関する条約

　イ　あらゆる形態の人種差別の撤廃に関する国際条約（人種差別撤廃条約）

　ウ　あ　り

会話文 2

X：平等ということでいえば，投票価値の平等も重要だよね。日本国内では，国政選挙における©一票の格差が，しばしばニュースで話題になっているね。

Y：国際社会に目を向けると，主権平等の原則があるにもかかわらず，国際機関の中には，一部の大国にのみⓓ拒否権が認められている場合もあるようだ。これも問題かもしれないね。

問3　下線部©について，生徒Xは，1980年以降の衆議院議員総選挙における最大格差を調べ，その結果をまとめた次の**表2**を作成した。**表2**で示されている内容に関する記述として最も適当なものを，後の①〜④のうちから一つ選べ。

　　　　11

表 2

総選挙の実施年	1980 年	1983 年	1986 年	1990 年	1993 年	1996 年
一票の格差	3.94	4.40	2.92	3.18	2.82	2.31
総選挙の実施年	2000 年	2005 年	2009 年	2012 年	2014 年	2017 年
一票の格差	2.47	2.17	2.30	2.43	2.13	1.98

（出所）　裁判所 Web ページにより作成。

① 中選挙区制の下で実施された総選挙では，いずれも一票の格差が 4.00 を超えることはなかった。

② 小選挙区比例代表並立制の導入以降の総選挙では，いずれも一票の格差は 2.50 を下回っている。

③ 2000 年以降の総選挙に関して，最高裁判所が一票の格差を違憲状態と判断したことはなかった。

④ 1980 年の総選挙に比べて 2017 年の総選挙は投票率が高かったため，一票の格差も小さくなっている。

問4　下線部⑩について，生徒Yは，東西冷戦の対立構図の下，国際連合（国連）の安全保障理事会が，常任理事国の拒否権の頻繁な発動により十分な役割を果たせなかったことに関心をもった。そこでYは，常任理事国が拒否権を行使した回数を調べて次の**表3**を作成し，その背景にあるできごとについて推察した。**表3**から推察できる内容の記述として最も適当なものを，後の**①**〜**④**のうちから一つ選べ。　12

表3

期　　間	アメリカ	イギリス	ソ　連 （ロシア）	中　国	フランス
1946〜1960 年	0	2	96	1	4
1961〜1975 年	12	11	18	2	2
1976〜1990 年	57	19	6	0	12
1991〜2005 年	12	0	3	2	0
2006〜2020 年	6	0	24	13	0

（注）　1946 年から 1971 年まで中国の代表権は中華民国（台湾）がもっていた。また，1991 年のソ連の解体後，ソ連の地位はロシアが継承した。

（出所）　United Nations Web ページにより作成。

①　1946〜1960 年の期間では，常任理事国のうちソ連が最も多く拒否権を行使しているが，その中には朝鮮戦争に関連する決議が含まれる。

②　1961〜1975 年の期間では，常任理事国のうちイギリスが最も多く拒否権を行使しているが，その中にはベトナム戦争に関連する決議が含まれる。

③　1976〜1990 年の期間では，常任理事国のうちアメリカが最も多く拒否権を行使しているが，その中にはキューバ危機に関連する決議が含まれる。

④　2006〜2020 年の期間では，常任理事国のうちロシアが最も多く拒否権を行使しているが，その中には湾岸戦争に関連する決議が含まれる。

会話文3

X：日本国憲法では「法の下の平等」が規定されていて，この規定を根拠とした
　　⒠最高裁判所の違憲判決も出されているね。

Y：国際社会では，1994年に国連開発計画が「人間の安全保障」という理念を打ち
　　出しているね。この理念は，一国の国防というよりも，世界中の人々がそれぞ
　　れの暮らしの中で直面する問題に焦点を当てている点で，日本国憲法の前文の
　　中の，「　ア　」という部分にみられる考え方に近いともいえるよね。

問5　下線部⒠の仕組みに関心をもった生徒Xは，裁判所法を調べ，最高裁判所の
　　違憲審査権の行使に関する部分について次の**メモ**を作成した。なお，**メモ**には，
　　表記を改めた箇所やふりがなを振った箇所がある。**メモ**から読み取れる，最高裁
　　判所における裁判に関する記述として最も適当なものを，後の①〜④のうちから
　　一つ選べ。　13

メモ

> 第9条第1項　最高裁判所は，大法廷又は小法廷で審理及び裁判をする。
> 第10条　事件を大法廷又は小法廷のいずれで取り扱うかについては，最高
> 　裁判所の定めるところによる。但し，左の場合においては，小法廷で
> 　は裁判をすることができない。
> 　一　当事者の主張に基いて，法律，命令，規則又は処分が憲法に適合
> 　　するかしないかを判断するとき。（意見が前に大法廷でした，その
> 　　法律，命令，規則又は処分が憲法に適合するとの裁判と同じである
> 　　ときを除く。）
> 　二　前号の場合を除いて，法律，命令，規則又は処分が憲法に適合し
> 　　ないと認めるとき。
> 　三　憲法その他の法令の解釈適用について，意見が前に最高裁判所の
> 　　した裁判に反するとき。

① 法律が憲法に適合しないとの裁判は, 最高裁判所の定めるところに反しない限り, 小法廷において行うことができる。

② 法律が憲法に適合しないとの裁判は, それが当事者の主張に基くか否かにかかわらず, 小法廷において行うことはできない。

③ 法律が憲法に適合するとの裁判は, その意見が前に大法廷で行った裁判と異なるときであっても, 小法廷において行うことができる。

④ 法律が憲法に適合するとの裁判は, その意見が前に大法廷で行った裁判と同一である場合には, 大法廷において行うことはできない。

問 6　生徒Yは, あらためて日本国憲法の前文を読み返してみた。次の**資料**は, 日本国憲法の前文の一部である。なお, 一部現代仮名遣いに改めた箇所やふりがなを振った箇所がある。**会話文 3** 中の空欄　ア　に当てはまる記述として最も適当なものを, **資料**中の下線部①〜④のうちから一つ選べ。14

資料

> 「日本国民は, 恒久の平和を念願し, 人間相互の関係を支配する崇高（すうこう）な理想を深く自覚するのであって, ①平和を愛する諸国民の公正と信義に信頼して, われらの安全と生存を保持しようと決意した。われらは, 平和を維持し, 専制と隷従（れいじゅう）, 圧迫と偏狭（へんきょう）を地上から永遠に除去しようと努めている国際社会において, 名誉ある地位を占めたいと思う。われらは, ②全世界の国民が, ひとしく恐怖と欠乏から免かれ, 平和のうちに生存する権利を有することを確認する。
>
> われらは, ③いづれの国家も, 自国のことのみに専念して他国を無視してはならないのであって, 政治道徳の法則は, 普遍的なものであり, この法則に従うことは, ④自国の主権を維持し, 他国と対等関係に立たうとする各国の責務であると信ずる。」

第 4 問　生徒 X，生徒 Y，生徒 Z が，「政治・経済」の授業で学習した内容を踏ま
えて，日本の雇用慣行について話し合っている。次の**会話文 1** および後の**会話文 2**
を読み，後の問い(**問 1～6**)に答えよ。(配点　18)

会話文 1

X：終身雇用などの雇用慣行を理解することは，ⓐ日本経済の今後の動向を考える
　　上で欠かせないよね。

Y：ⓑ実際にいくつかのデータベースを用いて，日本と他国の雇用慣行に関する
　　データを比較してみたよ。

X：データをみるとそれぞれの国の特徴がわかって興味深いのだけど，その一方で
　　比較対象によっては大きな違いがみられないね。一体どうしてだろう。

Z：欧米の一部産業では日本と同じ慣行が維持されているから，そこまでの差にな
　　らないんじゃないかな。そもそも日本は，労働に限らずⓒ年金などの社会保障
　　分野でも他国を参考にしてきたともいわれているよ。

問 1　下線部ⓐについて，生徒 X は，第二次世界大戦後の日本経済の歩みを調べ，
　　次の**ア～ウ**のグラフを作成した。これらは，それぞれ 1970 年代，1990 年代，
　　2010 年代のいずれかの消費者物価指数の変化率(対前年比)と完全失業率との
　　推移を示したものである。グラフの横軸は「年」を表し，10 年間について 1 年
　　ごとの目盛り間隔となっている。このとき，これらを年代の古いものから順に
　　並べたものとして正しいものを，後の**①～⑥**のうちから一つ選べ。　| 15 |

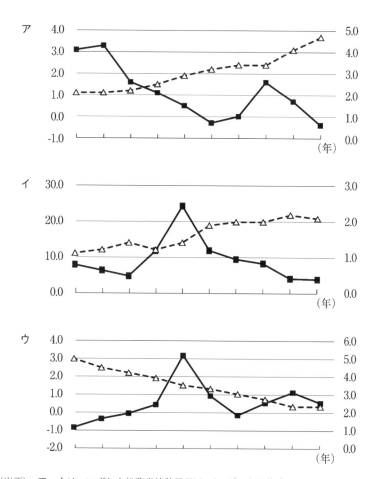

（出所）　**ア**～**ウ**は, いずれも総務省統計局 Web ページにより作成。

① **ア → イ → ウ**　② **ア → ウ → イ**　③ **イ → ア → ウ**
④ **イ → ウ → ア**　⑤ **ウ → ア → イ**　⑥ **ウ → イ → ア**

問2　下線部⑥について，生徒Yは，日本，イギリス，スウェーデン，ドイツの
　　4か国の雇用慣行を比較して考えてみた。次の**表**は，これら4か国の雇用慣行
　　を数値で表したものであり，**表**中のA〜Dは，それぞれ，これら4か国のいず
　　れかを示している。なお，**表**中の(**ア**)は勤続年数1〜5年の賃金を100とした
　　ときに賃金が勤続年数に応じてどのぐらい変化するかを，(**イ**)は年齢階層別の平
　　均勤続年数を，(**ウ**)は数値が大きくなるほど賃金交渉を主導する主体が企業別
　　組合から産業別組合へ移ることを意味する「賃金交渉の集権度」を，それぞれ
　　表している。**表**と後の**説明文1〜3**とを参考にして，A〜Dが示す国の組合せと
　　して最も適当なものを，後の①〜⑧のうちから一つ選べ。　16

		A	B	C	D
(**ア**)賃金水準	勤続年数 10〜14年	140.1	127.9	118.0	110.9
	勤続年数 15〜19年	148.8	142.8	126.8	111.8
	勤続年数 20〜29年	159.6	170.0	132.2	106.8
(**イ**)勤続年数	年齢階層 25〜54歳	9.4	11.5	7.6	7.1
	年齢階層 55〜64歳	19.2	19.6	13.8	17.1
(**ウ**)賃金交渉の集権度		3	1	1	3

(注)　賃金水準と賃金交渉の集権度の単位は指数である。日本の賃金水準のみ勤続年
　　　数1年以上5年未満の賃金を100とする指数である。また，すべてのデータは，
　　　2014年から2019年にかけてのいずれかの年のものである。
(出所)　独立行政法人労働政策研究・研修機構『データブック国際労働比較2019』，
　　　　OECD/AIAS ICTWSS Database により作成。

説明文1 同一労働同一賃金が浸透しているとされるスウェーデンでは，他国に比べて，賃金水準が勤続年数とは独立に決まっている。

説明文2 労働市場の流動性が高いことなどを背景に，イギリスの平均勤続年数はどの年齢階層においても日本より短くなっている。

説明文3 ドイツおよびスウェーデンは，賃金交渉の集権度の面で，日本とは異なっている。

① A ドイツ　　　B 日本　　　　C イギリス　　D スウェーデン

② A 日本　　　　B イギリス　　C スウェーデン D ドイツ

③ A イギリス　　B スウェーデン C ドイツ　　　D 日本

④ A スウェーデン B ドイツ　　　C 日本　　　　D イギリス

⑤ A イギリス　　B 日本　　　　C ドイツ　　　D スウェーデン

⑥ A 日本　　　　B ドイツ　　　C スウェーデン D イギリス

⑦ A ドイツ　　　B スウェーデン C イギリス　　D 日本

⑧ A スウェーデン B イギリス　　C 日本　　　　D ドイツ

問3 生徒Zは，下線部ⓒについて調べてみた。年金の仕組みに関する記述として最も適当なものを，次の①〜④のうちから一つ選べ。 17

① 現在の日本の年金制度の下では，税収が基礎年金の原資の中で最も大きな割合を占めている。

② 年金給付に要する原資をその時々の現役世代が賄う方式は，賦課方式と呼ばれる。

③ デフレーションが生じたときに年金給付額が実質的に減少するという問題が積立方式の下では存在する。

④ 現在の日本の厚生年金制度の下では，すべての受給者に対して同額の給付がなされている。

会話文2

Y：日本の雇用慣行についてはわかったけど，そもそも景気が悪くなってしまうと，失業などの問題も出てくるよね。

X：ⓓ資本主義経済においては，不況のしわ寄せが企業だけでなく労働者にもいってしまうんだ。

Y：現在の日本にはⓔさまざまな働き方をしている人々がいるので，政府のきめ細やかな政策がいっそう重要になってくるね。

Z：さらに，外国人労働者の増加やAI（人工知能）などのⓕ新技術の導入もまた，従来型の雇用慣行とは別のメカニズムで，賃金や雇用に影響を与えそうだ。こうした動向も踏まえて新しい働き方をみんなで模索していく必要があるよね。

問4　下線部ⓓに関連して，生徒Xは，さまざまな経済学説について調べ，そのうちの二つの考え方を現代的な論点と対応させる次の**メモ1・2**を作成した。それぞれの**メモ**中の空欄 ┃ ア ┃・┃ イ ┃ に当てはまる人名の組合せとして正しいものを，後の①〜④のうちから一つ選べ。┃ 18 ┃

メモ1 ┃ ア ┃ は，物価の安定を重視し，政策当局は通貨量を一定の率で供給すべきと主張したが，リーマン・ショック以降の日本の金融政策は，どのように実施されているのだろう。

メモ2 ┃ イ ┃ は，自由貿易がもたらす国際分業によって関係国全体での生産量が増えると論じたが，資本や労働力も自由に国境を越える時代の国際分業には，どのようなメリット・デメリットがあるのだろう。

① ア　ガルブレイス　　イ　マルサス

② ア　ガルブレイス　　イ　リカード

③ ア　フリードマン　　イ　マルサス

④ ア　フリードマン　　イ　リカード

問5　生徒Yは, 下線部ⓔについて調べてみた。現在の雇用に関する記述として
　　誤っているものを, 次の①～④のうちから一つ選べ。　19

①　日本では, 労働者派遣法により, 同一の人物が同じ職場で派遣労働者とし
　　て勤務できる期間は, 原則として最長3年に制限されている。

②　フルタイムで働いているにもかかわらず, 生活の維持が困難になるような
　　所得水準にある労働者も, ワーキングプアと呼ばれる。

③　日本では, グローバルな企業間競争が激化する中で, すべての雇用に占め
　　る非正規雇用者の割合は, 現在も30%を超えている。

④　ある一定の仕事量に対して, 一人当たりの労働時間を減らすことで雇用人
　　数を増やすことは, ワーク・ライフ・バランスと呼ばれる。

問6　下線部①について，生徒X，生徒Y，生徒Zは，需要と供給によって価格と取引量が決まるという財市場のメカニズムを労働市場にも適用し，技術進歩が均衡賃金に与える効果を考え，次の**図**と，**図**を説明した後の**メモ**とを作成した。**メモ**中の空欄 ア ～ ウ に当てはまる語句と記号の組合せとして正しいものを，後の①～④のうちから一つ選べ。 20

図

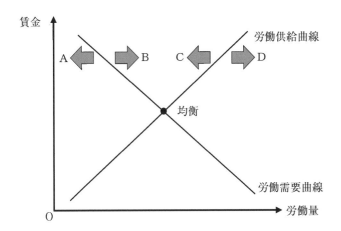

メモ

　　労働を節約できるような新しい技術が企業に導入されると，他の条件が等しい限りにおいて， ア が イ の方向に移動する。その結果，均衡賃金は ウ する。

① ア　労働需要曲線　　イ　A　　ウ　低　下

② ア　労働需要曲線　　イ　B　　ウ　上　昇

③ ア　労働供給曲線　　イ　C　　ウ　上　昇

④ ア　労働供給曲線　　イ　D　　ウ　低　下

第5問　「政治・経済」の授業で,「現代社会で起きている変化と, それが私たちの生活にもたらす影響」をテーマに, クラス内でいくつかのグループに分かれて探究する学習が行われた。これに関して, 後の問い(**問1~6**)に答えよ。(配点　19)

問1　探究する学習を始めるにあたり, 先生Tが「日本経済は歴史のなかでさまざまな変化を経験してきており, 現在も変わり続けています。こうした現代につながる歴史を知った上で, 現代社会を理解することが大切です。」と述べた。日本経済の変化に関する記述として最も適当なものを, 次の**①~④**のうちから一つ選べ。　21

①　1980年代には貿易摩擦の激化を背景として, 日本が外需主導型経済へ転換することが求められた。

②　2000年代に入ると, 小泉純一郎内閣の下で構造改革が進められたが, これはいわゆる大きな政府を志向するものであった。

③　近年進行してきた, モノそれ自体よりも知識や情報の重要性が高まっていく変化のことを, 産業の空洞化という。

④　企業の組織再編の加速を目的に設立が解禁された, 株式の所有を通じて他の企業を支配することを主たる業務とする会社のことを, 持株会社という。

問2　生徒Wが,「近年では情報技術がどんどん発達しているし,それが日本経済を大き
く変化させていそうだよね。」と発言すると,先生Tは,「そのとおりですね。しか
し経済の中にはさまざまな産業があり,情報化の影響の表れ方は産業によってかな
り差があると思いますよ。データを調べてみてはどうですか。」とアドバイスした。
それを受けてW,生徒X,生徒Y,生徒Zの4人のグループは,近年における産業
ごとの変化を示すデータを集め,それをもとに考察と議論を行った。

　　次の**表1・2**は,日本の農林水産業,製造業,サービス業のそれぞれについて,
1994年と2019年の実質付加価値と就業者数のデータをまとめたものである。**表1・
2**の内容を踏まえて,後の**会話文**中の空欄　ア　に当てはまる記述として最も
適当なものを,後の①～④のうちから一つ選べ。　22

表1　産業別実質付加価値

	1994年(億円)	2019年(億円)	1994年から2019年にかけての変化率(%)
農林水産業	76,358	48,833	−36.0
製造業	846,691	1,179,232	39.3
サービス業	2,983,294	3,720,865	24.7

表2　産業別就業者数

	1994年(万人)	2019年(万人)	1994年から2019年にかけての変化率(%)
農林水産業	486	260	−46.5
製造業	1,411	1,081	−23.4
サービス業	3,904	4,841	24.0

(出所)　**表1**,**表2**ともに,内閣府経済社会総合研究所『2019年度国民経済計算(2015年
基準・2008SNA)』(内閣府経済社会総合研究所Webページ)により作成。

T：産業構造の変化を捉える上では，それぞれの産業でどれぐらいの生産が行われているかという実質付加価値の面と，それぞれの産業でどれぐらいの人が働いているかという就業者数の面の，双方をみることが重要です。**表1**と**表2**から，どのようなことが読み取れますか？

W：1994年から2019年にかけては情報化が大きく進んだと思いますが，情報通信業を含むサービス業は，実質付加価値でみても，就業者数でみても，この25年間で増加していますね。情報化の進展とともに，サービス業の比重がますます高まっていることが読み取れます。

T：そうですね。また情報技術は，生産にも影響を与えた可能性があります。実質付加価値を就業者数で割ると，「その産業で一人の人がどれぐらいの付加価値を生産しているか」を示す一人当たり労働生産性という指標が得られます。この25年間における各産業の一人当たり労働生産性の変化について，どのようなことがわかりますか？

X：**表1**と**表2**を見比べると，　ア　ということがいえるのではないでしょうか。

T：そのとおりです。つまり日本において情報技術が一人当たり労働生産性にどのような影響を与えたかは，産業ごとにかなり違っていた可能性がありますね。こうした違いがなぜ引き起こされるのかについても，考えてみると良いですよ。

① 農林水産業と製造業はともに就業者数の1994年から2019年にかけての変化率がマイナスであるが，一人当たり労働生産性の1994年から2019年にかけての変化率を比べると，農林水産業の方が製造業よりも大きな率で上昇している

② 製造業とサービス業はともに1994年から2019年にかけて実質付加価値が増加しているが，一人当たり労働生産性の1994年から2019年にかけての変化率を比べると，製造業の方がサービス業よりも大きな率で上昇している

③ 1994年から2019年にかけて一人当たり労働生産性はすべての産業において上昇しているが，最も大きな率で上昇しているのはサービス業である

④ 1994年から2019年にかけて一人当たり労働生産性はすべての産業において低下しているが，最も大きな率で低下しているのは農林水産業である

問3　情報技術について議論していく中で，日本において各種のインターネット端末を利用している人の割合を年齢階層別にまとめた次の**資料**をみつけた生徒Yは，生徒W，生徒X，生徒Zと発表に向けたグループ学習の進め方を話し合った。後の**会話文**中の空欄　**ア**　に当てはまる記述として最も適当なものを，後の**①**～**④**のうちから一つ選べ。　23

実戦問題

資料　年齢階層別インターネット端末の利用状況(個人)

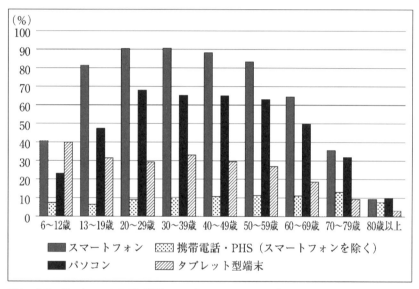

(注)　複数回答であり，主な利用機器のみ記載している。また，「PHS」は，「Personal Handy-phone System」の略称であり，移動通信サービスの一つである。

(出所)　総務省『令和2年通信利用動向調査の結果』(総務省情報通信統計データベース)により作成。

Y：情報通信機器の利用実態は, 若い人と高齢の人など, 世代によってけっこう
違いがあるかもしれないと思うんだけど, 実際はどうなのかな。

Z：この**資料**をみると, たとえば, ┌─ ア ─┐ , といったことが読み取れるね。

X：なるほど。興味深い結果だね。この**資料**からは他にもいろいろと面白い特徴が
読み取れそうだから, その背景にある理由を考えてみたいな。

W：そうだね。「インターネットに関わる問題」について, みんなで分担して, もっ
と調べてみようよ。

① スマートフォンを利用している人の割合をみると, 「6〜12 歳」では半数に満た
ないものの, それ以外のすべての年齢階層においては半数を超えている

② パソコンを利用している人の割合をみると, 「13〜19 歳」における割合は,
60 歳以上のすべての年齢階層における割合よりも高い

③ すべての年齢階層において, 「携帯電話・PHS(スマートフォンを除く)」より
も「スマートフォン」の方が利用している人の割合が高い

④ すべての年齢階層において, 「タブレット型端末」よりも「パソコン」の方が
利用している人の割合が高い

問4　インターネットに関わる問題について調べたことをきっかけに，生徒W，生徒X，生徒Y，生徒Zは，さらに議論を重ねていった。インターネットをめぐる日本の今日の状況について述べた次の**ア～エ**の記述のうち，内容が**誤っているもの**が二つある。その組合せとして最も適当なものを，後の**①**～**⑥**のうちから一つ選べ。　24

ア　インターネットにつながる自由は，著作権や商標権などとともに，知的財産権の一種として保障されている。

イ　インターネット接続事業者に対して，インターネット上の表現によって権利を侵害された者が，発信者情報の開示を請求することについて定める法律が制定されている。

ウ　インターネットやその他の高度情報通信ネットワークを通じた情報の活用などを所掌する組織として，デジタル庁が発足した。

エ　インターネットを用いた通信販売は，一定の期間であれば無条件で契約の申込みを撤回したり契約を解除したりできるという，消費者保護を目的とした制度の対象となる。

① 　アとイ

② 　アとウ

③ 　アとエ

④ 　イとウ

⑤ 　イとエ

⑥ 　ウとエ

問5　生徒K，生徒L，生徒Mのグループでは，インターネットをめぐる今日の問題として，インターネット上に誹謗中傷やフェイクニュースなどの違法・有害情報が氾濫しているという状況についての対策を議論している。次の**会話文**中の空欄　ア　～　ウ　には，それぞれ後の a～c の記述のいずれかが当てはまる。当てはまる記述の組合せとして最も適当なものを，後の**①**～**⑥**のうちから一つ選べ。

25

K：SNS などのオンライン・サービスを提供する事業者が，表現の内容をモニタリングして，他人の権利を侵害する違法な情報や，法的には違法とはいえないけど有害な情報を削除したり，投稿者のアカウントを停止したりすることを，コンテンツ・モデレーションというらしいね。

L：違法・有害情報対策を，事業者の自主的なコンテンツ・モデレーションの取組みに任せておく方法はどうかな？

M：　ア　。

K：せめて違法な情報に対しては，コンテンツ・モデレーションを適切に行う義務を事業者に負わせる，というような法律を作るという方法はどうだろう？

L：　イ　。

M：そういう問題があるとしたら，その他に，どのような方法があり得るかな？

K：　ウ　。

L：情報を受け取る私たちのリテラシーを高めることも，同時に追求していくべきだね。

a　違反に対して罰則があったら，事業者は罰を回避するために，本来であれば規制対象とはならないような内容の表現も過剰に削除してしまう可能性があると思うよ

b　利用者が安心・信頼してサービスを利用できるように，事業者にコンテンツ・モデレーションの基準と運用を明確にさせるような法的な仕組みがあるといいと思うよ

c　事業者の考えや好みによって，違法・有害情報が放置されてしまったり，逆に問題があるとまではいえない内容の表現が削除されてしまったりする可能性があると思うよ

① アーa　　イーb　　ウーc　　② アーa　　イーc　　ウーb

③ アーb　　イーa　　ウーc　　④ アーb　　イーc　　ウーa

⑤ アーc　　イーa　　ウーb　　⑥ アーc　　イーb　　ウーa

問6　探究する学習のまとめの発表会で，「インターネット時代の世論」というテーマで調査を行った生徒Nたちのグループが，次の**発表原稿**に基づいて報告を行った。この報告に対して，報告を聴いていた生徒たちから，報告の内容を確認する後の**ア〜ウ**の発言があった。**ア〜ウ**のうち，Nたちのグループの報告の内容に合致する発言として正しいものはどれか。当てはまるものをすべて選び，その組合せとして最も適当なものを，後の**①〜⑦**のうちから一つ選べ。　 26

発表原稿

　　これまで，テレビ，ラジオ，雑誌，新聞などのマス・メディアが，国民が政治を判断するために必要な情報を伝えるなど，世論形成に大きな役割を果たしてきましたが，今日ではインターネットが果たす役割が大きくなっています。

　　しかし，インターネットやSNSの特性から，世論の分断化を招く恐れがあるなどの弊害も指摘されています。たとえば，SNS等を利用する際，自分と似た興味関心をもつユーザーをフォローする結果，意見をSNSで発信すると自分と似た意見が返ってくるという経験をしたことがあるでしょう。それにより，特定の意見が増幅されて強化されていくとされます。こうした状況は，閉じた小部屋で音が反響する物理現象にたとえて「エコーチェンバー」といいますが，それが世論形成に影響を与えるといわれています。

　　また，インターネットでは，アルゴリズムがインターネット利用者個人の検索履歴やクリック履歴を分析・学習し，個々のユーザーがみたい情報を優先的に表示していきます。その結果，自分の考え方や価値観に近い情報だけに包まれた情報環境に置かれることになります。この状況を指して，「フィルターバブル」といわれることがあります。

　　人間は，自分に都合の良い情報にばかり目を向けてしまい，都合の悪い情報は無意識のうちに無視したり，または，意識的に避けてしまったりという心理的な傾向をもつといわれます。かつては自分の好みや考え方に合わない情報にもマス・メディアを通じて触れる機会がありましたが，インターネットなどの特性からその機会が失われつつあるのです。

> 　これらのことを自覚しながら，情報を批判的に吟味し読み解くメディア・リテラシーを身に付けることが，ますます重要な時代といえるでしょう。

ア　限定的な情報に接し，考えの同じ人々と同調し合うことで，特定の意見や立場が強化されていく結果，世論がより極端な意見や立場に分断していってしまう可能性があるということですね。

イ　インターネット上の情報には真偽不明なものが少なくないから，たとえば，政治家についての虚偽情報が流布されることなどによって，有権者の理性的な判断が妨げられてしまうということですね。

ウ　テレビ，ラジオ，雑誌，新聞などのマス・メディアは，自分とは異なる価値観や，多様な情報に触れる機会を与えるという意味で，インターネットの時代でもその重要性が失われたわけではないということですね。

① ア
② イ
③ ウ
④ アとイ
⑤ アとウ
⑥ イとウ
⑦ アとイとウ

第6問　次の文章を読み，後の問い(問1〜6)に答えよ。(配点　20)

　生徒X，生徒Y，生徒Zは，「政治・経済」の授業において，「ヨーロッパにおける人の移動と，それが日本に問いかけていること」をテーマにして，先生Tの助言の下，研究発表と討論を行うことになった。

　まず先生Tが，ヨーロッパにおける人の移動に関連して，欧州連合(EU)加盟国の人口に関わる資料を配布した。次の**資料1**は，EU加盟国の市民権をもつがEU域内の他国に移り住んでいる20〜64歳の人口の，市民権をもつ国の居住人口に対する比率(2020年時点)の上位10か国を示し，**資料2**は，2014年と2020年とを比較したときのEU加盟国の居住人口増加率の上位5か国・下位5か国を示している。

資料1

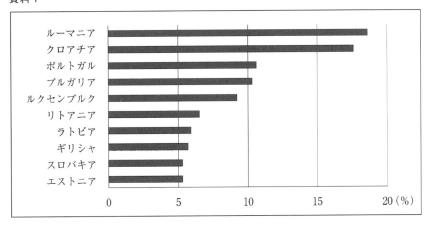

資料2

	マルタ	ルクセンブルク	アイルランド	スウェーデン	キプロス
上位5か国					
	15.7%	11.8%	6.6%	6.3%	4.4%
下位5か国	リトアニア	ラトビア	クロアチア	ブルガリア	ルーマニア
	-4.9%	-4.9%	-4.7%	-4.2%	-3.4%

(出所)　**資料1**，**資料2**ともに，EU統計局(Eurostat)Webページにより作成。

問1　生徒Xと生徒Yは, **資料1**と**資料2**の内容と自分たちが学習してきたこととを合わせて話し合っている。次の**会話文**中の空欄　ア　には, 後の語句aかb, 空欄　イ　には後の年cかd, 空欄　ウ　には後の語句eかfのいずれかが当てはまる。当てはまるものの組合せとして最も適当なものを, 後の①～⑧のうちから一つ選べ。　27

　　X：**資料1**では, 東ヨーロッパに加えてポルトガルなど南ヨーロッパでも, 出身国以外のEU加盟国に移り住んでいる人口の比率が高い国があるね。

　　Y：南ヨーロッパといえば, リーマン・ショックの後, 2009年からの　ア　の影響が大きかった地域だよね。

　　X：**資料2**をみると, 　イ　以降に新たにEUに加盟した東ヨーロッパ諸国での人口の減少が目立っているね。これはなぜだろうか?

　　Y：東ヨーロッパ諸国では, 1989年に相次いで民主化した後, 1990年代に　ウ　へ移行する過程で深刻な不況に見舞われたんだよね。

　　X：人口の減少と出稼ぎ労働とが関連しているような気がするな。

　　ア　に当てはまる語句
　　　a　金融ビッグバン　　　b　ユーロ危機

　　イ　に当てはまる年
　　　c　2004年　　　　　　　d　2013年

　　ウ　に当てはまる語句
　　　e　計画経済　　　　　　f　市場経済

①　ア―a　イ―c　ウ―e　　　②　ア―b　イ―c　ウ―e
③　ア―a　イ―d　ウ―e　　　④　ア―b　イ―d　ウ―e
⑤　ア―a　イ―c　ウ―f　　　⑥　ア―b　イ―c　ウ―f
⑦　ア―a　イ―d　ウ―f　　　⑧　ア―b　イ―d　ウ―f

問2　生徒Zは，EU加盟国の法定最低賃金に関する**資料3**を新たにみつけ，**資料1**，**資料2**も踏まえて，EU域内における人の移動について推察した。このときの推察について述べた後の**ア～ウ**の記述のうち，**適当でないもの**はどれか。当てはまるものをすべて選び，その組合せとして最も適当なものを，後の①～⑦のうちから一つ選べ。　28

資料3　EU加盟国の法定最低月額賃金（単位：ユーロ）（2021年下半期平均）

上位5か国	ルクセンブルク	アイルランド	オランダ	ベルギー	ドイツ
	2,202	1,724	1,701	1,626	1,585
下位5か国	ブルガリア	ルーマニア	ハンガリー	ラトビア	クロアチア
	332	467	476	500	567

（出所）　EU統計局Webページにより作成。

ア　ラトビアは，EU域内の他国に移り住んでいる人口の比率は高いが，居住人口増加率と最低賃金はEU加盟国の中で下位にある。よって，EUに加盟したことでEU域内での人の移動が大幅に自由化され，EU域内の他国での就労などを目的とした移住がEU加盟後に増加したと推察できる。

イ　ルクセンブルクは，EU域内の他国に移り住んでいる人口の比率と居住人口増加率が高く，最低賃金はEU加盟国の中で上位にある。よって，EU域内の他国からの移住が増加する一方で，EUの原加盟国であることから経済統合が深化してEU域内の他国への移住も増加したと推察できる。

ウ　ブルガリアは，EU域内の他国に移り住んでいる人口の比率は高いが，居住人口増加率と最低賃金はEU加盟国の中で下位にある。よって，EU加盟によりEU域内での人の移動は大幅に自由化されたが，EU域内の他国での就労などを目的とした移住はEU加盟後に減少したと推察できる。

① ア　　　② イ　　　③ ウ

④ アとイ　　⑤ アとウ　　⑥ イとウ　　⑦ アとイとウ

問3 生徒Xは,調べ学習を進める中で,イギリスではポーランドなど東ヨーロッパ諸国から移民労働者を多く受け入れていたことを知った。他方で,Xは,先生Tが以前の授業で,EU離脱の是非を問うたイギリス2016年国民投票で移民問題が関わっていたと,関連する世論調査データも使いつつ話していたことを思い出した。次の資料4は,その授業での配布資料である。資料4中の空欄 ア ・ イ に当てはまる記述として正しいものを,後の①〜④のうちから,それぞれ一つ選べ。

ア に当てはまる記述 → 29

イ に当てはまる記述 → 30

資料4 イギリスのEU離脱の是非を問う国民投票の結果と世論調査にみる支持理由

投票率72%,残留に票が投じられた割合48%,離脱に票が投じられた割合52%	
残留支持理由	1位:経済や雇用の面で離脱リスクが大きすぎる
	2位: ア
	3位:離脱すると孤立感が深まる
離脱支持理由	1位: イ
	2位:移民や国境の管理を自国に取り戻せる
	3位:EUが決めた加盟国の拡大などに抗えない

(出所) イギリス選挙委員会,アシュクロフト世論調査の各Webページにより作成。

① EU市場へのアクセスは現状維持が最善である

② イギリスのことはイギリスが決めるのが当然である

③ 欧州自由貿易連合(EFTA)に留まる必要がある

④ ユーロから離脱し通貨主権を取り戻せる

問 4　ヨーロッパの難民問題を調べていた生徒Ｙは，シリア難民が，ギリシャ，オーストリア，ドイツをめざしたという先生Ｔの説明を思い出した。そこで，シリアを離れこれら 3 か国に到着し保護を求めた「庇護申請者」の合計の推移を調べ，次の**資料 5** を作成した。後の**ア〜ウ**の記述のうち，**資料 5** から推察できる内容として適当なものはどれか。当てはまるものをすべて選び，その組合せとして最も適当なものを，後の**①〜⑦**のうちから一つ選べ。　31

資料 5　シリアを離れギリシャ，オーストリア，ドイツに庇護申請をした人数の推移

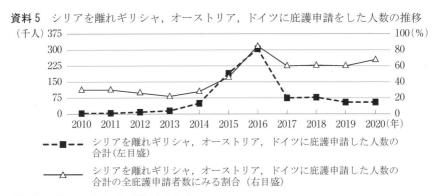

- - ■ - -　シリアを離れギリシャ，オーストリア，ドイツに庇護申請した人数の合計（左目盛）

―△―　シリアを離れギリシャ，オーストリア，ドイツに庇護申請した人数の合計の全庇護申請者数にみる割合（右目盛）

（出所）　UNHCR Web ページにより作成。

　ア　2011 年から 2013 年にかけて庇護申請者数はわずかに増加した一方，ギリシャ，オーストリア，ドイツ 3 か国の割合は減少している。これは，「アラブの春」によりシリアで政権交代が実現したことが背景にあると推察できる。

　イ　2015 年，2016 年ともギリシャ，オーストリア，ドイツ 3 か国への庇護申請者数が前年に比べ急増している。これは，内戦の激化によって国内を脱出した人々が，自国より政治的に安定した国をめざしたからであると推察できる。

　ウ　2017 年にギリシャ，オーストリア，ドイツへの庇護申請者数は前年に比べ減少している。これは，パグウォッシュ会議でシリア難民対応への国際的合意がなされたことが一因であると推察できる。

① ア　　　**②** イ　　　**③** ウ　　　**④** アとイ
⑤ アとウ　　**⑥** イとウ　　**⑦** アとイとウ

問5　生徒Xと生徒Yは, 主な先進国の難民認定率と難民認定者数を示す次の**資料6**をみつけ, その内容について話し合っている。後の**会話文**中の空欄 ア には後の国名aかb, 空欄 イ には後の語句cかd, 空欄 ウ には後の記述eかfのいずれかが当てはまる。当てはまるものの組合せとして最も適当なものを, 後の①〜⑧のうちから一つ選べ。 32

資料6　主な先進国の難民認定率(%)と難民認定者数(万人)(2020年)

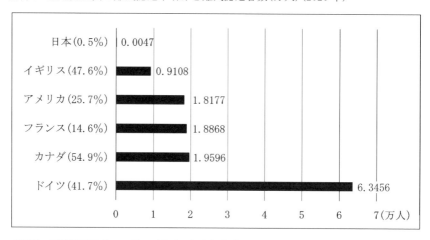

(出所)　UNHCR Refugee Data Finder により作成。

X : 難民の認定者数はドイツが一番多いけど, 認定率は ア が一番高いね。

Y : ア は イ の政策をとっていたね。それが関係しているのかもしれないね。

X : 日本は難民の認定者数が少なく, 認定率も 0.5% とかなり低いね。

Y : そういえば, 難民条約では, ノン・ルフールマンの原則により, 難民認定の申請を受けた国は ウ と定められている, と授業で学習したよね。

X : その原則の申請者への適用の仕方は各国の事情によるんだろうね。この後, 日本の難民受入れ政策や申請者への処遇などを調べてみようか。

実戦問題

|ア|に当てはまる国名

a　アメリカ

b　カナダ

|イ|に当てはまる語句

c　ユニラテラリズム

d　マルチカルチュラリズム

|ウ|に当てはまる記述

e　出身国での困窮を理由に入国した申請者を自国から送還してはならない

f　帰国後に迫害される恐れのある申請者を自国から送還してはならない

① アー a　　イー c　　ウー e

② アー b　　イー c　　ウー e

③ アー a　　イー d　　ウー e

④ アー b　　イー d　　ウー e

⑤ アー a　　イー c　　ウー f

⑥ アー b　　イー c　　ウー f

⑦ アー a　　イー d　　ウー f

⑧ アー b　　イー d　　ウー f

問6　これまでの学習の成果を踏まえて, 生徒Zは, 生徒X, 生徒Yとともに, 日本での移民・難民の期限を定めない受入れについて授業で討論した。この討論は異なる視点から3人が意見を出し合い, それぞれの意見を組み合わせて一つの政策的な含意をもつ提言を導くことがねらいであった。討論を通じて, まとめられたXたちによる次のア〜ウの提言を読み, 後の(1), (2)の問いに答えよ。

ア　日本への移民・難民の受入れを考える前に, 現状の根本的な問題解決として, そもそも日本は移民・難民の発生する地域の安定や開発に貢献すべきであるだろうし, そうした支援を行う国際機関への資金援助も今以上に積極的に行うべきだ。

イ　経済の活力が失われる日本の将来を考慮するならば, 移民・難民の受入れとは考えなければならない選択肢の一つだけれども, 移住してくる人たちに日本の社会や歴史, 文化を深く理解してもらう教育制度に加えて, 在留資格や国籍取得の要件を厳格にすべきだ。

ウ　多様な人材を日本に受け入れることで, 雇用する会社はそれらの人材を事業や取引に活かせるだろうから, 日本は移住者の雇用をどのように促進できて, その人たちといかに接点を作れるか, 受入れ後の制度について既に移住している人たちと一緒に考えるべきだ。

(1)　まず3人の生徒が導いたア〜ウの提言のうちから任意に一つ選び, アを選択する場合には①, イを選択する場合には②, ウを選択する場合には③のいずれかをマークせよ。なお, (1)で①〜③のいずれを選んでも, (2)の問いについては, それぞれに対応する適当な選択肢がある。　| 33 |

(2)　(1)で選択した提言は, 討論を踏まえ意見をまとめていく中で, 2人の生徒の意見を調整して組み合わせたものである。どの2人の意見を組み合わせた提言だと考えられるか。次のa〜cの意見のうちから適当なものを二つ選び, その組合せとして最も適当なものを, 後の①〜③のうちから一つ選べ。　| 34 |

a　【生徒Xの意見】

　今の日本は移民なしに少子高齢化社会を支えられないだろうし，移民労働者によって日本経済も活性化すると思うな。難民についても，欧米諸国との受入れの国際比較に関する**資料6**にあったように，日本は他の国と比べて受入れ数が少ないんだし，積極的に受け入れることでもっと国際社会に貢献しても良いと思う。日本国憲法にもあるように，人権はすべての人に保障されているもので，誰かが困っているんだったら答えは受入れ以外ないと思う。

b　【生徒Yの意見】

　移住してくる人たちが日本で働き口をみつけ，家族を呼び寄せて，ある地域に移民が急に増えると，生活習慣や文化の違いでその地域の住民と摩擦が起こりそうだな。**資料4**のEU離脱支持理由にもあったけど，移民を手放しで受け入れた後では遅くて，受入れ前に対策を講じるのが一番大切だと思う。難民も多く発生しているアフガニスタンやシリアは言葉や宗教の面で日本と違うだろうから，暮らしにくいと思うよ。

c　【生徒Zの意見】

　資料2で人口減少が顕著だった東ヨーロッパの国をみて思ったんだけど，移民・難民として出ていかれたら，その国の将来を担う人材も減りそう。それに他国の就労先で低賃金・重労働の仕事を押し付けられるのも心配だ。私たちが互いの意見を尊重するのと同様に，いろんな言語や宗教の人たちの考え方や意思を尊重してあげたいな。ただ実際に多くの人が国境を越えて移動している中，国が移住を希望する人を制限したり妨げたりすることは避けるべきことだと思う。

① 　aとb　　② 　aとc　　③ 　bとc

公共，政治・経済

問題番号 （配点）	設　問	解答番号	正　解	配　点	チェック
第1問 (13)	問1	1	④	4	
	問2	2	⑤	3	
	問3	3	①	3	
	問4	4	②	3	
第2問 (12)	問1	5	②	3	
	問2	6	⑥	3	
	問3	7	③	3	
	問4	8	④	3	
第3問 (18)	問1	9	①	3	
	問2	10	③	3	
	問3	11	②	3	
	問4	12	①	3	
	問5	13	②	3	
	問6	14	②	3	
第4問 (18)	問1	15	③	3	
	問2	16	①	3	
	問3	17	②	3	
	問4	18	④	3	
	問5	19	④	3	
	問6	20	①	3	

問題番号 （配点）	設　問	解答番号	正　解	配　点	チェック
第5問 (19)	問1	21	④	3	
	問2	22	②	3	
	問3	23	③	3	
	問4	24	③	3	
	問5	25	⑤	3	
	問6	26	⑤	4	
第6問 (20)	問1	27	⑥	3	
	問2	28	③	3	
	問3	29	①	3 *1	
		30	②		
	問4	31	②	3	
	問5	32	⑧	4	
	問6	33 – 34	① - ③ ② - ① ③ - ②	4 *2	

（注）
1 　＊1は，両方正解の場合のみ点を与える。
2 　＊2は，解答番号33と34を以下のいずれかの組合せで解答した場合を正解とし，点を
　　与える。
　・解答番号33で①を解答し，解答番号34で③を解答した場合
　・解答番号33で②を解答し，解答番号34で①を解答した場合
　・解答番号33で③を解答し，解答番号34で②を解答した場合

●正解・配点は，大学入試センターから公表されたものをそのまま掲載
　しています。

自己採点欄

100点

第1問　標準〜やや難　《人間の多様性と共通性》

問1　１　正解は④

　会話文に適した哲学者を選ぶ問題。Y3の発言の「行為の結果にあるのではなく」「意志の自由」などから，カントであることが読み取れる。

①不適。「選択の結果に対して責任を負う」「アンガジュマン」などの言葉から，アはサルトルについての文章である。

②不適。「イデア」「イデアへの憧れ」「国家」などの言葉から，イはプラトンについての文章である。

③不適。「共同体」「共通善」などの言葉から，ウはサンデルやマッキンタイアなどのコミュニタリアニズムに関する文章である。

④適当。「目的」「手段」「道徳法則」「永遠平和」などの言葉から，エはカントについての文章であるとわかるので，これが正解。

　「公共」でもこれくらいは覚えておかないといけないという意図が込められた出題。カントについては「現代社会」のときから出題されていたので，対応は必須である。また，他の哲学者（特に近現代）についても可能な限りでおさえておきたい。

POINT

問2　２　正解は⑤

　法令とその目的・趣旨に基づく変化についての組合せを選ぶ問題。

　ア．お守りや御札が置かれていないことについては，従業員の信教の自由などに配慮したものだと思われるが，後の法令に適当なものはない。

　イ．「多くの業務に女性も男性も従事している」という部分から，C．男女雇用機会均等法に関する内容であるとわかる。

　ウ．車いすの人も通りやすいような「幅が広い改札口」や「エレベーター」などの部分から，B．障害者差別解消法に関する内容であるとわかる。

　エ．「多言語表示」などは急増する外国人観光客などに対応するためにとられている措置であるが，後の法令に適当なものはない。

問3　３　正解は①

　近年目にすることの多いSDGsに関する問題。

　ア．「性にかかわらず」「社会全体の創造性などに寄与できる」「国際労働機関」などの言葉から，目標は「8　働きがいも経済成長も」となる。

　イ．「妊娠中の人」「若年層」を喫煙の害などから守ろうとする記述があるため，「3　すべての人に健康と福祉を」が当てはまる。

> 解答の際には，**イ**が「3　すべての人に健康と福祉を」であるとわかった上で，**ア**の目標が「8　働きがいも経済成長も」と矛盾しないため，①が正解となると考える受験生も多いだろう。組合せ問題は必ずしも前から解く必要はないので，はじめの問題がわからなくても焦らず対処しよう。

POINT

問 4　　4　　正解は②

民法に関する内容が問われている。2022 年 4 月にいわゆる「18 歳成人」に関する法改正が施行されるにあたって注目されていた内容である。

ア．正しい。民法第 818 条は，「成年に達しない子は，父母の親権に服する」と定めている。つまり，成人になるということは，父母の親権に服さなくなるということを意味する。

イ．正しい。民法第 5 条に未成年者が契約するには父母の同意が必要であり，同意なくして締結した契約は後から取り消すことができると定められている（未成年者取消権）。

ウ．誤り。民法第 90 条は「公の秩序又は善良の風俗に反する法律行為は，無効とする」と定めており，相手方が合意したとしてもその契約は有効とはならない。

第2問　標準　《人口減少にともなう社会の変化》

問1　　5　　正解は②

日本の出産・子育て支援策について，アリストテレスの正義の観点から考察する問題。

A．直前の「各人の能力や功績に比例して決められる」から判断して，**配分的正義**。

B．直前の「法を守り，共同体の善を実現する」から判断して，**全体的正義**。

●正義の分類

```
      ┌ 全体的正義…ポリスの法を守る
正義 ─┤
      └ 部分的正義…特定の場面において成り立つ
              ┌ 配分的正義…各人の地位・能力に応じて名誉・報酬を分配する
              └ 調整的正義…各人の損益が平等になるように調整する
```

問2　　6　　正解は⑥

現金給付と現物給付のどちらを充実させるかについて，対 GDP 比と合計特殊出生率の関連性をまとめた図を読み取る力が求められている。

ア．不適。図 1 を見ると，「日本よりも合計特殊出生率が低い」国は 5 か国あるが，「現金給付」対 GDP 比が低いのは 1 国だけで，「すべて」とはいえない。

イ．不適。図 1 を見ると，「現金給付」対 GDP 比が高いほど，合計特殊出生率が

高くなっているとはいい切れないため，「強い相関」があるとはいえない。

ウ．適当。図2を見ると，「現物給付」対 GDP 比が日本より低い国は複数見られるが，その半数以上は日本よりも合計特殊出生率が高いことが読み取れる。よって，現物給付が少ないほど合計特殊出生率が低くなるとはいえない。この理由を探るには，「現物給付」に関する内容以外の要因を調査する必要がある。

エ．適当。図2を見ると，「現物給付」対 GDP 比と合計特殊出生率には多少の相関関係が見られるが（r＝0.47），「因果関係」が示されているとはいえないので，「現物給付」の充実を提案する資料としては不十分といえる。

問3　7　正解は③

図と回答を読み，どこの国の内容かを判断し，今後の日本社会における社会保障のあり方を考察することが求められている。

A．「いずれの国よりも急速に高齢化が進行」「高齢化率が高くなるに従って，社会支出の対 GDP 比も大きくなっている」との記述から，日本である。

B．「高齢化率も社会支出の対 GDP 比も相対的に低い水準」「市場経済を重視」などの記述から，アメリカである。

C．「1995 年から 2010 年にかけて社会支出の対 GDP 比はほぼ横ばい」との記述から，ドイツである。

D．「　C　に次いで 1980 年に高齢化率が高かった」との記述から，イギリスであり，この時点で正解は③か④に絞られる。

その上で，E に当てはまる文章を考える。日本では高齢化が進行しており，2065年頃には人口の約 4 割が高齢者になるとの試算がなされていることを考えると，④の表現は，日本の社会保障のあり方として適当ではないことがわかる。

> 図3はあまり見慣れないグラフではあるが，回答を丁寧に読めば解答は可能である。その上で，日本で高齢化が進行していること，社会保障の特徴としてアメリカが低負担低福祉であることなどの知識があれば，より容易に解答できる。Eについても，日本の現状を理解していれば正解にたどり着けるはずである。

問4　8　正解は④

日本の現状を踏まえ，適切な文章を当てはめる力が求められている。

A．直前に「効率の面から」とあるので，「ニーズの有無に関わらず大きな組織を複数作」るとする**イ**ではなく，「ノウハウをもつ民間企業に委ね」るとする**ア**が当てはまる。

B．直後に「効率的だし，地元にもメリットがある」とある。**ウ**の「行政に幾つもの新しい組織が作られる」はあまりに非効率な意見であり，誤り。**エ**の「その地

域で新たな雇用の創出が期待できる」は文脈にも合っており適当。

C．直前の「すべての利用者が……公正さの確保も大切」という点に対応した，行政は「（サービスの）内容を点検することによって公正さを確保する役割を担」うという**カ**が当てはまる。**オ**は，行政の担う「公正さの確保」の役割が，「入札に参加できる機会」に向けられているので誤り。

> 　AとBの関連について。これらは「民間企業」がよいか，「行政」がよいかという点と関連した議論になっている。つまり，Aで**ア**を選んだならBは**エ**になるはずだし，逆に，Aで**イ**を選んだならBは**ウ**を選ぶことになるはずである。もし，①・②・⑦・⑧を選んでいれば，両者の関連が読めていないことになるので注意しよう。　POINT

第3問　やや難　《日本の政治制度・国際社会の諸問題》

問1　9　正解は①

男女の平等に関する日本の法律についての知識が問われている。

①正文。労働基準法は第4条で，「使用者は，労働者が女性であることを理由として，賃金について，男性と差別的取扱いをしてはならない」と定めている。

②誤文。育児・介護休業法は，男女労働者に対して育児休業の取得を義務づけているわけではない。

③誤文。女性の婚姻開始年齢は，以前は16歳であったが，いわゆる「18歳成人」となった2022年4月以降，18歳に引き上げられた。

④誤文。男女雇用機会均等法は1985年の制定当初，男女差別の解消に「努めなければならない」という努力義務規定を盛り込んでいた。1997年の改正で，これらの規定が「差別的取扱いをしてはならない」という禁止規定に改められた。

問2　10　正解は③

様々な人権条約の採択と日本の批准についての知識が問われている。

まず，**ウ**から考える。経済的，社会的および文化的権利に関する国際規約（社会権規約）が，国際人権規約（A規約）のことであるとわかれば，日本が同規約を批准していることから，③か④に絞られる。その上で，④から，障害者の権利に関する条約と人種差別撤廃条約のどちらのほうが採択が早いかを考えると，後者のほうが早いので，④は不適となり，③が適当。なお，表に入らないその他の条約についてまとめると以下のようになる。

採択年	条約の名称	日本の批准（年）
1973	アパルトヘイト犯罪の禁止及び処罰に関する国際条約	なし
1989	子ども（児童）の権利条約	あり（1994）
2006	障害者の権利に関する条約	あり（2014）

　子どもの権利条約が1989年に採択されているという知識があると，一見，②が正解であると飛びつきそうになる。しかし，日本が批准していないという部分が事実と異なるため，正解とならないことに気をつけたい。POINT

問3 ┃　11　┃ 正解は②

衆議院議員選挙に関する知識と表の読み取りが求められている。

①**不適**。1983年は中選挙区制の下で総選挙が実施されているが，一票の格差が4.00を超えている（4.40）ことが読み取れる。

②**適当**。小選挙区比例代表並立制が導入されて初めての選挙である1996年以降の総選挙では，いずれも一票の格差は2.50を下回っているので正しい。

③**不適**。表からは「最高裁判所が一票の格差を違憲状態と判断したことはなかった」かどうかは読み取れない。なお，実際には2009年，2012年，2014年の総選挙について，最高裁判所は「違憲状態」と判断している。

④**不適**。表からは投票率の比較ができず，「投票率が高かった」かどうかは読み取れない。なお，実際には1980年のほうが2017年に比べて投票率は高かった。

　③と④について，実際には数度にわたり衆院選について違憲状態との判決が最高裁判所で下されていること，投票率が低下傾向にあることはおさえておこう。POINT

問4 ┃　12　┃ 正解は①

国連の安全保障理事会の常任理事国の拒否権発動回数の推移を読み取る力と，国際社会に関する知識が求められている。

①**適当**。表から，1946〜1960年の期間はソ連が最も多く拒否権を行使していることが読み取れる。また，朝鮮戦争は1950年に勃発しており，「朝鮮戦争に関連する決議が含まれる」という部分も正しい。

②**不適**。表から，1961〜1975年の期間はイギリスではなくソ連が最も多く拒否権を行使していることが読み取れる。

③**不適**。表から，1976〜1990年の期間はアメリカが最も多く拒否権を行使していることが読み取れる。しかし，**キューバ危機**が起こったのは1962年なので，同期間にキューバ危機に関連する決議は含まれておらず，誤り。

④不適。表から，2006～2020 年の期間はロシアが最も多く拒否権を行使している
　　ことが読み取れる。しかし，湾岸戦争が起こったのは 1991 年なので，この期間
　　に湾岸戦争に関連する決議は含まれておらず，誤り。

問5　　13　　正解は②

最高裁判所での違憲審査に関する条文を読み取る力が求められている。

①不適。第 10 条 1・2 号より，違憲審査を小法廷で行うことはできない。

②適当。第 10 条 1・2 号より，当事者の主張により合憲および違憲の判断を行う
　　場合と，違憲判決を下す際はいずれも大法廷で裁判を行うことが読み取れる。

③不適。意見が前に大法廷で行った裁判と同じ合憲判決に限り，小法廷でも裁判を
　　することができるにすぎない（第 10 条 1 号（　）内）。

④不適。意見が前に大法廷で行った裁判と同じ合憲判決については，小法廷でも裁
　　判ができる旨が読み取れる（第 10 条 1 号（　）内）が，大法廷において行うこ
　　とができないと定められているわけではない。

問6　　14　　正解は②

人間の安全保障と日本国憲法を関連させる文章を読み取り，適合する言葉を選ぶ。
Yの発言「世界中の人々がそれぞれの暮らしの中で直面する問題に焦点を当ててい
る」という点から判断する。「暮らしの中で直面」するのは，②の「恐怖と欠乏か
ら免れ，平和のうちに生存する権利を有する」だけなので，②が適当。

第4問　標準　《労働者の雇用をめぐる諸問題と国際比較》

問1　　15　　正解は③

日本経済の知識と，推移について類推する力が求められている。
1970 年代，1990 年代，2010 年代のうち，最も消費者物価指数の変化率が高い時期
を含むのは，1974 年にオイルショックを経験した 1970 年代。指数の変化率の大き
さも根拠となって，イが 1970 年代であるとわかる。その上で，アとウを見比べる
と，完全失業率の推移に大きな違いがあることがわかる。ここから，バブル後の平
成不況に突入し，完全失業率が上昇していく 1990 年代のグラフがア，リーマン・
ショックを乗り越え，経済が安定的に成長する 2010 年代のグラフがウであるとわ
かる。なお，消費税の増税の時期から判断することも可能である。

　それぞれのグラフで，目盛りが異なることに気づいていただろうか。例えばア
のグラフは消費者物価指数の変化率が－1.0％から 4.0％となっている一方で，
イのグラフは 0.0％から 30.0％となっている。異なるグラフを見て傾きが同じ
ぐらいであっても，変化率は大きく異なっていることに注意したい。　POINT

問2　16　正解は①

各国の雇用慣行に関する表の読み取りが求められている。

説明文1から，スウェーデンでは賃金水準（**ア**）と勤続年数（**イ**）に比例関係が見いだせないことが読み取れる。そのような傾向があるのはDだけなので，Dがスウェーデンとわかる。この時点で，正解は①か⑤に限られ，Bは日本で共通しているので，イギリスとドイツの特徴について考える。

説明文3から，ドイツとスウェーデンの賃金交渉の集権度（**ウ**）が，日本のそれと異なっていることがわかる。Bの日本が1であるのに対し，3となっているのがDのスウェーデンとAなので，Aがドイツ，Cがイギリスである。

問3　17　正解は②

年金に関する知識が問われている。

①不適。年金の原資で最も大きな割合を占めているのは保険料である。例えば2021年度の厚生年金の収入では，保険料約33兆円に対し一般会計からの受け入れは約10兆円となっている。

②適当。現役世代が納付した保険料が現在の高齢者に使われる仕組みを賦課方式という。現在の日本は修正積立方式を採用しているが，実質的にほぼ賦課方式で運用されている。

③不適。積立方式の下では，インフレーションが生じたときに年金給付額が実質的に減少するという問題が存在する。例えば2022年度には物価高の中で給付される年金額はすぐに変化しなかったため，年金生活者の生活は苦しくなった。

④不適。厚生年金制度は現役の際に支払った保険料によって，給付額が異なる仕組みが採用されている。

問4　18　正解は④

経済学説についての知識が必要となる問題。

ア．直後に「物価の安定を重視し」「通貨量を一定の率で供給すべき」とあるので，フリードマンである。**ガルブレイス**は『ゆたかな社会』の著書で知られるアメリカの経済学者で，「依存効果」を提唱した。

イ．直後に「自由貿易がもたらす国際分業」とあるので，自由貿易を唱えたリカードとわかる。**マルサス**はイギリスの経済学者で，著書『人口論』において将来的な食料問題について警鐘を鳴らしたことで知られる。

問5　19　正解は④

雇用に関する知識が問われている。

①**正文**。労働者派遣法は，2015 年の改正で「派遣労働者が同じ事業所で 3 年を超えて働くことはできない」と定めた。これにより企業が労働者に対して派遣労働者としてではなく，直接雇用に切り替えることが期待されている。

②**正文**。ワーキングプアは「働く貧困層」とも呼ばれる，働いているにもかかわらず生活保護水準以下の所得で生活する人々のことをいう。

③**正文**。厚生労働省の資料によれば，2021 年の労働者約 5662 万人のうち，2075 万人が非正規雇用者となっており，その割合は約 36.6％となっている。

④**誤文**。仕事量に応じて一人当たりの労働時間を減らして雇用を維持するのはワークシェアリングである。ワーク・ライフ・バランスとは，内閣府の定義によれば「国民一人ひとりがやりがいや充実感を感じながら働き，仕事上の責任を果たすとともに，家庭や地域生活などにおいても，子育て期，中高年期といった人生の各段階に応じて多様な生き方が選択・実現できる」ことをいう。

問6　20　正解は①

労働市場を需要供給曲線で説明する力が求められている。

「労働を節約できるような新しい技術が企業に導入される」場合，当然ながら従業員に対する需要が減ることとなる。そのため，労働供給が一定である中では労働需要曲線が左に移動し，均衡賃金が低下する。

第5問　標準　《インターネット時代の社会変化とその影響》

問1　21　正解は④

日本の経済史についての知識を必要とする問題。

①**不適**。1980 年代には日本の大幅な貿易黒字とそれにともなうアメリカの大幅な貿易赤字が「貿易摩擦」として外交問題になっており，その改善のために前川レポートなどで内需主導型経済への転換が求められた。

②**不適**。小泉内閣での構造改革は，道路公団や郵政などの民営化等を中心とした，小さな政府を志向したものであった。

③**不適**。「モノそれ自体よりも知識や情報の重要性が高まっていく変化」のことを，**経済のソフト化・サービス化**という。産業の空洞化とは，日本の製造業が海外に進出し，日本国内で製造が行われなくなる状況のことをいう。

④**適当**。日本では戦後，独占禁止法により持株会社の設立が禁じられていたが，1997 年の同法改正により解禁された。これにより多くの持株会社が設立された。

問2　　22　　正解は②

産業別の実質付加価値と就業者数の表を読み取り，日本経済の変化について考察する力が求められている。

①不適。前半は正しいが，後半が誤り。農林水産業は就業者数がおよそ半減する中で付加価値も36.0％減少しているが，製造業は就業者数が減少する中で付加価値が増加しており，一人当たりの労働生産性の変化率は農林水産業よりも製造業のほうが大きく上昇している。

②適当。サービス業は就業者数が24.0％増加する中で付加価値が24.7％上昇しており，一人当たりの労働生産性はそれほど変化していないのに対し，製造業は就業者数が減少する中で付加価値が増加しており，一人当たりの労働生産性の変化率はサービス業よりも製造業のほうが大きく上昇している。

③不適。①・②でみた通り，最も大きな率で上昇しているのは製造業である。

④不適。一人当たり労働生産性はすべての産業において上昇している。

> 「一人当たり労働生産性」が問われているが，必ずしも付加価値の額を就業者数で割ることで厳密な労働生産性の値を求める必要はない。就業者数の増加とほぼ同じ割合で付加価値が増加しているサービス業よりも，就業者数が減少する中で大きく付加価値を増やしている製造業のほうが，一人当たり労働生産性が大きく上昇していることを理解してほしい。
>
> POINT

問3　　23　　正解は③

インターネット端末に関する資料を読み取る問題。

①不適。「70～79歳」「80歳以上」の年齢階層において，スマートフォンを利用している割合は50％を下回っている。

②不適。「13～19歳」のパソコンを利用している割合は50％に満たないのに対し，「60～69歳」では約50％となっている。

③適当。「スマートフォン」と「携帯電話・PHS（スマートフォンを除く）」の項目を比較すると，すべての年齢階層でスマートフォンを利用している人の割合のほうが高くなっている。

④不適。「6～12歳」の年齢階層では，「パソコン」よりも「タブレット型端末」のほうが利用している人の割合が高い。

問4　　24　　正解は③

インターネットに関連する知識問題。

ア．誤り。インターネットにつながる自由は知的財産権として認められていない。

イ．正しい。2001年に制定された，いわゆるプロバイダ責任制限法に関する記述

である。同法は 2021 年に改正され, 情報開示の範囲が拡大され, 裁判手続がより簡易なものへと改められた。

ウ．正しい。 デジタル庁は, デジタル社会の形成に関する行政事務の迅速かつ重点的な遂行を図ることを任務として 2021 年に発足した。

エ．誤り。 インターネットを用いた通信販売はクーリング・オフの対象とはならない。

問5　25　正解は⑤

インターネットをめぐる議論の中で適した発言を選ぶ問題。

ア． 直前の生徒 L の発言「事業者の自主的なコンテンツ・モデレーションの取組みに任せておく」が根拠となる。事業者の裁量が大きくなることを危惧する c が適当。

イ． 直後の生徒 M の発言「そういう問題がある」が根拠となる。問題点について指摘しているのは残る a と b のうち, a しかない。そのため a が適当。

ウ． 直後の生徒 L の発言に「情報を受け取る私たちのリテラシーを高めることも, 同時に追求していくべき」とあるので,「私たち」とは異なる,「事業者」に関する内容が入ると考えられる。残る b はその条件を満たしているので適当。

問6　26　正解は⑤

インターネット時代の世論形成に関する発表原稿の内容を読み取ることが求められている。

ア．正しい。 発表原稿では「エコーチェンバー」や「フィルターバブル」について報告しており,「考えの同じ人々と同調し合うことで, 特定の意見や立場が強化されていく」という発言はこれらを踏まえたものであり適当。

イ．誤り。 発表内容はインターネット上で得られる情報への接し方についてのものであり, 情報そのものの真偽に関する内容は含まれていない。

ウ．正しい。 発表原稿は第 4 段落で「自分の好みや考え方に合わない情報にもマス・メディアを通じて触れる機会があり」と指摘している。そのため, 現代においてもマス・メディアの重要性について確認する発言は適当。

第6問　やや難　《ヨーロッパにおける人の移動が日本に問いかけること》

問1　27　正解は⑥

ア． 直前に「リーマン・ショックの後」とあるので, b の「ユーロ危機」が正解とわかる。a の金融ビッグバンは, 1980 年代にイギリスで実施された金融政策, 並びにそれを模範として日本で 1990 年代に実施された金融政策をいう。

イ．「人口の減少が目立っている」下位国のリトアニアとラトビアは 2004 年に EU

に加盟しており，ブルガリア・ルーマニアは 2007 年に加盟しているので，cの「2004 年」が当てはまる。なお，クロアチアは 2013 年の加盟である。

ウ．旧東側諸国はこれまで**計画経済**を実施してきたが，それを放棄して市場経済への移行をはかるようになっているため，fの「市場経済」が当てはまる。

問2　　28　　正解は③

ア．**適当**。資料を総合すると，ラトビアの最低賃金は低く，ラトビア国内の人口も減少している一方，他国に住むラトビア人が多い。これは高い給料を求めて EU 域内の他国に移住しているためだと考えられる。

イ．**適当**。資料を総合すると，ルクセンブルクの最低賃金は高く，国内の人口も増加している一方で，他国に住むルクセンブルク人も多いことがわかる。これは，EU 域内の他国から移住を受け入れる一方で，経済活動の活発化に伴い多くのルクセンブルク人が他国に移動しているためだと考えられる。

ウ．**不適**。資料を総合すると，ブルガリアもラトビアと同様，最低賃金が低く，国内の人口も減少していることや，他国に住む人が多いことが読み取れる。

問3　　29　　正解は①　　　30　　正解は②

イギリスが EU から離脱した出来事に関する問題。

ア．イギリスが EU に残留したほうがいい理由を選ぶ。①「現状維持が最善である」が適当。

イ．EU から離脱する理由として，2 位の「管理を自国に取り戻せる」と同様の意味となる②「イギリスのことはイギリスが決めるのが当然」が適当。

③**不適**。イギリスはすでに EFTA を脱退しており，いずれにも当てはまらない。

④**不適**。イギリスは EU に加盟していた際もユーロを導入していなかったので，いずれにも当てはまらない。

問4　　31　　正解は②

ア．**不適**。アラブの春によりチュニジアやエジプト，リビアなどでは政権が交代したが，シリアでは 2023 年現在も内戦が続いており，「政権交代が実現した」という部分が誤り。

イ．**適当**。例えばドイツは，難民を受け入れることで国内の高齢化とそれに伴う労働力の減少という問題を補えると判断し，積極的に難民を受け入れてきた経緯がある。

ウ．**不適**。パグウォッシュ会議とは，1957 年に第一回が開催された科学者による核兵器に関する国際会議なので，難民申請とは直接関係がない。

問5　□32□　正解は⑧

難民に関する知識をもとに資料を読み取る力が求められている。

ア．「認定率」が問われていることに注意する。国名の右にある難民認定率（％）が一番高いのはカナダ（54.9％）なので，bが当てはまる。

イ．カナダでとられていた政策を選ぶ。dのマルチカルチュラリズムは**多文化主義**と訳され，難民の認定と関連する用語なのでこれが当てはまる。cのユニラテラリズムは**単独行動主義**と訳され，2000年代以降のアメリカなどの対外行動を意味する用語であり，文脈に合わない。

ウ．命からがら祖国から逃げてきた難民を相手国に送り返せば，その難民は帰国後に迫害されるおそれがある。これを防ぐため，そのような難民を送還してはならないと難民条約に定められている。これを**ノン・ルフールマンの原則**という。よって，fが当てはまる。難民条約は経済的な理由で逃れた人を難民とは認定しないため，eは誤り。

問6　□33□　□34□　正解は①・③，②・①，③・②のいずれかの組合せ。

ア（①）．難民の受入れを考える前に，日本は難民の発生する地域での開発や資金援助を行うべきであるという意見。ここでは，難民を積極的に受入れようとするaの意見は取り入れられていない。よって，bとcの意見が組み合わされたとわかり，⑵は③が適当。

イ（②）．難民に対して日本社会や歴史などを学ぶことを求めているほか，在留資格や国籍取得の要件についても厳格化すべきという意見。ここでは，cの「いろんな言語や宗教の人たちの考え方や意思を尊重してあげたい」という意見は取り入れられていない。よって，aとbの意見が組み合わされたとわかり，⑵は①が適当。

ウ（③）．移住者の雇用を促進しようとする意見。ここでは，受入れに否定的なbの意見は取り入れられていない。よって，aとcの意見が組み合わされたとわかり，⑵は②が適当。

チェックリスト

問題にトライした日付と評価を書こう！

必ず答え合わせをして，自分が苦手な分野や出題形式を分析しておこう。

✔ チェックリストの使い方

① 問題を解く

② 日付と評価を書く

③ 評価にあわせて復習する

【評価の記入例と復習の方法】

◎：正解できた！　自信をもって解ける。
　➡ 正解した内容の周辺知識も固めて，万全にしておこう。

○：解けたけどちょっと不安。たまたまかも…
　➡ 解説をよく読んで，不安な点や理解があやふやな点は教科書や用語集で確認しておこう。時間をおいてもう一度解いてみよう。

△：正解できなかったけど，解説を読めば理解できた。
　➡ 間違えた内容を教科書や用語集で確認して，知識を定着させよう。そのあと，あらためて解いてみよう。

×：正解できなかった。解説を読んでも全然わからない…
　➡ まずは問題をよく読んで，「何が問われているか」を丁寧に確認しよう。問題や解説で記されている内容を，教科書や用語集でより詳しく確認して，一つずつ理解していこう。理解できたと思ったら，あらためて問題を解いてみよう。

章	問題	1回目		2回目	
		日付	評価	日付	評価
第1章	1				
	2				
	3				
	4				
	5				
	6				
	7				
	8				
	9				
	10				
	11				
	12				
	13				
	14				

章	問題	1回目		2回目	
		日付	評価	日付	評価
第2章	15				
	16				
	17				
	18				
	19				
	20				
	21				
	22				
	23				
	24				
	25				
	26				
	27				
	28				

章	問題	1回目		2回目	
		日付	評価	日付	評価
第3章	29				
	30				
	31				
	32				
	33				
	34				
	35				
	36				
	37				
	38				
	39				
	40				
	41				
第4章	42				
	43				
	44				
	45				
	46				
	47				
	48				
第5章	49				
	50				
	51				
	52				
	53				
	54				
	55				
	56				
	57				
	58				
	59				

章	問題	1回目		2回目	
		日付	評価	日付	評価
第6章	60				
	61				
	62				
	63				
	64				
	65				
	66				
	67				
	68				
	69				
第7章	70				
	71				
	72				
	73				
	74				
	75				
	76				
	77				
	78				
	79				
第8章	80				
	81				
	82				
	83				
	84				
	85				
	86				
	87				
	88				
	89				

MEMO

章	問題	1回目 日付	1回目 評価	2回目 日付	2回目 評価
第9章	90				
	91				
	92				
	93				
	94				
	95				
	96				
	97				
第10章	98				
	99				
	100				
	101				
	102				
	103				
	104				
	105				
	106				
	107				
第11章	108				
	109				
	110				
	111				
	112				
	113				
	114				
	115				
	116				
	117				
	118				
	119				

実戦問題		1回目 日付	1回目 評価	2回目 日付	2回目 評価
第1問	1				
	2				
	3				
	4				
第2問	5				
	6				
	7				
	8				
第3問	9				
	10				
	11				
	12				
	13				
	14				
第4問	15				
	16				
	17				
	18				
	19				
	20				
第5問	21				
	22				
	23				
	24				
	25				
	26				
第6問	27				
	28				
	29				
	30				
	31				
	32				
	33				
	34				

TO DO

- ☐
- ☐
- ☐
- ☐
- ☐
- ☐
- ☐
- ☐
- ☐
- ☐

MEMO